增长领导力

李云龙　黄景 ◎ 著

图书在版编目（CIP）数据

增长领导力 / 李云龙，黄景著 . -- 北京：中信出版社，2024.6
ISBN 978-7-5217-6641-7

Ⅰ . ①增… Ⅱ . ①李… ②黄… Ⅲ . ①领导学 Ⅳ . ① C933

中国国家版本馆 CIP 数据核字（2024）第 104360 号

增长领导力
著者： 李云龙　黄景
出版发行：中信出版集团股份有限公司
（北京市朝阳区东三环北路 27 号嘉铭中心　邮编　100020）
承印者： 北京通州皇家印刷厂

开本：880mm×1230mm 1/32　印张：12.5　　字数：266 千字
版次：2024 年 6 月第 1 版　　印次：2024 年 6 月第 1 次印刷
书号：ISBN 978-7-5217-6641-7
定价：69.00 元

版权所有·侵权必究
如有印刷、装订问题，本公司负责调换。
服务热线：400-600-8099
投稿邮箱：author@citicpub.com

各方赞誉

《增长领导力》这本书的主张,是倡导企业与组成企业的个体之间双向奔赴。在这里,我似乎瞥见了人作为自由行动者的那个脱离内容物的可能性空间。

——李善友　混沌学园创办人

企业竞争的根本,最终都会落到人身上。我们一直倡导以高于自愿的信念一起做一件有意义的事。云龙老师在这本书中将领导力与企业信念的关系进行了详尽的阐述,这对我们进一步提升团队战斗力也有新的启发。

——竺兆江

领导力不仅仅是一种向外的、影响他人的能力,更是一种向内的、自我修炼的途径。我们经由与市场的关系理解社会运行的规则和需求变迁的脉络,也经由与团队的关系理解人性和把握人性。

——刘　润　润米咨询创始人

云龙师兄本身就在践行他自己的商业理论,把"增长"作为价值主张,得到越来越多主流商业界的认可,真正做到了"知行合一"。

——张月佳　智联招聘集团总裁

《增长领导力》不仅是一部关于领导力的理论著作,更是一部充满实战经验的指导手册。无论是企业的高层管理者,还是正在成长中的领导者,都可以从中找到宝贵的启示与实用的方法。

——**张继学** 新潮传媒集团创始人、董事长

商业模式是利益相关者的交易结构。《增长领导力》对领导力的理解,从企业内部管理视角转变为外部业务视角,即从商业机会出发看待领导力。领导者首先要对市场上的利益相关者有感知,然后才能有效地在内部领导团队。这本书丰富了理解和增强领导力的维度。

——**朱武祥** 清华大学经济管理学院教授

增长除了需要业务策略保持清醒之外,也需要配备相应的组织准备。无论是通过驱使人来实现目标,还是通过对组织的洞察、通过设置机制来达成目标,领导者都需要带领组织蓄积能量、突破瓶颈。

这本书谈到,在关注增长的过程中,如何激发和调动组织能量与个体能量,通过增长回路将业务和组织的问题衔接在一起,让人深受启发。

——**王轶彪** 唯品会 HR 副总裁

贝壳的使命是"有尊严的服务者、更美好的居住"。贝壳的内部客户是经纪人,经纪人被激发,才能给购房者和业主提供更好的服务。《增长领导力》一书阐述了企业与员工的 5 种关系,对经纪人找到工作本身的意义,对平台方更好地理解经纪人、赋能经纪人,都有很大的启发价值。

——**祁世钊** 贝壳找房首席战略官

中国的商业正经历着从粗放式发展到高质量发展的成长阵痛。未来 10 年,中国企业要高质量发展,就要从寻找外部动力变为激发内生动力,从市场、政策驱动蜕变为创新和领导力的双轮驱动。如何通过领导力驱

动增长？如何通过组织实现发展，保障战略落地？我推荐你读一读《增长领导力》这本书。

——张丽俊　创业酵母创始人、酵母咨询创始人、知名组织创新专家

我打交道的一些创始人，总是认为自己的下属和团队不行，但如果企业长期不增长，没有任何借口，一定是领导力出了问题。突破增长瓶颈的核心是认知突破，而认知突破的关键首先是牢牢回到自己的企业必须面对的难题，不要东张西望，不要顾左右而言他，"抄作业"注定是行不通的。任何外部输入都是帮创始人认清本质，做好自己。希望云龙的这本书能够帮创始人"照镜子""挖自己"。

——丛龙峰　丛峰咨询创始人、和君商学前首席管理学家

传统领导力研究的是领导者和被领导者（追随者）的关系、领导者和领导者的关系。李云龙老师的《增长领导力》开启了一个全新的视角，研究的是领导者与公司以及外部机会之间的关系。这也是我做企业领导力的初衷。企业领导者最终的使命是要把企业带到一个更高的高度，是要为企业的发展服务。《增长领导力》一书，正好与当下的"新质领导力"观相适应，帮助企业领导者在认知、理念、行为和系统方面提升领导力，具有实实在在的意义。我真心推荐这样一本专业著作，希望它帮助企业走向增长之路。

——沈小滨　北京知行韬略管理咨询有限责任公司创始人、中国企业领导力中心首席顾问

目　录

推荐序一　人是内容，也是结构 / 李善友　V

推荐序二　领导力是场自我修炼 / 刘润　IX

推荐序三　增长是领导力的起点与终点 / 张继学　XI

自序一　红利不再，增长从何而来 / 李云龙　XIII

自序二　反人性修自己，顺人性带团队 / 黄景　XXI

前　言　什么是增长领导力　XXVII

第一部分　认知层

第一章　价值思维：为什么有的公司根本就不具备增长假设

　　增长不是套利　006

　　增长的极限　011

　　价值是"对方的好处"　020

　　销售思维 vs 增长思维　030

　　价值如何变成利润　032

第二章　瓶颈思维：什么是驱动增长的抓手

　　增长的第一因与第二因　038

　　何谓"真问题"　049

　　击穿瓶颈就是壁垒　057

非瓶颈不改善　059

第三章　杠杆思维：如何实现10倍速增长

"黑天鹅"与"灰犀牛"　064

"杠杆"是一种认知结构　067

抖音是杠杆　071

你的资源超乎你的想象　077

不要困在杠杆里　086

第四章　复利思维：如何构建自增长系统

复利是杠杆的对冲　092

价值与能力的合一　096

如何找到击穿点　103

业务是能力的外化　105

挺过"滞后效应"　109

迭代反馈是不变的法则　114

第二部分　理念层

第五章　个人禀赋：为什么不同的"领导力"都可以取得成功

到底该学谁的领导力　122

禀赋如何影响领导力风格　128

自观：识别与评估自我禀赋　134

如何培养与激发员工禀赋　141

　　　　每个人都是领导者　　145

第六章　企业信念：为什么企业是有"命"的

　　　　公司的人都信什么　　149

　　　　企业与员工的 5 种关系　　158

　　　　摒弃坏信念、刷新好信念　　160

　　　　个人禀赋如何适配企业信念　　167

　　　　给公司做个比喻　　173

　　　　DAO 组织的本质　　178

第三部分　系统层

第七章　增长指标：如何平衡长期增长与短期业绩

　　　　有些目标本身就是障碍　　186

　　　　合理的目标与不合理的目标　　188

　　　　北极星指标与 OKR　　192

　　　　柱状思维与饼状思维　　201

　　　　上级不好，下级没戏　　204

第八章　找确定性：如何抓住增长新机会

　　　　增长是个什么问题　　211

　　　　拥抱不确定性　　215

　　　　机会第一　　217

　　　　如何少犯决策错误　　220

　　　　如何破除内部障碍　　228

　　　　AI 不能干什么　　232

第九章　造能量场：如何打造打胜仗的团队氛围

吸引人才四要素　241

团队的4种能量场　258

乐观是一个策略　261

清除"有毒"的人　267

"要性"可被测量　274

员工即客户　281

第四部分　行为层

第十章　心性成长：怎样才能控制住更大的局面

领导力不可被"表演"　290

弱者心态 vs 强者心态　297

"知行合一"是一种修炼出来的功夫　316

"优秀"重要吗　319

爱工作，或者放过它　320

成长之后是什么　325

第十一章　习惯落地：如何在企业内部形成"增长的习惯"

头脑懂 vs 身体懂　331

如何培养语言习惯　335

如何培养行为习惯　345

如何培养团队习惯　347

后　记　353

推荐序一
人是内容，也是结构

李善友

混沌学园创办人

到底什么决定着企业的增长？是那些营销的技法，那些可以被称为"黑科技"的技术手段吗？不，如果增长是果实，那么这些只是距离果实最近的枝丫。它们最常见，让我们以为这就是增长的原因。其实，看不见的结构，决定着看得见的内容物。

企业之所以增长，是因为市场有需求，时代有趋势，它们代表了结构。

再强烈的内容物，都被看不见的结构所决定、所推动、所封闭。就连企业家也不过是一个象征性的角色，这是哈佛大学商学院的克里斯坦森教授的著名观点。

作为内容物的人，真的如此无力吗？

2024年，混沌学园新推出了"生成式创造"大课，推出了"探索流"，作为混沌学园的领教，云龙也是深度参与者之一。通过对市场进行可能性探索，再回到企业内部做可行性实践，是这门课应用在商业范畴的基本逻辑。

在云龙这本《增长领导力》中，我也看到了这种意味。书中引用了微软现任CEO（首席执行官）纳德拉的名言："领导者必须同时看到外部的机会和内部的能力与文化，以及它们之间的所有联系，并在这种洞察变得众所周知之前率先做出反应，抢占先机。"云龙把这句话蕴含的思想作为"增长领导力"的基本内涵。

领导力绝不仅仅是一种影响他人的能力，它首先是一种自我修养，一种自观能力。人看到自己太难了，你眼中的自己不是你，别人眼中的你也不是你，你眼中的别人才是你。

"增长"作为一个动词，它的主语似乎是企业。然而，"企业在追求增长"这个认识并不是根本所在。企业终究是由里面一个一个人组成的，从创始人到高管，从中层管理者到一线员工。每一个人的意愿，才是驱动企业增长的最根本的、无法向下切分的动力源。德鲁克认为"管理就是激发人的善意"，此处的善意，即每个人为企业贡献的动力。《增长领导力》这本书的主张，是倡导企业与组成企业的个体之间双向奔赴。

在这里，我似乎瞥见了人作为自由行动者的那个脱离内容物的可能性空间。

萨特认为，人这种"存在"与其他存在物的最大不同在于人无往不在自由当中，人有选择的自由，人由每一刻的选择组成那个独特的自己。存在先于本质，人先存在于世，然后它的本质才渐渐形成。

延展过来，其实企业也是在其中的人的一次次选择当中，发现其本质，找到其自我的。人除了是内容物，也是结构。增长的两个最基本的驱动力量，就是宏观的趋势与微观的人，或者说人的意愿与选择。

我很欣喜地看到云龙在"增长"这样一个细分赛道里不断深耕，从最开始的运营视角，到后来的战略视角，这本书又到了组织与领导力的视角。其对商业的理解愈发全面，围绕"增长"所构建的一系列商业逻辑体系也越来越深厚。

推荐序二
领导力是场自我修炼

刘润

润米咨询创始人

与云龙老师第一次见面，是他带着《增长战略》一书来到我们的直播间。两年时间过去了，云龙老师的新书《增长领导力》又要面市了。再加上他的第一本书《增长思维》和据说已经在撰写的其他增长系列图书，我分明看到了一个人在一个单点上不断深挖、持续击穿的过程：在一米宽的地方，扎一万米深。

我很认可云龙老师对增长的理解，它不能被简单地理解为营销问题，因为它还应该是认知问题、战略问题和组织问题。《增长领导力》就是从组织视角来看待增长的。

究竟怎样的领导者，才能被认为是增长型领导者？

首先，不要单纯地把领导力理解为"影响他人的能力"，而要将其扩展为"影响组织的能力"，增长是所有组织的目标。增长型领导者需要有能力把外部不确定的机会，转变为内部相对确定的业务，并且营造一种能量场，促使组织实现目标。

再者，领导不是"抓考勤"，而是激发每个人的善意，让个体与公司双向奔赴。同理心与共情力很重要，对业务的洞察能力和对问题的解决能力更加重要。领导者有个职责：把模糊的问题转化为简单的问题，再传递给团队，并且那个问题是可以解决的。简单粗暴的"给目标、要结果"式的领导者，不是真正的领导者。

在《增长领导力》构建的4个层次、11章中，我对"心性成长"一章感受颇深。

爱工作，或者放过它。我曾经写过一篇比较受欢迎的文章叫《脑子里天天想着钱的人，干不出漂亮亊儿》，说的就是这个道理。工作首先应该是对自我的一份回报，薪水或者钱，是第二份回报。

AI（人工智能）时代到来，人类有机会让那些枯燥的、繁重的工作由AI完成，自己来从事创造性的工作。一个人如果没有意识到这一点，仍然按照惯性把谋生当作工作的目标，把工作当成与生活对立的东西，那么他实在是辜负了这个时代。

对生命有更高层次的体悟，是领导力进阶的不二法宝，这是"心性成长"一章的核心要义。

领导力不仅仅是一种向外的、影响他人的能力，更是一种向内的、自我修炼的途径。我们经由与市场的关系理解社会运行的规则和需求变迁的脉络，也经由与团队的关系理解人性和把握人性。

生命本身就是一场体验。我们这些人注定要在"商业场"完成这场体验。

提升领导力，就是在完成这场体验的过程中必要的修炼。

推荐序三
增长是领导力的起点与终点

张继学
新潮传媒集团创始人、董事长

在信息化高速发展的今天，市场竞争愈发激烈。企业若要在"红海"中脱颖而出，必须不断创新与增长。作为中国电梯智能屏第一媒体，新潮传媒在过去10年见证了无数品牌的起落浮沉，深知品牌建设与营销策略的重要性。新潮传媒的成功，不仅在于我们覆盖了全国70万部电梯的智能屏，更在于我们对数据的深度运用和对客户需求的精准把握。而这些，正是强大的"增长领导力"所必需的。

《增长领导力》这本书正是为了解决当今企业在增长过程中面临的各种挑战而写的，书中全面探讨了"增长领导力"的概念、模型及其与其他领导力的关系，并深入剖析了如何通过认知、理念、系统和行为4个层面的实践构建一个能够持续增长的企业。

第一部分"认知层"详细讲解了价值思维、瓶颈思维、杠杆思维和复利思维。这些内容不仅是理论，更是实践中可操作的方法。价值思维告诉我们，增长不是简单的套利，而是创造真正的客户价值；瓶颈思维帮助我们找到限制增长的关键因素并加以突破；杠杆思维教我们如何利用有限的资源实现10倍速增长；复利思维则指导我们如何构建自增长系统，确保企业长期可持续地发展。

第二部分"理念层"强调了个人禀赋和企业信念的重要性。这本书指出，拥有各种不同的领导力风格的领导者都可以取得成功，关键在于如何识别和培养个人禀赋，以及如何将这些禀赋与企业信念相结合，形成强大的组织文化。这部分内容为我们提供了培养优秀领导者和打造强大企业信念的实用方法。

第三部分"系统层"深入探讨了增长指标、确定性和团队能量场的构建。我们常常在短期业绩与长期增长之间挣扎，而书中阐释的北极星指标与OKR（目标与关键成果）方法，为我们提供了一种平衡短期目标与长期目标的有效工具。同时，如何在不确定的环境中找到增长的新机会，并打造一支具有强大战斗力的团队，也是这部分的重点内容。

第四部分"行为层"聚焦于心性成长和习惯落地。领导力不仅是一种影响他人的能力，更是一种个人修炼。这本书通过弱者心态与强者心态的对比，指出了真正的领导力在于知行合一。此外，如何在企业内部形成增长的习惯，包括从语言、行为到团队的各个层面，也是这部分探讨的重要内容。

《增长领导力》不仅是一部关于领导力的理论著作，更是一部充满实战经验的指导手册。无论是企业的高层管理者，还是正在成长中的领导者，都可以从中找到宝贵的启示与实用的方法。

愿这本书能为大家带来新的视角，助力每一个渴望成长的企业在激烈的市场竞争中脱颖而出，实现持续增长。

自序一
红利不再，增长从何而来

李云龙

有这样一个故事，三个人坐电梯来到了18楼，在电梯里，一个人唱着歌，一个人跳着舞，一个人做着俯卧撑。上楼后，别人问："你们是怎么上来的？"他们诚实地回答了自己做的事，说"我唱着歌上来的""我跳着舞上来的""我做着俯卧撑上来的"。他们没有说谎，但做了错误的归因。很显然，真正使他们到达18楼的是电梯，而不是那些他们具体做的事情。这很像一些创业者分享自己取得成功的故事：我成功了，因为做了这些那些事情。我们仔细一分析，发现他们都是"坐电梯的人"，其取得成功的核心要素其实是商业上的电梯，也就是外部市场红利。

我是一名商业研究者，关注两种企业，一种是行业不增长但它们在增长的企业，另一种是穿越过周期、经历过生死的企业。这两种企业都已经洗去了红利的铅华，构建了自己的核心竞争力。我不太关注的是那种长在红利上的公司，它们还未证明自己有穿越周期的能力。对于它们的增长现象，与其关注某家具体公司，还不如关注红利本身，红利本身是值得研究的。对前两种公司，重点也不是给它们的现状唱赞歌，因为现在的成功而将其过往的一切决策合理化，而是关注它们如何从小公司发展到现在这样，在发展的路上有哪些坑，有哪些结构性的洞察，这些才对其他企业有借鉴意义。在商业研究领域，我的标签是"增长"。显然，在过去40多年中国公司的增长故事里，市场红利是主角，改革开放、全球化、互联网、城镇化，过去的成功者绝大部分是被这些红利砸中的公司。在"大红利"以肉眼可见的速度消退的现在，增长的驱动力究竟来自哪里？我的浅见是把视角从外向内转，转到组织内部，在组织命题中再找一个更小的切入点——领导力，这就是我写作本书的初心之一。

我们团队研究增长有几个阶段。最初，我们认为增长是一个类营销命题，研究的是获客、留存、提升转化率……其后，我们发现营销视角可以解决眼前的问题，却无法解决持续增长的问题。持续增长是一个战略命题，要识别机会、打破系统瓶颈、找到第二曲线。这就是我在中信出版集团出版的前两本书《增长思维》与《增长战略》的主要内容。再之后，我们看到不同的企业面临相同的战略机会都做了投入，几年后的经营结果却有天壤之别，这只能归因于内部，是组织问题，是领导力问题。

这么多年，我与一些企业家沟通，从他们的事业历程里看到了类似的发展脉络。企业的发展基本上都会从业务驱动转到战略驱动，再转向组织驱动。早期的时候，他们喜欢思考how（如何），然后思考why（为什么）和what（是什么），最终都会落到思考 who（什么人）。

提起海底捞，人们的第一印象是"服务好"，服务难学吗？单从具体的服务动作来看是不难的：在门口帮客人涂指甲油、擦皮鞋，及时给戴眼镜的客人提供眼镜布，给客人提供手机袋防止油溅，等等。这些其实都不难，真正难的是如何激发那么多员工"眼里带光、手里有活儿"地关注客人，实心实意地为客人着想。这是组织命题和领导力命题，这才是一个企业的基本功。

企业一定要意识到，"躺赚"的好日子过去了，要踏踏实实练内功、培养团队、搭基本盘。本书从企业经营视角出发，但也适合几乎所有希望自己不断进阶的职场人阅读。理解增长、理解领导力，也就是理解战略、理解管理。哪个公司不欢迎这样的人呢？

我写作本书的初心之二，是从商业研究者的标准出发来写作。商业研究者要做到两个回应：一是对当前时代命题的回应，二是对过往商业理论的回应。

回应当前的时代命题，即不能固守之前的解法，而要以第一性原理思维回归事物本质，结合新假设找到新解法。任何商业理论都在回应当时的时代命题，只有很好地解决了时代命题，一个商业理论才有生命力。

现代管理学之父彼得·德鲁克认为"管理就是激发人的善意"，这个定义在学界和商界被广泛认同。他强调管理要以人为本，要理解和尊重员工。可是，另外一位比德鲁克出现更早的商业人物、创办福特汽车的福特说过一句话："我只需要一双手，怎么却来了一个人？"我们能很清楚地看出二人对管理的理解不同，为何会出现这种差异？根源在于二人面对的时代命题不同，福特生活在工业革命全盛期，这时的员工以流水线上的蓝领工人为主，他们的工作结果可以按件或者按工作时长来衡量。德鲁克遇到的时代命题是大量知识工作者出现，他们的效益产出不仅仅与工作时长相关，更重要的是与工作意愿相关，所以"激发人的善意"在这个时代变成了管理的代名词，可以说，德鲁克绝大多数的著作与观点都在解决这个问题。

当今的商业环境又出现了新的变化，即以 ChatGPT（一款聊天机器人程序）为代表的 AI 大爆发。AI 不能代替的是体力劳动者，它不能代替挖煤的工人，不能代替送外卖的小哥，也不能代替灭火的消防员。AI 可以部分代替的恰恰是知识工作者，如文员、美工、程序员、产品经理等，这与德鲁克所处的时代相比，又出现了新的命题，即在 AI 时代，我们该如何发展领导力？ AI 并不能完全取代知识工作者，而是改变了他们的工作方式。人力资源的核心价值在某种程度上正在从可重复的知识劳动向更高级的创新和创造性思维转变。未来的领导者应该加强一些关键特质和能力：适应性和学习能力，科技与哲学素养，人际交往和沟通能力，创新思维以及道德和伦理思考。

AI 是一次新的生产力革命，级别堪比工业革命。放大尺度看，工业革命之后的人类社会财富得到了指数级的增长。当我们看到有些红利已经开始消散时，真正的跨越百年的"大红利"可能刚刚开始。

回应过往的商业理论，即从经典理论中寻求滋养并发展出不同的洞见。《从0到1》的作者彼得·蒂尔曾经说过一句话：在哪些重大问题上，大部分人认为是X，而你认为是Y？在领导力这个领域，我们既然提出了"增长领导力"的概念，就要回答它的"Y"是什么。

在领导力发展上，过往的理论着眼于人与人之间的关系，即领导者和追随者或者协作者之间的关系，强调的是如何通过他人拿到结果，在这个方向上，前人已经做出许多卓越的工作。"增长领导力"则着眼于另外两种关系，即领导者与公司之间的关系以及领导者与外部机会之间的关系。微软公司第三任CEO萨提亚·纳德拉的表达较为接近"增长领导力"的定义："领导者必须同时看到外部的机会和内部的能力与文化，以及它们之间的所有联系，并在这种洞察变得众所周知之前率先做出反应，抢占先机。"

简单讲，我们可以将"增长领导力"理解为对纳德拉这个表达的解读和方法论拆解。

如果给"增长领导力"几个具象的定义，我愿意用下面这三条。

第一，能够洞察增长机会。

第二，带领团队和影响组织去抓住增长机会。

第三，构建长期增长系统。

企业持续增长是组织能力的溢出。我个人很反对部分自媒体将员工与老板、个人与企业分为对立的两个阵营，并渲染强化其中的矛盾。企业与个人是赢则双赢、输则共输的关系。"增长领导力"希望塑造良好的组织内部氛围，以增长为共同目标，不论外部红利是否存在，都以穿越周期之志打造伟大的企业。

AI已经具备了比人类更强的给答案的能力，而人类还保留的是提问题的能力。所谓进步，就是持续回答好问题的过程。好问题的其中一个标准是它可以被持续回答。领导力如何赋能企业增长？这就是一个可以被持续回答的好问题，本书算是一次对它的作答。

我的共同作者黄景老师是"可复制领导力研究院"的创始人，是樊登老师"可复制的领导力"这门课的搭档授课老师，也是全网"粉丝"人数超500万的大咖。她研究领导力的时长和深度都远超过我，本书各个章节里都有她的指正、补充和润色，我就不一一指出了。

本书成书之前，作为课程已经在美的、传音、长虹、安利、中裕能源、美莱等诸多企业做过几十次交付，我的合伙人丁洁老师和曾楠老师在其中提供了莫大的帮助，我的同事张金伟老师协助开发了多个企业案例。增长研习社教练团队的孟庆双、魏燕燕、魏国平、易焕、赵增秀、黄睿、蔡近文、胡美玲、廖麒、方健伟、廖润、陈志强等老师也从各个角度提供了宝贵意见。我还从领导力专家任煜老师、陈元海老师、郁金星老师、曹新宇老师、刘宏利老师、伏磊老师、沈小滨老师、沈攀老师等处得到大量滋养。

最后，感谢你能陪我走过本书的每一页。必须承认，我尽管已经尽我所能就本书的每一个主题进行探索，但由于智力和经历有限，本书一定会有疏漏之处。作为一名商业老师，凡是我懂的，我一定给你讲清楚。如果你没有懂，那一定是我也不懂，希望你能宽容我还在成长的路上。我非常欢迎任何形式的批评和指正，这将帮助我们一起更深地理解商业，理解组织，理解人。

多谢！

自序二
反人性修自己，顺人性带团队

黄景

让创业者夜不能寐的困境是什么？

前段时间，我在一个面向创业者的培训营中，向大家提了一个问题："在企业运营过程中，让你夜不能寐的困境是什么？"

很多人都陷入了沉思，几分钟过后，有学员发言："对我们来说，最大的困境当然是增长，而且是如何持续增长，去年业绩不好，今年业绩如何增长？"

紧接着，很多学员就开始各抒己见，吐槽当下的困境，但是这些困境无一例外都跟增长有关系。

于是，我换了角度问大家："你们为什么要增长呢？"

有人说："这还用说，企业不增长怎么活啊！"有人说："市场竞争那么激烈，不进则退！"还有人说："企业不增长，怎么保证员工的收入！"

我们可以发现，大家都想增长，可是给的理由几乎都是迫不得已要增长。

一旦你认为增长是迫于各种压力而必须要做的事，企业就会为了增长而增长，于是短期的套利思维、无限循环的销售思维就会压得管理者喘不过气。增长没有章法，没有方向，没有抓手，就变成了打乱仗。

更让我担忧的是，在讨论的过程中，一些管理者过度关注业绩目标，忽视了对团队的关注，对人的关注，把员工当成了完成业绩目标的工具人，而工具人是完全没有驱动力的。于是我们看到，很多企业老板忙得不敢生病，但员工掐着表上班，算着点儿下班，做事没状态，工作没激情，拨一拨，转一转，不拨永远不转，不检查就不执行。

这就形成了内外交困的局面：创业者一心想增长却找不到有效的增长路径，而员工不把增长当回事，定了目标却不能高效执行。这才是让很多创业者夜不能寐的困境的根源。

本书试图解决的就是这两个问题。我们通过搭建一套"增长领导力"模型，以帮助企业对外找到正确的增长路径，对内打造助力增长的组织，只有内外结合才能支撑企业持续良性增长。

关于增长方向：善战者，求之于势，不责于人

《孙子兵法》核心的概念之一就是"势"。在孙子看来，取胜的关键，就是在有利的形势下发起你的行动，也就是"任势"。

那么，究竟什么是"势"呢？

孙子这样比喻："善战人之势，如转圆石于千仞之山者，势也。"

你把一块石头放在平地上，它是不会有什么冲击力的；你把它放在桌子上，然后推下来，它可能会在地上砸出一个坑；你把它放在万丈的高山上，然后推下来，它就会变得势不可当，没有人敢挡在这样的石头前面。

石头是同一块石头，为什么它的冲击力却完全不一样呢？

把一块石头从万丈高山上推下来，它之所以无法阻挡，是因为山势，而不是因为石头本身。军队有百战百胜的勇猛，无论强弱都能打胜仗，靠的是态势，而不是士兵本身。

所以，真正的高手会制造和借助有利的态势而取胜，而不会苛求自己的下属。

同样一支军队，你将他们放到高山上往下冲，势不可当。但你如果把他们放到平地去仰攻山头，那么他们即使有再强的执行力，付出再大的代价，也不一定能攻下来。

企业竞争也是这样。企业出了问题，无非是两种，要么是战略方向问题，要么是团队执行问题。

但是，很多时候我们都把战略方向问题当成团队执行问题，甩锅给下属，甩锅给团队，这不是好主意。

用傅盛的话说，带领普通部队也能打胜仗的才是名将。把握住大势，在高维度上想清楚了，一出手，就居高临下进行打击，这才是战略的高手、增长的高手。

所以，本书首先解决的就是增长方向问题，如何设定正确的增长方向，如何找到驱动增长的抓手，如何用好杠杆资源并实现 10 倍速增长，如何构建自增长系统，这些都是在"求之于势"，只有这样，你才会降低对员工的要求，用普通的团队也能实现高速增长。

关于领导团队：反人性修自己，顺人性带团队

"遇到一个好领导太难了！"这是很多职场人经常发出的感慨。

为什么好领导少？其中有一个很重要的原因：大部分管理者都是靠自己的原始本能做管理的。比如，在面对上级的批评时，很多管理者会不由自主地往下属身上甩锅，认为这是下属的失误造成的，跟自己没有关系。你如果也这样做，那么这只会让你的领导觉得你难当大任，而你的下属又会觉得你这样的管理者不值得追随。

既然这个做法上下都不讨好，为什么管理者会在这一刻推卸责任？这与每个人的原始本能很有关系。大家想象一下，在原始森林里，当原始人遇到一头猛虎时，他的第一反应是什么？当然是赶紧逃。正因为原始人在这样的危急时刻做出了逃跑的选择，我们人类才得以活到今天。所以，管理者遇到责任需要承担的时候，犹如面对猛虎，也会不由自主地选择逃避。这也就是为什么好领导这么少。在职场，大部分领导者都是靠原始本能做管理的，遇到利益会把自己摆在首位，遇到责任会想办法甩锅。这样的领导，怎么能赢得人心，怎么能激发员工的善意，怎么能带出有战斗力的团队？

所以，好领导向来都是"反人性"的，在危急时刻不会自乱

阵脚，而是给团队传递源源不断的信心，制造一种积极向上的能量场；在培养下属的过程中，不会打压能力强的下属，而是想尽办法给下属创造机会，激发下属的优势和禀赋；在面对批评的时候，不会为了维护自己所谓的尊严和面子而选择逃避、记恨对方，而是反观自己的思想和行为是否真的有问题；当拥有权力的时候，不会让自己高高在上、颐指气使，而是表现得更加谦虚和尊重下属，正所谓"善用人者为之下"……

这些说起来都很容易，但是要做到，真的是超级难的事情，因为它们在某种程度上说都是反人性的行为。这是一个领导者自我修炼的过程，而一个领导者要走向心性成熟，一般要走过以下4个阶段。

第一个阶段：外表狂风暴雨，内心也狂风暴雨。
第二个阶段：外表平静如水，内心狂风暴雨。
第三个阶段：外表狂风暴雨，内心平静如水。
第四个阶段：外表平静如水，内心也平静如水。

其实，"领导是领导者的生活，我们一生都是为了遇到更好的自己"，最终你会发现，对抗这个喧嚣世界的，不是千军万马，而是你内心的平静和满足。

当你开始反人性修自己的时候，你的领导力就开始逐渐形成，你的团队就会慢慢变成人心扎根的团队，这样你才真正打造出了一支能打胜仗的团队。

本书试图解决的第二个问题就是，管理者如何带领团队和组织去抓住增长机会。在这个过程中，管理者如何让自己的心性得到成长，如何发挥自己和员工的禀赋，如何打造积极向上的能量场，如何在企业内部形成增长的习惯，最终形成长期可持续的增长系统？这些在书中都有答案。

所以，希望本书可以成为你在"增长领导力"领域的顾问、幕僚和支持系统。

最后，我要感谢李云龙老师在本书撰写过程中给予我的帮助。我很荣幸在2020年与李云龙老师共同打磨了"增长领导力"这门课程，现在又有机会参与共同创作并完成《增长领导力》的撰写。李云龙老师在增长领域钻研的深度，不断刷新着我对增长的认知，他是一位有独立思想体系的、内心笃定的商业研究者。书中的案例紧跟当前最新的发展动态，观点和态度鲜明，读起来既会有专业深度的酣畅淋漓，又会有感同身受的情绪价值。

在2024年初，我刚刚出版了我的第一本书《团队激励36计》。很多企业的整个管理层都在共读这本书，读完之后留言感叹之前在管理上走了太多弯路。对这本书的高度评价让我作为一名内容传播者，时刻提醒自己要永葆敬畏之心，传播知识要足够严谨。在与李云龙老师打磨《增长领导力》的过程中，我们反复推敲了一年多时间，但依然难免有疏漏之处。因此，欢迎您以任何形式提出批评和指正，帮助我们看到知识的盲区，感谢！

前 言
什么是增长领导力

增长领导力是什么，不是什么

领导力首先是一种人生修炼。对大部分人来讲，工作占据了生命当中最有创造力的一段时间。可是，许多人在这段时间都过得不快乐，工作时间不快乐，生命质量不可能高。我们可以尝试追求一种状态，即我喜爱这份工作，做这份工作本身就是对我的回报，它带来的金钱和其他收益是第二份回报。

有的人相对幸运，找到了自己的天赋和热爱所在，自然喜爱自己的工作。更多的人没有那么幸运，无法自由地选择工作，需要在原有工作中修炼。我是斯多葛学派的信奉者，斯多葛学派推崇的人生态度是，我们不能控制生活中的大多数事件，但可以控制面对事件的态度和反应。这就是接受不能改变的，改变不能接受的，只是这种改变要先从改变自身看待事物的态度出发。即便无法选择工作，我们也可以选择面对工作时的态度。这也是我认为的学习领导力的最大价值：它会帮我们调整生命状态。

工作中的不快乐大都来自关系，有人与人的关系——与同事的关系，与领导的关系，与客户的关系，与下属的关系；也有人与事的关系——与业绩的关系，与外部机会的关系，与个人发展的关系。增长领导力的目标首先与事相关，它指向组织的增长目标；然后，它与人相关，涉及如何驱动团队和影响组织达成目标；最终，它与自己相关，让自我的生命质量变得更高。

再细分拆解，企业中的不同角色感到的焦虑各不相同。你如果是公司创始人或者CEO，是否会碰到这些问题：得力干将缺乏，公司总需要你持续推动；总担心能干的人离职或者单干；公司多年维持类似规模，无法破局；新业务负责人"员工思维"太重，无法独当一面；战略规划向下传递总是会出现偏差；公司业绩增长了，但你隐约觉得哪里不对，理不清原因；组织里工作氛围低落，团队缺乏战斗力；时常出现孤独感，团队跟不上自己的步伐。

你如果是公司的业务负责人或者骨干员工，是否会碰到这些问题：怎样才能平衡当下业绩和长期增长？怎样才能调动团队能量，让团队充满干劲儿？事情太繁杂，怎样才能聚焦关键问题？如何让自己变成市场上更有价值的人？如何才能留住最能干的员工？面对一个职业升迁机会，如何抓住它？怎样做决策才能少犯错误？

你如果是企业的HR（人力资源从业者）或者培训负责人，是否会碰到这些问题：老板总让我们服务于业务，到底该怎么下手？怎样让自己在公司里更有价值感，更有话语权？如何让业务部门的人更信任自己？如何提升自己理解老板、理解业务的能力？如何让团队中的领军人才涌现出来？

针对以上问题，本书尝试提供某种回答。

领导力的主体是组织中的个体，组织与个体之间的关系有很多词可以描述，按照从消极到积极的不同程度，可以这样排序：剥削与被剥削、雇佣与被雇佣、价值交换、合作，以及共赢。我之所以反对那些煽动职场对立的自媒体，是因为其过于强调其中消极的部分。积极的指向持续增长的组织氛围是个体与公司双向奔赴，而非彼此撕扯。

互相可以共情并具备同理心，是个体与公司之间、领导者与团队之间更好的相处状态。微软 CEO 纳德拉说："在这个失控到人人都需要领导力的时代，没有领导力，我们将一事无成；而拥有同理心，能让你练就真正的领导力。"

修炼同理心有个技巧，叫"你以为的问题，其实是对方的解决方案"。比如，你以为抽烟是某人的问题，其实这是他排解焦虑感和孤独感的解决方案，焦虑和孤独才是他的问题。能洞察到这一层，你对他而言的同理心自然就会浮现。这个技法在企业内部同样适用，作为员工，你很容易看公司哪里都是问题，认为领导做的决策都匪夷所思。这是你以为的领导的问题，其实，也许那是他所面对的另外一个问题的解决方案。

> "
> 你以为的问题，其实是对方的解决方案。
> "

某市值千亿元的公司曾经调整自己的组织架构，将原来的竖向事业部制改为横向事业部制。恰逢那段时间，行业出现了一个"爆品"品类，因为更改了组织架构，该公司反应迟缓，在与竞品的竞争中落了后手，被拉开上百亿元的差距。

表面上看，似乎可以这样归因：新的组织架构确实导致了某种信息阻碍。公司成员可以抱怨，认为不应该这样调整组织架构，因为这导致了很多麻烦，这是一个问题。但是，我们如果调用同理心，考虑到"你以为的问题，其实是对方的解决方案"，便更能理解企业的决策。公司一定不会平白无故地把组织架构由竖向变为横向，它一定在解决当时的一个问题，比如在原有架构下，销售面向市场时，不同事业部之间会内部博弈，不能统一协同。

影响一件事情成功与否的要素太多了，从"责任追溯"到"问题解决"视角的转变，是公司和个人都需要具备的。这个世界上没有完美的公司，公司做出的决策经常是"两害相权取其轻"。任何组织架构都有盲区，任何企业文化都有灰度，我们提升领导力，不仅仅是为了使自己免于责任，更是为了击穿这些盲区与灰度，共同创造更好的结果，这才是彼此双向奔赴。

> 任何组织构架都有盲区，任何企业文化都有灰度，提升领导力的作用是击穿盲区与灰度。

任何组织的架构与流程都不可能尽善尽美，这恰恰是发展领

增长领导力

导力的原因。

下面我要提纲挈领地表达本书所讲增长领导力"是什么"和"不是什么"：它是一套统一的增长思维与语言，是一种组织进化路径，是一种个体成长范式，是企业战略能力与组织能力的"耦合"；它不是销售团队管理，不是绩效管理与改进，不是管理流程设计，也不是提升营销能力。希望读者对本书的边界有所了解，避免耽误宝贵的时间。

如果非要用一个人物来作为增长领导力的标杆，我会选择华为的余承东。余承东符合几个标签：他不是老板，在公司内从基层岗位做起；自身成长速度很快；给华为带来了第二增长曲线，他曾经领导的消费者业务线一度超过华为的基本盘运营商业务。

在增长领导力的语境下，领导力不能局限于完成上级领导安排的任务，或者带领销售团队完成业绩指标，而要以市场机会为牵引，帮企业拓展更广阔的生存空间。

本书最适合三类读者阅读：第一类，企业的创始人、CEO或者其他一把手；第二类，业务的一号位；第三类，有可能成为一号位的高潜力人才和业务骨干。对第一类读者来讲，其目标是如何识别和培养人才，并且修炼自己的格局与境界，使自己能够与人才相融共处。对于第二类和第三类读者，其目标是让自己变得更强，提升自我价值，给企业带来持续增长。

增长领导力与其他领导力的关系

在研究商业理论和进行商业实践的过程中，我一直努力秉承两个原则，第一个原则属于商业理论研究范畴，叫"逻辑三洽"：自洽、他洽和续洽（见图 0-1）。

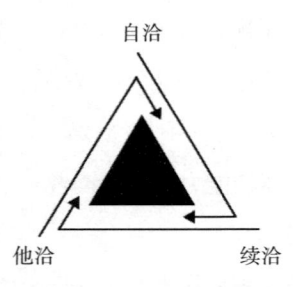

图 0-1 逻辑三洽

自洽是指在一套商业理论中，所有部分都与其他部分以及现实世界内在统一，没有矛盾。它要求我们的定义清晰，观点可理解，确保自成闭环，不会彼此矛盾。

他洽是指这套商业理论与现实世界以及其他同领域未被证伪的理论彼此相容。

续洽是指当这套理论所在的领域出现了新知识或者新事实时，它能够继续被解释。也就是说，原来被证明暂时正确的理论，在时代和场景发生变化后，能够依然保持逻辑正确。

第二个原则属于商业实践范畴，叫"有效性大于逻辑完备性"。逻辑完备性是对我们这种商业研究者的要求，对商业实践者，也就是企业家一把手、一号位和业务骨干们来说，他们选择可以快速帮助自己的部分即可。

看待增长领导力，要先应用第一个逻辑三洽原则。它不是对以往任何一种领导力理论的否定，也不是完全另起炉灶，而是容纳了很多领导力理论的精华，但从另外一个视角重新认识。著名历史学家许倬云先生说："全世界人类曾经走过的路，都算我走过的路。"你可能会看到一些著名领导力专家的洞见在本书亦有呈现，但这并不是对这些大家之言的简单重复，本书有自己的主张，所有的引用都指向这个主张。

同时，你也会发现，关于某些大家较为熟悉的领导力内容，本书着墨不多，例如沟通、授权、激励、冲突解决、流程设计等，并非我认为它们不重要，而是每本书要完成的任务不同，我倾向于把本书的"Y"讲清楚。

再应用第二个原则。领导力是一个体系繁杂的领域，它甚至没有公认的理论框架，按照不同维度大致可以分为特质理论、行为理论和情境理论。有人曾经专门做过统计：领导力至少有128种不同的定义。完全掌握这么多知识对于商业实践者并无意义，重要的是领导力如何发生作用。你完全可以用一种"六经注我"而非"我注六经"的态度，带着你在实际商业场景中的问题，在本书中汲取养分。

增长领导力模型

串起本书的是一套自成闭环的增长领导力模型（见图0-2）。本书共计11章，按照该模型依次展开。全书又分为4个层次，分别是认知层、理念层、系统层和行为层。

认知层分为4章，分别是"价值思维""瓶颈思维""杠杆思维""复利思维"，它主要负责增长领导力里的"增长"二字。我研究增长多年，认为这4种思维方式基本代表了增长的底层逻辑。

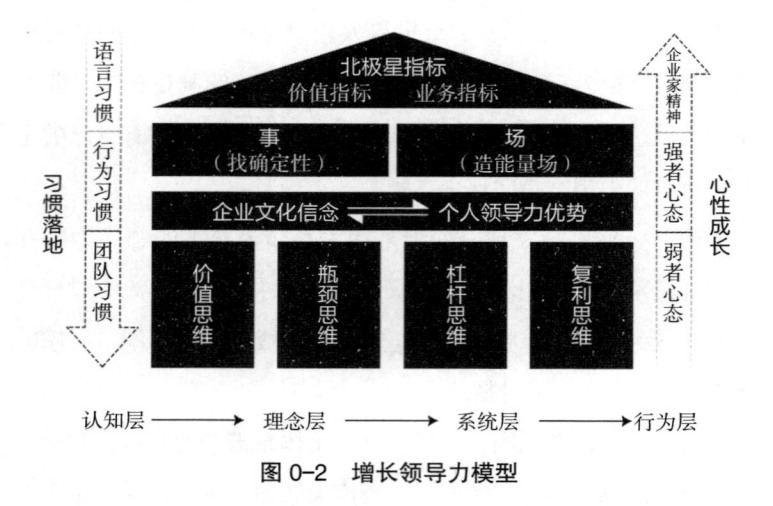

```
                    北极星指标
                  价值指标  业务指标
语                                              企
言                                              业
习        事              场                    家
惯      (找确定性)      (造能量场)                精
    行                                          神
习   为
惯   习   企业文化信念 ⇌ 个人领导力优势          强    心
落   惯                                         者    性
地                                              心    成
    团    价    瓶    杠    复                  态    长
    队    值    颈    杆    利
    习    思    思    思    思                  弱
    惯    维    维    维    维                  者
                                                心
                                                态

    认知层 ──→ 理念层 ──→ 系统层 ──→ 行为层
```

图 0-2　增长领导力模型

"价值思维"明确指出，增长不是套利，而是价值创造，这也是我的商业价值观，我没有见过任何一个伟大企业是靠套利走到现在的。一个赛道的价值创造逻辑有其天花板，这是很多公司有过一段增长历程后就似乎被什么东西封住、遭遇极限点、再难实现增长的根本原因。找到更大的价值创造空间来提升增长天花板，以及在原有系统内找到价值创造的新机会，是这一章的主要内容。

"瓶颈思维"指的是，在实现价值创造的过程中，我们必然会遇到问题，解决问题是另一种关于价值创造的表达。问题无穷无尽、多种多样，其中一定有关键瓶颈问题，而企业资源有限，这就是领导者应该"舍九取一"的地方。识别瓶颈和突破瓶颈，也是增长型领导者的水平体现。

"杠杆思维"讲的是,在实现价值创造的过程中,我们并不是没有捷径可走。所谓杠杆,即那些以小博大的要素。杠杆要素遍布周围,领导者却对它们不够敏感,不能借助它们实现快速增长,这是因为缺乏必要的思考结构。有时候,杠杆不仅仅是加速器,还是护城河,杠杆要素可以让企业更快地在产业中获取合适的生态位,产生与其他企业非对称的竞争优势。

"复利思维"主要引出了资产的概念,比如用户资产、品牌资产、技术资产、供应链资产、组织能力资产和认知资产。在经营过程中,它们是否在持续积累?我们倡导长期主义而非短期套利的增长价值观,倡导"与时间做朋友"的增长逻辑。具有复利效应的经营活动设计会让组织更加笃定地坚持战略方向,并构建反脆弱的系统。

理念层分为两章,分别是"个人禀赋"与"企业信念",主要讲述了企业信念与个人领导力禀赋之间的关系。个人领导力优势若要在组织中发挥最大作用,必须与该组织的信念相"耦合",因为"橘生淮南则为橘,生于淮北则为枳"。业务经营的结果来自二者的交互。

"个人禀赋"一章强调领导力可以被补短,不可被复制,即要从个人禀赋出发,将个人领导力优势最大化,同时补上某些必不可少的特质,但不能照着其他人的模子打造自己。人们展现出不同特质,根源在于理念不同,在于看待世界的假设不同。

"企业信念"指团队共同相信和遵循的价值观、理念和原则,团队成员被它影响,又塑造着它。我们将探讨如何通过提升个人能力和塑造领导力风格来更好地服务企业信念。

系统层以公司作为实体经营系统，构建在企业信念之上，系统由三部分组成：系统的目标、组成系统的要素和要素之间的连接关系。这在本书中体现为三章，分别是"增长指标""找确定性""造能量场"。

"增长指标"要体现长期增长和短期业绩之间的关系，即价值指标和业务指标之间的关系。价值指标是构建长期增长系统的北极星指标，业务指标是当下需要完成的具体任务。增长领导力倡导每个人都成为企业增长的发动机，但发动机若指向的方向不一致，对企业来说是一种灾难。增长指标解决的就是目标一致性的问题。

在"找确定性"一章，我们将"业务"作为企业系统的组成要素，而没有按照惯常将"人"作为企业系统的组成要素，这是增长领导力的独特视角。企业的增长是由一个个业务来实现的，个体要把自己放在业务的环境中。增长领导力强调把充满不确定性的业务机会变为增长来源，不强调在原有业务中完成确定性任务。这一章着重阐述提高业务决策成功率的方法。

能量场主要描述一种在组织内部形成的、影响员工行为和情绪的无形力量。正面能量可以激发员工的创新能力，提高他们的工作积极性，而负面能量可能导致员工满意度降低，影响工作表现。"造能量场"一章将提供具体的原则与工具，识别和感知团队内部的能量层级，并实施有效的干预，使团队能量成为推动业务增长的重要因素。

行为层分为两章，分别是"心性成长"和"习惯落地"。

"心性成长"一章将深入探讨领导者心性成长的重要性及其如何影响企业决策和领导风格。我们不能单纯地把领导力理解为一种"影响他人的能力"，越是高层级的领导力，越不会把重点放在习得某些技巧上，个人内在的心性成长才是领导力发展的源泉。领导者要从弱者心态转变为强者心态，进而具备企业家精神。人的独特性之一就在于可以跳出切片化认知，持续进步。

最后一章"习惯落地"将完成至关重要的主题——如何将增长领导力的理念和方法实际落地到企业工作场景中，形成习惯，从而提升执行力。强大的执行力是推动企业发展、实现业务目标的关键驱动力。在很大程度上，行为是由习惯驱动的，领导者建立了积极的习惯，就将自然而然地进行有效的行动。这一章将从语言习惯、行为习惯和团队习惯三个角度出发，提供实用的建议和技巧，帮助领导者在实践中落实这些习惯，并提供相关的案例来帮助读者学习其他企业领导者优秀的习惯。

以上即对增长领导力模型的介绍，以及它所包含的 4 个层次、11 章内容的简介。

总结一下，增长领导力是一种从增长视角出发的领导力修炼，它的重点在于如何看待个体与组织之间的关系，以及个体和外部市场机会之间的关系，适用于企业中各个层级的人。同时，本书将时代特色融入其中，即在 AI 大潮涌来的今天，个体该如何发展领导力，使自己具备更强的穿越周期的竞争力。

第一部分

认知层

世界首富埃隆·马斯克做出了新能源汽车公司特斯拉,做出了私人航天公司 SpaceX,做出了脑机接口公司 Neuralink 等多家划时代的公司。一个人只要做出一家这样的公司,就可以称为全球顶尖企业家。驱动马斯克完成这些事业的核心要素一定不是勤奋,甚至不是聪明,而是认知水平。马斯克曾经多次表达,做重大决策时,他应用的是第一性原理的思考方式,而非类比的思考方式。我经常在视频号"李云龙讲增长"上讲授第一性原理思维,一次有个用户留言说:"我们又成不了马斯克,为什么要学习第一性原理思维呢?"很明显,他的问题有逻辑谬误,我是这样回复他的:"我们也成不了爱因斯坦,但这不是不学习物理的理由。"

世界越来越复杂,我们已经进入认知驱动的时代。在商业领域,我们也从过去的资源驱动、勤奋驱动、人际关系驱动向认知驱动转变。字节跳动公司的创始人张一鸣曾经说,认知是最关键的,对事情的理解是一个人真正的竞争力,其他的生产要素都可以构建。在决定是否开展一项新业务时，字节跳动公司的标准是"在这个领域是否拥有远超他人的认知"。电影《教父》中有一句名言："那些花几秒钟就能看清事物本质的人，与一辈子都看不清事物本质的人，注定拥有截然不同的人生。"

商业上的认知驱动过程有三个难点：一是如何获取更深刻的认知，二是认知如何与团队同频，三是如何将认知变为实践。王阳明先生这样讲知行合一："知而不行，只是未知。"

对于怎样提升认知，社会还有不少误解，人们惯常以为，认知是"知识、信息或者世面"，这些固然很重要，但不属于我们这里讲的认知。提升认知，并不是为了获得更多的信息量，而是为了掌握新的思考结构、新的看待问题的角度和新的做事原则。

同样看到一棵树，樵夫想的是它可以变成多少柴火，画家思考的是如何构图才能画出一幅更好的作品，木匠琢磨的是它可以做成什么家具，而植物学家脑中浮现的是它属于什么纲、什么目。每个人都没有错，只是拥有不同的思考结构和不同的认知角度。

马斯克在做新能源汽车时，遇到的最大问题是电池成本。在原有的行业惯性里，直接成本约等于供应商报价之和，控制成本的方式主要来自谈判技巧或者规模化带来的集采优势。马斯克不是这么思考问题的，他认为创新首先是对经验的怀疑，依靠经验是类比思维，第一性原理的思维方式是"从头开始算"，剖析这件事根儿上的道理是什么。他会问，电池到底是由什么组成的？从物理上拆解，新能源汽车使用的电池无非由锂、钴、镍等材料组合而成，从伦敦金属交易所查询到这些原材料的价格，就能核算出它们组合成电池的成本，其远远低于电池上游供应商的报价。按照这种方式思考并行动，特斯拉大幅降低了核心部件的成本，成为新能源汽车行业的王者。

马斯克在做脑机接口公司Neuralink时，不是看现在市场上的玩家是怎么做的，而是从一个基本问题——"人脑是如何思考的"出发，回到初始问题，重新构建系统。

在上面不同的公司案例中，马斯克解决的问题不同，应用的具体方法也不同，但思考结构是相同的，即第一性原理思维。当然，第一性原理思维也只是众多思考结构中的一种，还有其他思考结构。

这就是本书讲的"认知"，它不是指认知的内容，而是指认知的结构。在认知层的4章中，价值思维、瓶颈思维、杠杆思维和复利思维是增长领域的4种认知结构。一家公司若想提升团队的增长领导力，先要对"什么是增长"的认知结构保持同频。

第一章
价值思维：为什么有的公司根本就不具备增长假设

增长不是套利

先问一个问题：一家公司赚到了钱，是不是就实现了增长？为了回答这个问题，请想象下面两个场景。

场景一：某连锁品牌是加盟高手，热衷包装，善于营销，推动项目在全国建立加盟体系，美其名曰"品牌授权"。该品牌授权费用8.8万元，一举招商千余家，获利上亿元。然而，商家经营不善，数月之后加盟店纷纷倒闭。此品牌既不相救，也不心急，改头换面后重启新盘。该品牌新项目的全国路演已在准备当中，下一个小目标似乎指日可待，只需要把之前的套路重来一遍。

场景二：某健身行业商家选择居民众多的小区开设健身房，简单装修后，赊好健身器材摆入其中。它明明10月开业，7月就开始大搞活动，美其名曰开业庆典，倾情酬宾。原价5 888元的健身年卡，该健身房以预售价买一送一，两年只要5 888元。于是在正式开业之前，该健身房还没有服务过客户一天，就收到了一大笔钱。至于之后客户来不来健身，并不在健身房关心的范围内，他们设想的是两年后翻出客户名单，再做一轮推销。这次优惠力度更大，三年只要 5 888 元——前提是，这家健身房能活过两年。

以上两个场景，公司似乎都赚到了钱，但是它们真的在践行"增长"吗？我必须明确给出自己的观点：不是，这不是增长，因为增长不是套利。

增长是所有企业追求的目标，实现增长理应伴随着赢利。但纯粹追求赚钱，不顾客户价值，只能叫"套利"，而不是"增长"。增长假设的前提必须是价值。公司只有持续创造价值，才能持续增长。否则，即使短期有所获利，企业似乎付出很少就得到了很大的回报，其增长可能也因此停滞，它会常年维持在某一个规模，甚至萎缩，却让人不知原因为何。

例如，场景一中推广加盟的高手，其价值创造来自客户都能赚到钱，客户的客户，也就是终端用户，也能得到生活中的好体验，这样的商业链条才健康、长久。

2023 年，某餐饮快消品牌上市受阻，其原因除了政策鼓励高科技而非消费品外，该企业自己的收益结构中也存在问题。第一，证监会审查发现，它将近 90% 的收入不是靠自身赢利能力获得的，而是靠加盟费。第二，在总营收占比中，它的全国加盟店有 2 万多家，直营店却只有不到 50 家，占比太少。可是它的财务数据单看其实并不差，其 2021 年的营收为 103.5 亿元，利润达到 19.12 亿元。

如果该企业的财务数据建立在加盟商都赚钱的基础上，那么显然它是创造价值且能持续增长的。但如果只有该企业自己赚钱，其加盟商不赚钱，这就不是我们所理解的增长，而是套利。

　　在 2022 年底的京东经营管理培训会上，刘强东视频接入，批评高管们谈花里胡哨的故事太多，谈成本、效率和体验太少，如果对如此核心的战略都把握不够，那么他们将很难带领团队长远走下去。

　　我们不妨就拿京东做个思想实验。

　　京东有 5 亿名用户，如果增长就是套利，那么京东想办法在一年当中从每个用户那里多赚 10 元钱的难度想必不大，轻轻松松 50 亿元利润就能到手。然而，这实现增长了吗？显然有问题，这种增长不是通过创造用户价值得到的，而是通过营销上的手段得到的。从创业之初到现在，刘强东一直强调成本、效率和体验，它们都可以被翻译成"用户价值"。成本是让价格更低，效率是让配送更快，体验是让用户感受更好，这些才是价值。商业的第一性原理是价值交换——创造价值并因此获利，企业得到的是用户所得价值的一部分分配。套利追求的则是让自己的价值分配远超价值创造，但从没有任何一个企业以这种方式成为伟大的公司。

> **"** 商业的第一性原理是价值交换。**"**

把第一性原理传递给中国商业界是我的职业信仰之一。第一性原理不是类比,也不是只看表面特征,而是深挖某件事根本的道理,再从这个根本的道理延伸出对这件事情更深刻、更完备的理解。

有些人因为看到他人通过套利行为实现了个人收益最大化,便觉得这就是商业的本质,然而这只是简单的感性认知。我们必须从感性认知过渡到理性认知,找到每个领域更深层的道理,因为它们对现实拥有更强的解释力和预测力。

案例:二手房经纪行业

二手房经纪行业中曾经长期流行一个经营策略——"假房源"。如果周围正常房价是 6 万元每平方米,在这家经纪公司的玻璃幕墙上贴的广告却都是 3 万元每平方米,南北通透,户型很好,那么周围有购房需求的人有很大概率都会被吸引过来,这是一种营销手段。结果可以想见,房子当然是没有的,因为是编出来的。经纪公司希望以这样的方式吸引用户,等用户到店后再卖给他们其他的房子。

并且,这些经纪公司还不满足于只收佣金,最好能把卖房者和买房者隔离开,两边签约。它们可能用 500 万元把一套房子从卖房者手中拿过来(不是买过来),以 600 万元出售给买房人,自己赚中间的 100 万元。

这是最标准的套利行为了,似乎以这种方式找到更多的房源和客户就能实现增长。结果是什么呢？第一，行业"内卷"严重，企业长期维持某个体量，没有增长。第二，行业不受尊重，社会评价越来越低。如果把"受尊重"当作从业者的一种价值，那么房产经纪人本身的价值是不断贬损的。

所以，很多经纪公司被链家以"真房源"策略轻松地击败。"真房源"不是行业原本就应该做到的事情吗？某些经纪公司因为看到了套利空间，不知不觉被圈进了一个虚假的增长系统。这不是真正的增长。

链家前董事长左晖看到了房产经纪行业的第一性原理。从链家的"真房源"到贝壳的"ACN合作网络"（经纪人合作网络），左晖所坚守的不过是最基本的价值交换逻辑，这却变成了"难而正确的事"。

不但套利不是增长，正常赚钱都未必是增长。

2014年的微软公司市值不到3 000亿美元，相较于1999年的最高位腰斩。在微软CEO任上工作了14年的史蒂夫·鲍尔默黯然离职。鲍尔默出身于市场和销售岗位，浑身充满斗志，1980年就加入微软，在2000—2014年担任CEO期间，他更是把激进的、攻击性的精神和代表这种精神的KPI（关键绩效指标）体系植入了微软。鲍尔默的工作特别聚焦，只做两件事情，第一是卖Windows（操作系统），第二是卖Office（软件）。在这种"竞争、激励、淘汰"的机制之下，其实微软的效益很不错，仍然是一家很赚钱的公司。但微软的股价在2000—2014年的14年间几乎零增长！

不到10年之后，在第三任CEO萨提亚·纳德拉的带领下，微软市值达到25 000亿美元，增长接近10倍。所以，究竟什么是增长，什么又是增长领导力？

在某种程度上，本书就是对纳德拉这句话的拆解和方法论化："领导者必须同时看到外部的机会、内部的能力与文化，以及它们之间的所有联系，并在这些洞察变得众所周知之前率先做出反应，抢占先机。"

列举前面这些案例是不是在反对套利、反对赚钱？当然不是。我们是要厘清一个道理：价值创造才是持续增长的驱动力，赚钱只是结果，套利机会则是杠杆。第三章有专门的章节阐述杠杆思维。企业家如果不能正确认识增长的驱动要素，只盲目追求套利和赚钱，终究不会大成，那也不是本书倡导的商业价值观。

增长的极限

2000年初，我在当时的三大门户网站之一工作。在新闻门户网站还是互联网主流业态的时代，这家公司一直是第二名。有一次，当时的领导给全部门开会，鼓励大家说："前年，我们的营收只有第一名的60%，去年达到70%，现在达到80%了，最多再过两年，我们就会追赶上第一名！"

全场响起掌声。

我也是鼓掌的一员,只是隐隐感觉不对。后来系统学习了商业逻辑之后,我才明白,当时的领导做了一个假设,这个假设通过他的演绎产生了错误的结论,即"增长是连续的"。前年到60%,去年到70%,今年到80%,我们自然而然就会想到,明年会到90%,后年会到100%,这在语感上很顺畅,但在逻辑上有瑕疵,前提假设未必成立。

很多公司都有类似的做法,每到年底,除了总结过去的成绩,就是给第二年设置增长目标:去年增长了10%,今年增长了12%,明年设置增长15%不过分吧?仿佛增长会一直按照某种线性规律持续下去,仿佛领导者只要把指标传递下去,再加上管理动作,增长就自然会实现。很少有人思考,增长到底是什么,增长为何会发生,它有没有极限点,到了极限点该怎么办。

管理学大师查尔斯·汉迪在他著名的"第二曲线"理论中指出,任何企业都处于生命周期中的某一节点,它们不可能无限增长,一定会遭遇极限点。企业突破极限点,发展出第二曲线才能重启增长,但成功开启第二曲线的公司少之又少,比如从"桌面战略"到"云战略"的微软,从电商业务到金融和云业务的阿里巴巴,从今日头条到抖音的字节跳动,从做亚马逊店铺到自建站的Shein(希音),都是其中之一。在我任教的混沌学园,"第二曲线创新"是主要的研究内容之一(见图1-1)。

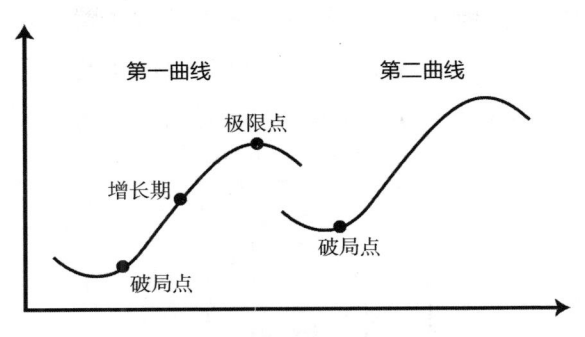

图 1-1　第二曲线创新

绝大部分公司处于第一曲线时,要清醒地意识到自己的增长有极限点。这种极限点并不是企业能力不够,或者外在条件缺失,或者其他障碍导致的,而是在逻辑上就无法突破的天花板。

要搞明白这里的道理,首先要回答一个问题:企业为什么存在?

针对这个问题,有很多人都做过精彩的回答,比如现代管理学之父德鲁克说"企业的使命是创造顾客",诺贝尔经济学奖得主罗纳德·哈里·科斯说"企业的本质是降低市场交易成本"。更朴素的对企业为什么存在的认知还有"企业是给股东创造利润的工具""企业是企业家实现抱负的载体",等等。

今天我们要提出另外一个理解的角度,这种理解角度解决了企业增长极限点的问题。企业之所以存在,是为了解决某一个社会或者市场问题,这个问题的解决是企业合法性的来源。

一个企业增长系统的"一",也就是解决社会或市场问题,无法在其系统内找到,它存在于系统之外。探寻这种系统之外的

"一"的方法,是站在比原系统更大的系统回望(见图1-2)。比企业更大的系统是市场或者社会。说得极端一点儿,一个企业可以不存在,但那个问题一直在,它出现在企业之前。

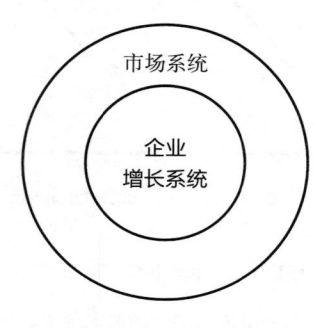

图 1-2　企业与市场系统

可能有人会不同意我的观点,认为真正优秀的企业家是在引领用户需求,创造这个世界上没有的、连用户自己都看不到的产品。假如在100多年前,亨利·福特问用户需要一个什么样的交通工具,几乎所有人都会说"我想要一辆更快的马车"。正因为当时没有人见过汽车,所以是福特引领了用户需求。

如果没有乔布斯,可能现在人们还在使用诺基亚和摩托罗拉的手机。是乔布斯的一个问题——"为什么手机要有键盘"开启了一般用户无法想象的移动互联网时代。

著名经济学家张维迎教授将企业分成三类。第二类企业满足的是市场上已经表现出来的需求,如果可以更好地满足需求,企业就可以获得竞争优势,可以赚钱。第三类企业是第二类企业的供应商,它们照单生产,技术规格是别人规定的,它们将产品保质保量地交付即可。而第一类企业在创造需求，创造市场，它们能够看到消费者自己都不明白的需求。它们不仅在创造产品，还在创造产业，它们一定在创造用户没有想到的东西。

其观点是否证伪了我的看法呢？明明有些企业就在用户产生需求之前引领了市场。

我认为并没有。这里有两个概念要厘清，"市场问题"与"产品"是两回事，市场问题一定在产品之前出现，产品是解决市场问题的载体。对市场问题不同的描述会带来不同的解决方案和不同的产品。福特确实没有回答"如何造一辆更快的马车"，但他回答了"如何更快地从 A 点移动到 B 点"。

人类思维的遮蔽性和企业的创新也来源于此。原本马车也在回答"如何更快地从 A 点移动到 B 点"，它是比步行更好的解决方案。只是一旦马车出现，人们就忘记了原来的问题，我们的思维被马车遮蔽了，想的都是如何优化马车，而不是继续回答原来的问题（见图 1-3）。人们对世界的理解，阻碍了其对世界的进一步理解。

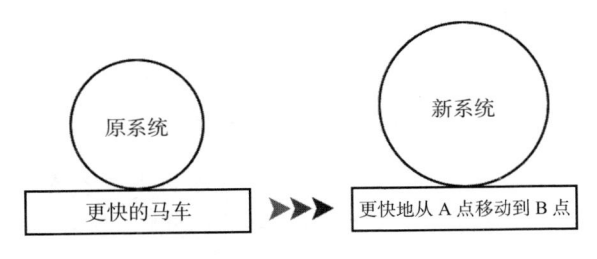

图 1-3　原系统与新系统

> 人们对世界的理解，阻碍了其对世界的进一步理解。

不管企业自身有没有意识到，它都在解决某个社会或者市场问题。针对这个认知有两个启示：第一，企业正在回答的问题已经界定了企业增长的天花板，也就是第一曲线的极限点。第二，对市场问题的不同认知，会极大地提升增长的天花板。它如果发生在企业外部，那就是创新型企业颠覆了老企业，比如福特汽车颠覆了原有的马车企业。它如果发生在企业内部，就是某些企业第二曲线的来源，比如微软的第二曲线。

案例：微软

截至目前，微软共经历了三任CEO：盖茨、鲍尔默和纳德拉。在盖茨时代，微软的使命是"让每个家庭、每张办公桌都有一台电脑"，它在与英特尔、戴尔、IBM（国际商业机器公司）等公司共同完成这个使命。在微软初创的时代，计算机只存在于企业和研究机构，主流产品是大型机和中型机，没有个人电脑。这是一个市场问题，我们可以将这个问题描述为"如何提供个人用得起、用得好的电脑"，但本源的问题是"如何提升人们的生产效率"。

到 21 世纪，针对"如何提供个人用得起、用得好的电脑"这个问题，可以说盖茨回答得很好，好到这个答案已经到了极限点，所以他退休去做慈善事业了。但是，对"如何提升人们的生产效率"这个问题的回答并没有到极限点。继任的鲍尔默没有回到本源那个问题并开启第二曲线，反而被第一个问题的解决方案困住了，他一直在回答的是"如何更好地卖 Windows 和 Office"。他在任期间，微软仍然是一家很赚钱的公司，但并不是因为解决一个新的问题而赚钱，而是通过消耗微软积累多年的品牌资产和垄断效应赚钱。在顶级企业里，微软已经落后，市场也给了应有的回应，从 2000 年到 2014 年，微软的股价几乎零增长，表明当时的微软虽然仍是一家赚钱的公司，但已经不是值钱的公司了。

第三任 CEO 纳德拉于 2014 年上任，他并没有着急开发新产品赚钱，却做了一件似乎与一线经营相隔甚远的事情——刷新微软的使命，使其从原来的"让每个家庭、每张办公桌都有一台电脑"变成了"予力全球每一人、每一组织，成就不凡"，并提出了"移动为先，云为先"的战略（见图 1-4）。他又回到了那个初始问题——"如何提升人们的生产效率"，只不过在新时代下，这个问题被拆解为新的命题，以"云"为代表的新科技是解决方案。微软之所以能够很早地投资 OpenAI（美国人工智能研究公司），并非因为预见了 ChatGPT（一个聊天机器人模型）今日的大"火"，而是因为这是在老问题和新战略之下的正常经营动作。

第一章　价值思维：为什么有的公司根本就不具备增长假设

```
┌─────────┐              ┌─────────┐
│  微软   │              │  微软   │
│ 原系统  │   ▶▶▶       │ 新系统  │
└─────────┘              └─────────┘
 让每个家庭、             予力全球每一人、每一
 每张办公桌都有一台电脑    组织，成就不凡
```

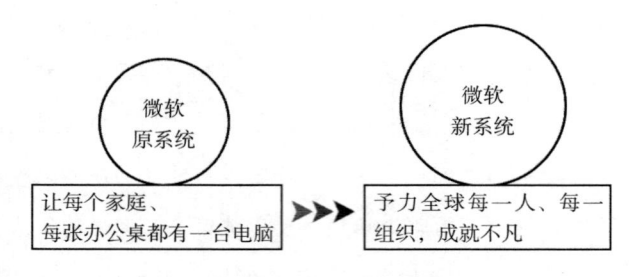

图 1-4　微软的新旧使命

案例：物业公司

　　物业公司的收入基本上等于物业费加增值收入，其中增值收入是物业公司一直想抓但总也做不好的事。商业逻辑往往与表面的直觉不相符。站在物业公司的角度，它们没有理由做不好增值收入，它们会这样想："我们和业主在同一个小区住着，一天能见好几面，见面时也能互相点个头，算熟人。"于是，它们总想在端午节向业主卖粽子，中秋节卖月饼，九十月卖大闸蟹，却总也卖不出去，最后逼着员工自己买回家。

　　这就是表面的直觉。物理空间上与业主同在一个小区的物业应该比远在天边的电商网站更容易成交才对。但事实并非如此，商业有它自身复杂得多的逻辑。造成这种状况的原因是什么呢？是物业对自己的这种商业业态究竟解决了市场上什么问题没有搞清楚。正是这个问题决定了这个行业的增长天花板，想要突破这个天花板，首先要对这个问题进行重新认知。

一般人会认为，物业解决的市场问题是"向业主提供服务"，这个理解并没有错，只是在这个理解之下，人们对物业工作的画面感也有了，它们是帮业主看大门、扫院子和修马桶的。它们与业主是利益对立面，业主交物业费，它们提供物业服务。物业公司的增长天花板即管业主的户数乘以单位物业费，它们解决的问题并不是业主对各种商品的需求，也无法建立可靠的供应链并形成用户的心智认知。

那么，就在物业公司原有的核心能力之内，我们是否有可能重新理解这个行业，进而带来更大的增长空间呢？

是有可能的。

万科物业 CEO 朱保全的观点是，请不要把物业理解成只是"向业主提供服务"的企业，虽然物业当然会帮业主看大门、扫院子和修马桶，但我们可以转换一个视角：物业是"让业主的资产保值、增值的企业"。这样思路一下子就打开了（见图1-5）。

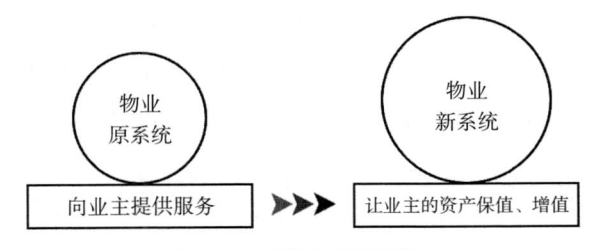

图 1-5　对物业的新旧认知

"向业主提供服务"与"让业主的资产保值、增值"，是两个不同的市场问题，物业是解决市场问题的工具，选取哪个作为行业的本质认知，所产生的增长系统完全不一样。

"让业主的资产保值、增值"跳出了业主户数乘以单位物业费这个增长公式。每个业主都希望自己的房子可以增值，在这个任务中，物业起到的作用很大。物业公司和业主一起完成资产的增值，再在其中建立合适的交易结构进行分配，这时双方是利益共同体而非利益对立面，物业公司的增长天花板也一下子被抬高了。

增长天花板的高低，在于市场问题的大小。企业解决什么样的市场问题，是制定增长战略的第一步。

对增长的思考要紧紧围绕"价值"二字。在增长战略层面，也就是结构性增长方面，价值可以理解为"识别与解决市场问题或者社会问题"，对问题的不同描述与定义决定了一个企业增长系统的天花板，也就是增长曲线的极限点。第二曲线来自刷新对要解决的问题的定义与认知。

在增长战术层面，也就是运营性增长或营销性增长方面，价值可以理解为"识别与解决顾客的问题"，这既包括顾客与产品交互中的问题，也包括顾客自己在工作与生活场景中的问题，后者往往更加重要。这就是下一节的主要内容。

价值是"对方的好处"

分众传媒创始人江南春说："破除增长焦虑的唯一方法是把追求增长的视角切换成价值创造的视角。"

对于很多抽象概念，我们不思考还觉得知道它是什么意思，一旦仔细推敲就开始犯迷糊，"价值"就是其中之一。这是一个在商业和职场中出现得非常高频的概念，究竟该怎么定义它？上一节曾经用"识别与解决问题"来描述价值，这是不是唯一的描述它的方式呢？

在经济学的历史上，曾经有各种不同角度的价值的定义，我们取其中最流行也是我个人认为解释力最强的一种说法——价值效用论，即价值是"满足人们欲望的程度"，它含有鲜明的主观心理评价意味，把它翻译成人人都懂的大白话就是，价值是"对方的好处"。从这个角度看，"解决对方的问题"也是对方的好处。理解价值有两个关键点。第一，价值是对方的好处而不是自己的。"我不要你以为，我要我以为"就完全没有价值思维。企业以为顾客需要的与顾客真正需要的往往是两回事。第二，价值既然是主观评价，往往就会变化。所以，一定不要有一种叫作"我了解顾客"的傲慢。一旦抱着自己很了解顾客的想法，你就开始远离顾客了。

> 有一种傲慢叫我了解顾客。

为了帮助大家更好地理解价值，我们先做个思想实验。

请你回答一个问题：如果价值是"对方的好处"，请问给顾客发放优惠券，算不算给对方提供了好处，提供了价值？

要回答这个问题，我们先要提供一个评估有没有创造足够价值的衡量标准：到底是我们需要顾客，还是顾客需要我们？

答案显而易见，"顾客需要我们"证明企业创造了价值。

不过在现实商业场景中，这种情况并不多见。多数公司处于中间状态，少部分时候顾客需要我们，大部分时候我们需要顾客。这无可厚非，也不是关键，关键是企业朝着哪个方向发展。

很显然，成交是实现商业价值的重要体现，如果顾客不太需要我们，那么企业就会做代偿动作来达成交易。什么是代偿动作？打折、发券、给优惠就是。

所以，刚才那个问题的答案就有了，给顾客发放优惠券并不是给对方提供好处、创造价值，而是为了达成交易的代偿动作。企业如果以为这些动作是给顾客的价值，就会深陷其中无法自拔，阻碍真正的价值创造之路。

有代偿也不是大问题，大部分公司或多或少都会有一些。问题是企业朝着哪个方向发展。一个是认为代偿是正常的，所有公司都这么干，所以我也这么干。这样公司就会被封印在一个小系统中，有时赚钱，但无法持续增长。另一个是认为代偿不正常，朝着创造价值、让顾客需要我的方向发展，才有可能实现健康且持续的增长。价值假设是增长假设的前提。

> **价值假设是增长假设的前提。**

案例：孩子王

孩子王是一个总部在南京的母婴童行业新零售领军品牌，提供准妈妈以及 0~14 岁儿童商品的一站式购物与服务。它的"单客经济"，即围绕一个用户提供全生命周期、全产品线的服务享誉国内。它从线下起家，逐步发展出线上业务，数字化程度很高，有 3 套数字化系统。一个是孩子王 App（手机应用程序），给用户使用；一个是人客合一 App，给育儿顾问，也就是自己的员工使用，用来连接和服务用户；一个是商客合一 App，给供应商使用，供应商不但可以随时看到自己产品的经营状况，还可以直接在 App 上实现经营动作。

2023 年 4 月，我带唯品会到孩子王游学，在孩子王的展示墙上发现一句话："解决用户的问题，而不是我们的问题。"这是孩子王 CEO 徐伟宏的原话。什么是我的问题？我的公司增长放缓、利润下降，我今天还没有完成任务，该怎样提高用户的客单价，等等。你会发现，这些就是大部分公司天天聊的东西，统一可以称为"解决我们的问题"。用户的问题在哪里呢？

用户的问题是："今天孩子的'臭臭'颜色不对，是不是病了啊？"

用户的问题是："孩子今天在商场摔了一跤，头磕破了，怎么办？"

用户的问题是："孩子晚上不睡，哇哇哭，怎么哄都不行，怎么办？"

解决这些问题，才叫给用户提供好处。孩子王的育儿顾问被要求，如果想在人客合一 App 里给"宝妈"发送一条消息，必须符合一个标准，那就是这对"宝妈"来讲一定是好事。直接发送促销优惠券，不算好事。

孩子王的育儿顾问都要考三个证：国家中级育婴员证、催乳师证和急救员证。这些要求都是朝着解决用户的问题去的。一次，有个"宝妈"带着宝宝在商场里玩，忽然孩子惊厥了。她的第一反应是尽快找到商场里的孩子王门店，向育儿顾问求救，她知道这些育儿顾问都有急救员证，可以进行及时的基本处理。这种用户心智认知是一种极难替代的品牌资产。

解决用户的问题，而不是我们的问题，这句话听起来很简单，但要真正落实到位，非常困难。

"解决用户的问题"分为两个层次。第一个层次是用户在与我交互的过程中出现的问题，更重要的其实是第二个层次——用户自己场景中的问题。要洞察这种问题，需要你从自己的产品中跳出来，真正到用户的场景里去观察、去体会、去共情。在孩子王的场景里，从第一个层次出发，用户的问题是服务好不好、配送快不快、产品优不优质。到第二个层次我们才会发现，孩子会生病、孩子难哄睡、孩子会摔倒，这些看起来与孩子王售卖的产

品没有关系的事，才是用户更真实的问题，是范畴更广的问题。

下面是"问题"的三个层次（见图1-6）。

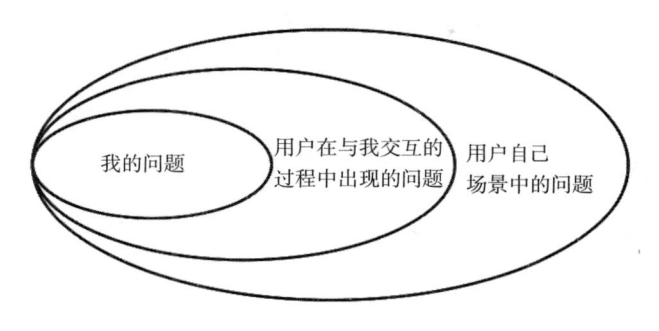

图1-6 "问题"的三个层次

从"我的问题"到"用户自己场景中的问题"，这种思路转变不仅仅适用于To C（面向消费者）的消费者市场，也适用于To B（面向企业）的企业市场。

案例：一书一课

一书一课原来是樊登读书（现改名为帆书）专门针对企业学习场景开发的业务，为企业提供读书以及课程产品，一个账号是398元每年，企业购买是20个账号起。在知识付费行业的红利期，一书一课曾经做到过拥有3万家企业客户，超过500万个终端账号开户，是一家增长得很好也很赚钱的公司。

后来一书一课从樊登读书剥离出来独立发展，却赶上了三年疫情。各个企业自己生存都困难，更不愿意花钱续费给员工学习了，一书一课的增长也就遇到了问题。我在上海给它做过一次增长诊断，以下是我给它提供的分析建议。

樊登读书体系中最强大的是渠道能力，一书一课也沿袭了这种基因，通过代理商体系打开了市场。每个公司都会有路径依赖，以渠道起家的公司总认为继续压渠道就会有产能。其实，这种情况大都发生在市场增量时期，市场好，渠道跟着你就能赚到钱。一旦市场过了极限点，转向存量市场，只压渠道就未必管用了。

破局思路是什么呢？就是回到客户那一侧，看看客户到底要什么。

前文说过，客户的问题有两种，第一种是客户在与我交互的过程中出现的问题，第二种是客户自己场景中的问题。第二种才是真问题，但大部分公司的视角只停留在第一种问题上。

在企业学习这个场景里，第一种客户问题可能是内容适配性、课程的丰富度、学习成效难以评估、员工学习动力不足、员工学习时间难以安排、知识传递和应用困难、学习平台的操作和技术问题等。

即便以上问题都解决了，能扭转一书一课的增长颓势吗？难度很大。企业的关键决策者是老板，上面所有的问题都在老板的一个叫作"员工学习成长"的心理账户里。市场好的时候，企业也有钱，老板高尚、有格局、够意思，愿意花钱给员工购买学习产品，帮他们成长，这是福利。反过来讲，这也是成本，一旦市场不好，钱不好赚了，企业首先砍掉的就是一书一课这种学习产品支出。它的必要性总是不那么强。

要记住，分析B端企业客户，要从每个角色的决策动机出发。

作为中小企业老板，帮助员工学习的动机并不太强，属于锦上添花而不是雪中送炭。他们的什么动机强呢？提升管理能力，提升团队的工作士气，让员工好好干活儿，给公司赚钱，这个动机绝对强。这个心理账户叫作"提升团队能量和战斗力"，在这个账户里，他愿意花钱，因为收益看得见。

一书一课先要转变思路，从产品思维（代表了"我"）转换成客户思维（代表了企业老板）。产品是书还是课，这并不重要，重要的是产品满足了客户的什么场景的需求，在客户的哪个心理账户里。一书一课应该从一个"员工学习产品"变成一个"企业管理工具"（见图1-7）。

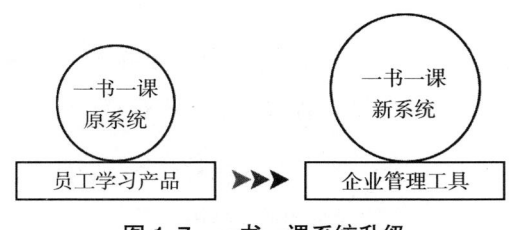

图 1-7 一书一课系统升级

在"提升团队能量和战斗力"这个心理账户里，企业老板原本就会做很多事。老板会调整薪酬制度和激励机制，给员工涨工资，做拓展和团建，做培训和宣贯，甚至还会开大会动员，这些算下来成本很高。

当一书一课把自己放在这个心理账户里，通过读书和学习来激发团队能量时，它就会给企业的管理带来帮助，而不仅仅是带着企业员工学习。比如，在早会场景中，可以在一书一课App

中邀请优秀的老师开发早直播，每天15分钟，让员工在企业早会之前跟着读一段激发能量的书，从而让员工在一天的工作中能量满满。再比如，在晚复盘场景中，可以邀请做复盘很厉害的老师带着企业客户做复盘。类似的场景不胜枚举。

一书一课的费用又没多高，老板只要会算账就会意识到，越是在困难时期，越要购买一书一课，因为这时候更要激发团队活力。

当然，当一书一课把自己定位成管理工具而不是学习产品时，其选书的方向和运营的方法都会有所调整，可以针对企业实际的管理场景来设计。我们就不"剧透"了。

价值是"对方的好处"，这个概念理解起来不难。难的是，很多企业都在以"我以为对你好"的方式对对方好。企业要么是从自己的产品出发，要么是从自己与客户交互的环节出发，而真正的对对方好，要从客户的实际场景出发。

表1-1和表1-2是我们对部分服务过的行业的"三层问题"的拆解，供参考，这是一种非常高效的练习"如何站在客户角度思考问题"的方法。

表1-1　视光行业"三层问题"

我的问题	客户在与我交互的过程中出现的问题	客户自身场景问题
客户上门率变低	退换货困难	钓鱼的时候眼镜反光，可以通过偏光镜解决

（续表）

我的问题	客户在与我交互的过程中出现的问题	客户自身场景问题
库存管理困难	预约验光时间不便	运动时眼镜容易滑落，需要防滑设计
线上销售竞争激烈	配镜时间过长	长时间看屏幕导致眼睛疲劳，需要防蓝光镜片
保持与供应商的良好关系困难	不满意镜框样式	开车时眼镜夜晚眩光，需要特殊涂层处理
识别和应对市场趋势困难	价格不透明	游泳时需要防水、防雾的泳镜
保持技术和设备的先进性困难	客服响应不及时	高海拔地区太阳紫外线强，需要防紫外线镜片
拓展新市场和客户群体困难	无法在线试戴或试戴效果差	户外工作需要防风、防沙的眼镜设计
培训和保持员工专业水平困难	经常性促销导致信任度下降	老年人需要轻便、易于使用的老花镜设计
线上与线下业务融合困难	获取定制镜片服务困难	孩子戴眼镜时容易损坏，需要耐用的儿童镜框设计
市场合规性困难	找不到合适的护理和维护产品	戴眼镜时化妆困难，需要特殊的设计

表 1-2 汽车行业"三层问题"

我的问题	客户在与我交互的过程中出现的问题	客户自身场景问题
竞争激烈，客户到店率变低	不相信专业汽车媒体，都是广告	如何选择一款显得自己有实力的车见客户
促销与广告成本增加，但回报减少	办理分期贷款手续复杂	如何同时满足日常通勤和周末出游需要
新车型与本地市场需求不符	试驾体验不佳，如可选车型有限	在路上遇到意外时，如何快速得到帮助与救援
厂商提供的支持与激励不足	4S店服务态度不佳	如何选择环保且经济高效的车

第一章 价值思维：为什么有的公司根本就不具备增长假设

（续表）

我的问题	客户在与我交互的过程中出现的问题	客户自身场景问题
周期性波动导致库存积压	售后服务响应时间太长	如何在紧急情况下快速学会一个新车型的操作
货款批准延迟或拒绝率增加	收车时车辆配置与承诺不符	长途驾驶经常犯困，很不安全
员工能力跟不上技术与市场变化	库存不足，热门车型难以获得	城市里不好找停车位
其他品牌或新经销商的竞争	在线预订和查询系统复杂难用	汽车保养维修或者处理事故如何不占我的时间
线上销售对线下业态产生冲击	不满意售后政策和保修条款	电动车充电桩不好找
竞争对手创新速度更快	价格波动，价格不透明	在车内休息睡觉不是很舒服

销售思维 vs 增长思维

增长很容易被理解成卖货，也就是销售。华为公司表面看可以说是一家技术与销售双驱动的公司，销售团队的"战斗力"非常强大。但华为有一个不成文的规定，即不鼓励招募当地人做销售，虽然当地人似乎更有资源。这和一般的销售驱动型公司很不一样，"有资源的销售"是各个公司的宝，华为却选择主动放弃。其实华为在秉承一个更深层的商业道理，即个人资源带来的销售额无法建立企业的护城河，企业却可能因为少数人的离开而受到影响。企业应该注重产品本身和销售流程，让一个陌生人来到一个陌生市场都卖得出去，这样企业长期增长的假设才坚实。

已经有很多人在反思抖音等平台所带来的 DTC 品牌现象。DTC 是"Direct-to-Consumer"的缩写，即直接面向消费者的销售方式。表面看，在大流量平台上开店，直接面向消费者销售，不让中间商赚差价，好像是更合理的商业结构。实践结果却是，有不少品牌在直播间产生了很大的销售额，但利润率普遍很低，更糟糕的是，直播间叫卖似乎在快速消耗品牌资产。有些大品牌起初在直播间卖得不错，后来越来越差，才明白开始的高销量不过是多年积累的品牌资产在这几天被集中折现而已，品牌形象一旦下去，再上来可就难了。

2023 年 11 月，直播电商头部主播辛巴在一场直播中给慕思带货 10 亿元，创了纪录，可慕思却拒绝发货。辛巴在直播间解释，他给慕思带来的都是原来不买慕思的新客户，并没有抢原有代理商的生意。这个说法是站不住脚的，原价 15 000 元左右的床垫在直播间卖 5 000 元，慕思原来的线下客户不可能看不到，他们怎么会再走进慕思的线下店呢？表面看是辛巴给慕思带来了巨大的销售额，其实他不过是把慕思多年积累的品牌形象资产一朝变现而已。

商业世界很复杂，不是找到消费者，然后把货销售给他这么简单。价值交换才是商业的底层逻辑，无限追求销售效率的品牌只是在成交层面得到快速回报，处理不妥会影响长期价值。DTC 的盛行就是把企业推到了无限追求销售效率的境地，未必是好事。在这里，只有价格，没有品牌。

品牌本身也是用户获取的价值之一，我有个略显激进的观点："有品牌偏见的行业，才是好行业。"什么是品牌偏见？例如，在可乐饮料行业，有很多可口可乐的忠实拥趸，他们基本不买百事可乐，同样，也有很多百事可乐的忠实"粉丝"，他们甚至有点儿讨厌对方的品牌。国内的新能源汽车行业也出现了这样的苗头，理想汽车的用户若是和蔚来汽车的用户碰面，可能会争得面红耳赤，他们都在维护"自家的品牌"。

关键词出现了——自家的品牌，这就是品牌偏见。有品牌偏见，说明这个行业已经出现了被用户认可的非价格、非使用功能的竞争要素。在这个行业，品牌方可以不通过价格战的方式来展开竞争，行业利润率往往不错，品牌方也有能力做出更好的产品以提升品质，这才是好行业。

在那些没有品牌偏见的行业，用户不讨厌你也不爱你，选谁主要看价格或者方便程度，这就是DTC品牌即将进入的陷阱。

销售效率当然很重要，但企业如果认为这是唯一重要的事情，而忽略背后的价值创造，就不会产生持续的增长。

价值如何变成利润

价值创造是商业的起点，价值假设也是增长假设的前提，不持续创造价值，企业就无法实现持续增长。但是，价值不会自动变成利润，仅仅为客户创造价值并不等同于为企业创造了利润。一个商业模式之所以能够高效运转，一定是相关利益方的诉求都得到了满足。

下图为商业模式中的三方主张，其中价值主张是客户要什么；利润主张是企业要什么；相关方主张是指，在企业与客户这对供需关系之外，还有一系列的其他相关利益方，他们的诉求是什么,是否得到满足,或者是否有障碍(见图1-8)。

图1-8 商业模式中的三方主张

曾经有一家轮胎企业生产了一款"智能防爆轮胎",装配了这种轮胎的汽车如果发生故障,可以实现自动填充且继续行驶50千米,足够用户到达最近的修理厂。看起来这款轮胎解决了某个用户问题,创造了用户价值。但是,这款产品推广起来非常困难,原因不是用户不认,而是一个相关利益方——修理厂不认。凡是要修轮胎,修理厂都要引进一套新设备,价格不菲,且新产品和老产品不同,技工还需要重新培训,修理厂自然就不愿意干这件事。所以,这样一个有着明确用户价值的产品,就是生生地推广不下去。

如何将用户价值转化为企业利润?重点就在于设计有效的商业模式,确保各方在为用户创造的价值中获得回报,它涉及如何定价、如何分销以及如何与供应商合作等一系列问题。

而且,在激烈的市场环境之下,仅仅创造一次性的价值和利润是不够的,企业必须有能力确保它的价值创造在长期内都具有吸引力,这个概念叫作"战略控制点"。

简单理解，战略控制点就是那些可以保护企业利润的控制点，它的重点在于关键资源、能力或者位置。比如保险经纪公司拥有牌照；南非的钻石企业控制了产品；新加坡处于马六甲海峡出入口，来往的船只都要通过它，这就叫战略控制点。战略控制点主要关注企业怎样实现自己的竞争优势，在这个目标上，它与另外一个商业概念"护城河"有类似之处。护城河由"股神"巴菲特提出，他提出了四大护城河，即成本优势、无形资产、转化成本和网络效应，护城河的重点是怎样创造一种长期的竞争壁垒，像微信的网络效应、可口可乐的品牌效应，都是它们的护城河。

战略控制点与护城河还是有视角上的差异的。战略控制点更多是站在产业中的价值链角度，思考如何让自己控制产业链，成为最赚钱的那一环。比如，过去几年中，新能源汽车产业中最赚钱的其实不是比亚迪和"蔚小理"（蔚来、小鹏、理想）这些主机厂商，而是电池厂商宁德时代，先进的电池技术就是现在新能源汽车行业的战略控制点，它拿到了最大的利润份额，终端厂商都在给它"打工"。

护城河更多是站在行业角度，是一种防御性的竞争策略。战略控制点强调的是控制，护城河强调的是保护。

华为为什么不自己造汽车？因为华为判断，新能源汽车这个行业未来的战略控制点不掌握在主机厂商手里，它们不能获得产品中最大的利润份额。华为要做底层的智能操作系统，如果把智能座舱、智能驾驶和智能网联这些环节去掉，智能汽车终端厂商就只是一个组装厂加营销公司了。任正非一直有一个观点，叫

"不在非战略节点浪费战略资源",所以"华为绝不造车,只帮车企造好车"。

理想是丰满的,但现实是骨感的,华为想得到,其他的主机厂商当然也想得到。华为与汽车厂商谈了一圈后发现几乎没有人愿意与华为合作,以上汽为代表的汽车大厂害怕失去"灵魂",其实就是害怕失去战略控制点,失去对利润的保护能力。

在华为汽车的HI(Huawei Inside)路线接近失败后,华为智选路线终于靠赛力斯的"问界新M7"打出一个"爆品"。在华为智选路线下,华为不但从汽车的产品定义阶段就开始深度参与,而且在自己强大的终端网络售卖汽车。华为终于认识到,它只有在终端拥有强大的控制力,才能真正保护自己的利润。

价值不会自然变成利润,企业需要进行周密的商业模式设计并接受竞争的考验,才能让价值成为利润。

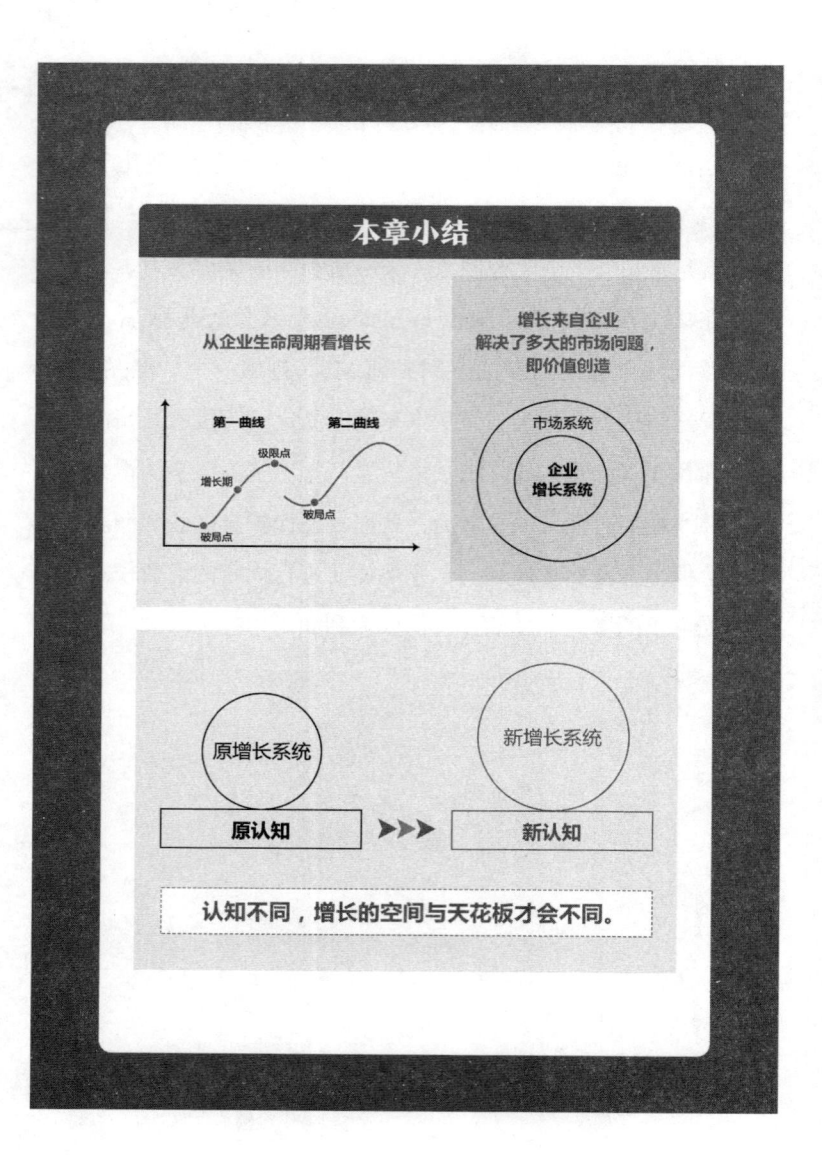

本章小结

从企业生命周期看增长

第一曲线　第二曲线
极限点
增长期
破局点　破局点

增长来自企业解决了多大的市场问题，即价值创造

市场系统
企业增长系统

原增长系统　➤➤➤　新增长系统
原认知　　　　　　　新认知

认知不同，增长的空间与天花板才会不同。

三层问题 解决问题,就是价值创造

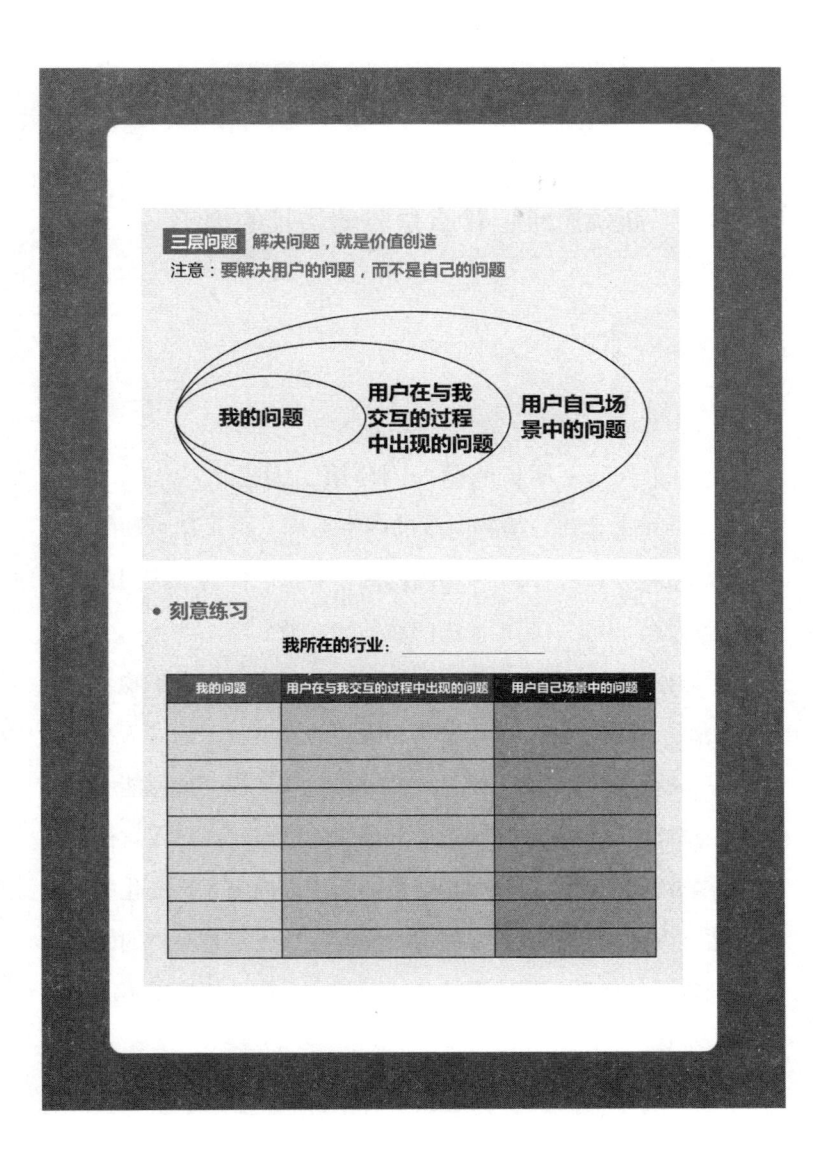

注意:要解决用户的问题,而不是自己的问题

```
    ┌─────────────────────────────────────┐
    │  ┌──────────────────────┐           │
    │  │         用户在与我    │ 用户自己场 │
    │  │ 我的问题  交互的过程  │  景中的问题│
    │  │         中出现的问题  │           │
    │  └──────────────────────┘           │
    └─────────────────────────────────────┘
```

- **刻意练习**

我所在的行业:_____

我的问题	用户在与我交互的过程中出现的问题	用户自己场景中的问题

第二章
瓶颈思维：什么是驱动增长的抓手

增长的第一因与第二因

《矛盾论》指出，事物发展的根本原因，不是在事物的外部而是在事物的内部，在于事物内部的矛盾性。任何事物内部都有这种矛盾性，因此引起了事物的运动和发展。

矛盾论是唯物辩证法的根本法则，它与进化论在事物发展的主要法则上看法不同。进化论认为事物的发展源于物竞天择、适者生存、优胜劣汰，在生物界，谁最能适应环境，谁就能够生存下去。总体看，进化论强调对外部环境的适应。而以矛盾论为代表的唯物辩证法认为，外因是变化的条件，内因才是变化的根据，外因通过内因来起作用。事物的内在规定性决定着事物的性质和发展方向，如鸡蛋因为适当的温度而孵出小鸡，但温度不能使石头变为小鸡。

很多理论体系都弥漫着进化论的味道。

比如，经济学大师熊彼特提出的"破坏性创新"指出，市场是母系统，公司是子系统，市场并不在意某家公司的死活，糟糕的公司"死掉"反而会让这个市场更具活力。公司若希望自己保持竞争力，可以将这种"破坏性创新"的思维引入内部，即公司是母系统，业务和产品是子系统，糟糕的业务和产品"死掉"会让公司更具活力。腾讯等公司采用的赛马机制，以及某些销售团队采用的末位淘汰制，其底层原理即来自此。

再如，经济学家阿尔钦的论文《不确定性、进化与经济理论》终结了经济学的假设中对人是理性的还是非理性的这一问题的讨论。传统经济学建立在人是理性的这一基础之上，而现实中的人很难保持理性。于是行为经济学横空而出，它不假定人是理性的，而以人展现出的行为特征作为研究对象。各学派的论述从不同角度出发，似乎都有道理，一旦看起来相反的论述都有道理，那么它们一定在更深层的假设上有共融性。阿尔钦给出的共融之路就是进化论式的：人是理性的或者非理性的并不重要，最后存活下来的企业一定是最适应外部条件的。

在我看来，对于事物的发展，内在的矛盾性和外在的适应性是必要条件，都构成不了充分条件。内因和外因都无法确保一个事物朝某个方向发展，就像内因与外因都无法保证企业增长一样。但若从"抓手"的角度看，我仍认为内因是第一因，外因是第二因。

人们总说一个人的成功是天时、地利、人和的结果，这些都是外因。最重要的内因被忽略了，就是这个人他自己想成功。努力不是一种品质，而是一种天赋。

对企业增长而言，外因是趋势、潮流、风口、竞争，甚至是用户需求，它们都是增长的条件，而不是增长的根据。增长的根据首先来自企业自己是想增长的，企业在抽象层面出现"我"的自我认知，是增长假设的另一个前提。在后文"企业信念"一章中，我们会更加详细地论述"企业是有生命的"这一观点，没有比将"企业的增长"类比于"人的成长"更适合的了。所有外因都在锻炼自己，这才是对增长概念的正确的打开方式。

案例：神策数据

神策数据是一家大数据分析和营销科技服务公司，从用户行为分析起家。其创始人桑文锋毕业于浙江大学，创业前在百度多年从事数据工作。有人称"神策是中国 To B 产品公司的希望"，其近年来不但业绩大幅增长，还拿到了 2 亿美元的 D 轮融资，这是这个赛道最大的一笔融资。投资者包括老虎环球基金、凯雷投资、红杉中国等顶级投资机构。

我与文锋多次交流，畅谈商业与哲学，他对"认知"的定义曾深刻触动我：认知就是未来的常识。

神策数据采用的是私有化部署和 SaaS 两种方式，SaaS 是 Software as a Service 的缩写，翻译为中文是"软件即服务"，是用户获取软件服务的一种新形式，用户不需要将软件安装在自己的电脑或服务器上，直接通过网络来获取供应商提供的软件服务。

在神策数据的商业模式中，收入主要来自订阅制，用户需要持续续费而不是用某个价格买断。一般来说，企业第一年从客户获取的收入很难覆盖成本，需要客户连续续费几年才能打平，然后才能获得利润。在这种模式之下，如果客户提出需求，问是否可以直接续费 5 年，费用打个折扣，按照 4 年收取，你会同意吗？我相信很多公司都会同意，因为软件产品的边际成本为零，早点儿收到现金落地为安，况且谁也说不好客户企业能否维持 5 年。

但是，桑文锋对这件事情的决策是，坚决不允许提前收费，只能按年续费。

这里的逻辑是，当坚持按年续费时，企业虽然放弃了更早收到的现金流，却迫使组织成长——只有自己持续提供价值，持续变好，客户才会续费。反过来，一旦收了客户 5 年的钱，企业就再难有人真正对这个客户负责了。

唯有建立对企业这个"我"的认知，意识到凡外因皆在修炼自己，这个决策才不难做出。这样的公司才具备增长假设。

在过去几年的新消费赛道，企业明知道单纯搞流量是有问题的，还是投抖音、刷小红书、铺知乎、买直播间坑位。这些并不是生意之本，但短期内给企业带来了快速增长以及投资人的关注。这些正反馈让创业者认为疯狂搞流量是对的，要加码去做，最终企业被平台"收割"，自己的品牌又没有打造出来，一两年时间就江河日下了。眼见他起高楼，眼见他宴宾客，眼见他楼塌了。

凡事要向内归因，找到内部主要矛盾，解决它。企业不增长，直接把责任推给新冠疫情这样的外部因素最简单，但这样既没出息，也没意义。企业常常自毁长城而不自知，却总将失败归于它们不能控制的外部条件。向内看，企业内部无时无刻不存在矛盾，找到当前的主要矛盾并加以解决，就是企业增长的动力源泉和操作抓手。

大部分企业认为公司的问题是不增长，这只是表象。不增长是因为企业被某个瓶颈限制，而瓶颈又因矛盾产生。每家公司当下的主要矛盾很可能与其他公司不同，找到自己的主要矛盾，才能有针对性地解决自己的增长问题。

我列举几个矛盾，你来感受一下。

公司内部价值创造与利益分配之间的矛盾。
战略的高认知与组织的低执行力之间的矛盾。
管理团队与执行团队之间的矛盾。
高增长的创新业务机会与组织冗长决策机制之间的矛盾。
需求侧的爆发与供应链不稳定之间的矛盾。
流量人才的需求与招聘培养效率之间的矛盾。

每家公司都有无数矛盾，有些是主要矛盾，有些是次要矛盾，主要矛盾的解决能够带动次要矛盾的解决，所以我们要牢牢牵着主要矛盾这只手，带着公司向前发展。有些老板上了很多课，觉得没有用，是因为他不知道自己的公司得了什么病就去开药。课程没有好坏，如同药没有好坏，只有是否对症。这也是咨询师比培训师费用贵的原因。咨询师会先帮你的企业看病，再给你开药，他在帮你解决问题；培训师是他有什么课就把什么讲给你，他在帮你拓展认知和提升能力。

培养识别主要矛盾的能力是一个修炼过程，需要知行合一。咨询师未必比企业员工更懂业务细节，也未必比高管更懂行业，但他更能以第三方视角帮企业识别主要矛盾，再根据自己的洞察和跨行业经验给予建议。

在内因之上，外因是杠杆；内因是根本，外因是条件。抖音的火爆是因为外部媒介条件发生变化，它带不火一个本来就士气低沉的团队，也救不了一个没有梳理好相关利益方的组织。

在上一章，我们理解了价值创造空间的大小是一家公司增长的天花板。本章则希望读者理解，企业在实现价值创造的过程中还有很多瓶颈和制约，表现为诸多矛盾。瓶颈思维的本质就是寻找并解决主要矛盾，它可能存在于生产中，也可能存在于市场营销中，还可能与人才有关。

再往上看，在公司之上，瓶颈还可能出现在行业尺度。当我们用瓶颈思维思考时，要把思考对象描述为一个系统。系统有三个构件：系统的目标、组成系统的要素，以及要素之间的连接关系。这个世界是由大大小小不同的动态系统组成的。要素之间的关系包含4种作用方式，分别是因果链、增强回路、调节回路和滞后效应。一家公司是一个系统，一个行业也是一个系统。以系统的视角看待商业有个好处，即其中必有瓶颈。

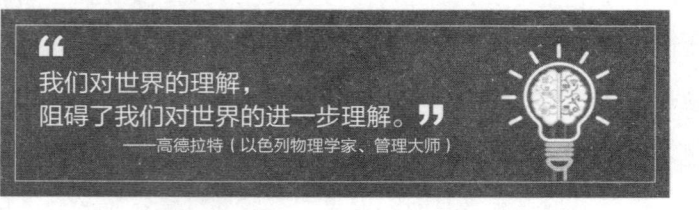

> 我们对世界的理解，阻碍了我们对世界的进一步理解。
> ——高德拉特（以色列物理学家、管理大师）

设想一家报纸媒体公司，它拥有顶尖的记者团队，每天为读者提供高质量的新闻报道和深度评论文章。这家公司的增长机制很明显：优质记者带来优质文章，吸引了众多读者，人气越来越旺。因此，各个品牌和企业纷纷找上门来，希望在报纸上投放广告，利用这个媒体的影响力来扩大自己的品牌知名度。报纸媒体公司也从广告中获得了丰厚的收入，使得他们有能力去招募更多优秀记者，进一步提升报道质量，这就形成了一个完美的增强回路。

如果按照这个机制持续下去，这家报纸媒体公司应该会无限扩大，成为一家超级大的媒体公司。但真实情况并非如此，因为在这个系统中，除了增强回路外，还有一个强大的调节回路在默默发挥作用。品牌商打广告的目的是让产品信息触达读者，影响他们的购买决策。然而，广告版面增多，必然会挤占内容版面，夺取用户的阅读时间和注意力。当广告版面过多时，读者可阅读的内容减少，他们对报纸的满意度就会降低，一部分读者会因此离开，之前的增强回路被打破。系统瓶颈往往就产生在增强回路和调节回路相互作用的地方。

所谓结构性增长，即从系统的结构性要素着手，打破当前系统的限制性瓶颈。当然，任何系统的增长都不是无限的，突破某个瓶颈后，仍然会出现新的瓶颈。

案例：Shein

Shein，中文名希音，是来自中国南京的跨境电商巨头，目前运营总部在广东。它是一家国际 To C 快时尚电商公司，近些年越来越广为人知。它主要经营女装，也提供男装、童装、饰品、鞋包等，目前尚未上市，2022 年销售额接近 2 000 亿元。它最近也逐渐开展平台电商业务，成为亚马逊的直接竞争对手，本案例分析的背景仍限定在自有品牌快时尚公司这个范畴。

获取商业洞察有个技巧，我称之为"于不疑之处生疑"。在了解到 Shein 的销售额之后，一个问题马上就出现在我的脑海里：中国最大的服装公司是哪家？其销售量是多少？我查询之后知道答案是安踏，其 2022 年销售额为 536 亿元，远远落后于 Shein。新问题出现了：短短几年时间，Shein 是如何做到远超服装业同行的？

当某家公司远远超越同行，不在同一层面竞争时，一定是因为它突破了这个行业的某些瓶颈。Shein 至少突破了以下几个瓶颈。

第一阶段，Shein 仅仅是个跨境卖家。在跨境领域，从国内进 1 元的货，在亚马逊上卖 1 美元，这种生意会让人做得很舒服。对于做得太舒服的生意，从业者就不愿意挑战它真正的难点。在这个领域，难点就是货品供应的稳定性。2014 年，Shein 的创始人许仰天曾经给投资人发邮件介绍公司：垂直 To C，快时尚自有品牌，主要用户在欧洲、北美洲，目标是成为中国人创造的直接面向国外的快时尚品牌，国内还没有直接的经验借鉴。平常每个月销售额 2 000 万～3 000 万元，高峰时 4 000 万～5 000 万元，赢利比国内电商稍好，不融资可以活下去，SKU（最小存货单位）大概为 6 000 个。多 SKU 是一个竞争优势，但弱点是多 SKU 无法全部备货，收货体验一直不好，回头率波动，营销成本却在上升，不是一个良性循环，纠结中。

在这个阶段，Shein 的瓶颈是供应链。解决不了供应链问题的跨境卖家无法继续扩大规模。这段时间，许仰天背着包在广东走访了大量供应链专家，也是从这时开始，他才算开启了打造品牌的道路，不再仅仅是一个在电商平台开店的卖家。

第二阶段，作为服装公司，导致 Shein 增长受限的主要瓶颈是库存。产生存库的原因有很多，如销售预测不准确、供应链管理不佳、货物流转速度慢、产品的生命周期短、市场需求变化快、单次生产量过大等。中国的服装头部企业如李宁、安踏等也深受其苦。库存问题是它们无法大踏步增长的主要制约瓶颈。Shein 的解法一是在供应链侧推"小单快返"，减少单次大批量生产；二是在用户侧加大营销投入，获取订单，稳住供应链网络；三是打造数字化系统，利用数据分析和机器学习技术，预测全球各地的销售趋势，从而调整生产计划，保证供应链高效运作。这些方法极大地降低了库存。

第三阶段，Shein 是快时尚公司，每周都有大量款式上新，而这个模式的"王者"是西班牙的 ZARA（飒拉），Shein 的销售额已经隐隐有超过 ZARA 的趋势。ZARA 这类公司的瓶颈是获客效率，它们以线下门店为主，门店的好处是基本盘稳固，缺点是获客爆发性差。通过在线营销和社交媒体，Shein 可以在最短的时间内触达和转化全球各个市场的用户，配合后端的履约系统，实现极高的爆品打造效率。

我们不能因为 Shein 现在的成功就反过去说它的决策都是合理的，但显然，每个阶段 Shein 都在解决那些"明明存在，但是同行都绕着走"的瓶颈问题。作为跨境电商，它在解决自主供应链问题；作为服装公司，它在解决库存问题；作为快时尚公司，它在解决获客效率问题。

大部分公司的战略都很平庸，缺乏关键洞察：公司从战略规划到战略共识再到战略解码，所谓看 10 年、想 3 年、干 1 年，最后产出一个必赢之战清单，安排让相关负责人领军令状，设计好激励制度后监督执行。这一套与战略有关的动作，怎么看都像是安排工作计划，只不过戴着战略的帽子，以战略共创会或者解码会的名义安排工作计划。几年下来，公司仍然很平庸，与竞争对手没有明显区别。

爱迪生有一句话众所周知："天才是 1% 的灵感加上 99% 的汗水。"我们只传播这句话，以为爱迪生在强调努力的重要性。其实后面还有一句："但那 1% 是最重要的，甚至比 99% 的汗水更重要。"

在战略这个领域，那 1% 就是对瓶颈问题的关键洞察，没有关键洞察的战略一定是平庸的。

链家与贝壳找房的创始人左晖先生曾经说过，要做"难而正确的事"，这就是一种对关键洞察的描述。很多人以为这句话里的关键词是"正确"，但其实关键词是"难"。它是指那种明明很重要，但是大家都不去解决的难题。有人可能认为一个战略缺乏及时反馈是缺点，我认为恰恰相反，缺乏及时反馈是优点，它可以帮我们排除大量竞争对手。只有当战略指向这些难题与瓶颈，企业集中资源解决它们，围绕它们来拆解工作时，超越竞争对手的经营结果才有可能出现。

对当时的二手房经纪市场来说，"信任"明明是很重要的问题，但从业者都不去解决。他们花最多的时间研究如何让用户走进自己的门店（于是有了假房源），如何招到更多不要底薪的经纪人，如何开更多的门店以覆盖市场。

链家跳出来解决这个问题，后来贝壳找房以更宏大的方式解决这个问题，它们开创了与其他经纪公司完全不同的局面。

对瓶颈问题的关键洞察不会随时都有，但一个增长型的领导者应该花最多的时间在这 1% 的事情上做深度思考。下面 6 个问题可以帮助领导者牵引出瓶颈问题。

我们行业为什么难以吸引新的客户群体？
我们行业为什么没有千亿规模的公司？
为什么客户不愿意主动来？

有哪些问题明明很重要，但同行都绕着走？
为什么我们行业难以吸引和留住优秀的人才？
我们的表面问题是什么，本质问题又是什么？

所谓增长的第一因与第二因，即内部瓶颈与外部瓶颈，内部瓶颈是第一因，外部瓶颈是第二因。我们要把公司和行业都当作系统来看待，在它们的内部识别当下的瓶颈、当下最关键的症结，解决它，然后迎接下一个瓶颈。企业的持续增长由此而来。

何谓"真问题"

维特根斯坦认为，语言是思维的边界。我们是中国人，天然认为中文是美的，是优雅的，是有内涵的，实事求是地讲，中文有个最大的特点，就是语义的模糊性。这是一般中国人理解哲学的一大障碍。中国的哲学学者花了大量时间向普通人普及哲学概念，说得最多的就是"某某词不是某某意思"——存在不是平时说的存在，本质不是平时讲的本质，意志也不是平时理解的意志……我们总在纠正最基本的语义理解，很难进入真正有价值的深刻命题的探讨，一直在门口打转。

语义模糊是中文的一大特点。有一个词还不算哲学词语，是日常应用量最大的词之一，它的多义性给达成共识、彼此理解甚至实现创新都带来了很大障碍，这个词就是"问题"。

"问题"这个词的含义，包括但不限于以下几种（见表2-1）。

表 2-1 "问题"的含义

例句	含义	英文对应词
这个问题非常紧急。	事项	matter
我们遇到一个技术问题。	难点、挑战	challenge
我的电脑出了问题。	麻烦、故障	problem
我有一个问题,为什么手机要有键盘?	疑惑	question
我们正在纠正这个问题。	错误	wrong
他们的婚姻出现了问题。	争执、争议	issue
健身用户想解决的问题是减肥。	任务	task
健身用户不怎么来,他的问题是没时间。	障碍、瓶颈、制约	bottleneck

有时它指的是困难,例如"我最近遇到了一些经济问题"。

有时它指的是目标或者任务,例如"我们的问题在于如何提高用户复购率"。

有时它指的是令人不满的现状,例如"我们团队最近的问题是能量太低了,没有战斗欲望"。

有时它指的是困惑,例如同事说:"问你一个问题啊,我的电脑屏幕怎么不亮了?"

有时它指的是疑问,例如老师说:"下课了,同学们有什么问题?"

有时它指的是话题或讨论点:"这次会议讨论的问题是人员招聘。"

有时它指的是疾病:"我的头有点儿疼,去医院看看有没有什么问题。"

有的时候它在表达对别人的不满,例如一个人呵斥道:"你有问题吧!"

有时候它又指的是冲突和矛盾，例如"这两个人之间有问题"。

甚至，有时它指的是暧昧关系，还是刚才那句话，只是语气一下子变得很"八卦"，"哎，这两个人好像有问题"。

在企业增长系统的语境中，以上都不是对"真问题"的理解。企业的真问题只有两个，一个是市场原本就存在的待解决的问题，市场的待办任务，企业存在的合法性就来自对这个问题的解决，它也决定了企业增长的天花板。第一章"增长的极限"一节对此已有论述。

另一个真问题是企业在达成增长目标的过程中遇到的瓶颈或者关键挑战（见图 2-1）。

待办任务：决定增长的天花板

瓶颈要素：达到天花板的障碍

图 2-1　两种真问题

真问题并不是人们惯常理解的问题。在商业场景中，当被问及自己的问题时，人们的回答通常只是"令人不满的现状"，例如获客成本太高、团队不稳定、业务不增长、新品开发速度慢、客户满意度下降、市场占有率下降。这些并不是真问题。我们向下深挖，挖到一旦某些瓶颈或挑战被解决，以上的不良现状被部分解决或者全部解决，这个瓶颈才是"真问题"。

爱因斯坦曾说："如果给我一个小时解答一道决定我生死的问题，我会花55分钟来弄清楚这道题到底在问什么，一旦我清楚了它到底在问什么，剩下5分钟足够回答这个问题。"

下文有一个"非洲婴儿保温箱"的案例，可以帮大家更透彻地理解以上论述。

本书探讨增长，引入系统论，从这个角度来看，世界由大大小小不同的系统组成，行业是一个系统，公司是一个系统，业务也是一个系统。我们具备了系统观念，看待增长问题时就可以引入系统论的分析方法。瓶颈思维是指识别影响系统产出的当前最重要的制约要素，突破制约要素后，增长自然实现。当谈及主要矛盾、瓶颈环节、制约要素、真问题、关键挑战等词时，我们可以从不同的角度触及和描述同一个命题。

有一种对领导力的理解是"带领众人解决难题"，解决难题之前要识别难题，然后才能加以解决，且识别难题可能更加重要。苏联科学家阿奇舒勒曾经说过："创造力就是正确表述问题的技能。"埃隆·马斯克也曾说过："在很多情况下，提出问题比找到答案更难，如果你能提出正确的问题，那么答案自然而然就出现了。"这与前文爱因斯坦对问题的理解如出一辙。由此可见，至少在企业增长领域，仅仅把领导力理解为"影响他人的能力"是远远不够的，领导者至少要具备拆解和分析难题的能力。

"带领众人解决难题"要分5步（见图2-2）。

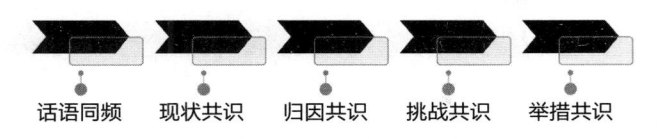

话语同频　现状共识　归因共识　挑战共识　举措共识

图 2-2 "带领众人解决难题"的步骤

话语同频：确保团队用相同的思维框架与共同的话语体系谈论工作与目标，将共识成本降至最低。

现状共识：对当下令人不满的现状拥有共识，不能有人认为当前最重要的问题是团队士气低沉，有人认为问题是业务量不够。确认了现状，也就确认了目标。现状与目标之间的差距，即需要跨越的鸿沟。

归因共识：在现状共识之下，进行归因分析。原因一定很多，要共同确认某个归因，向下分析。

在"解决问题"这个领域，不少人会有误区，认为寻找答案的目的是"彻底"解决问题，其实这是很少出现的，更多的情况是"改善"。一旦我们认为"如果某个方法无法彻底解决问题，那么这个方法就不该采用"，这会极大地阻碍问题被解决。

挑战共识：真问题共识，即对影响目标达成的当下的关键挑战或瓶颈要素有共识。它可以被描述为"一旦解决某个关键挑战，我们就更接近实现某个目标"。这个环节需要一定的洞察力，也是增长型领导者最需要刻意练习的部分。

举措共识：最大化发掘现有资源，解决关键挑战。

案例：非洲婴儿保温箱

在我们这个世界上，每年都有 2 000 万名早产儿诞生，其中 400 万名无法存活，他们即使存活下来，也可能有伴随他们一生的慢性病。这个现象在非洲欠发达地区尤其普遍。

现在，令人不满的现状出现了——早产儿夭折率太高。同时，目标也浮现了，即将夭折率从某个百分比降低为另一个百分比。

接下来做归因共识，我们要对早产儿夭折率太高进行归因，一定会找到很多，其中一个是"婴儿保温箱使用率太低"（见图2-3）。

```
┌─────────────────┐
│  早产儿夭折率太高  │
└─────────────────┘
     归因 ↓ 为什么？
┌─────────────────┐
│ 婴儿保温箱使用率太低 │
└─────────────────┘
```

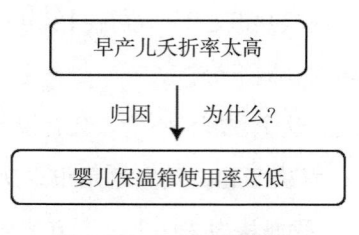

图 2-3　一个归因共识

先沿着这条归因向下追问，为什么保温箱使用率太低呢？又有几条归因：保温箱太贵，使用难度高以及不容易维修（见图2-4）。

原来，非洲大部分医院是买不起婴儿保温箱的，婴儿保温箱主要来自国际医疗机构或者慈善机构的捐赠，很专业，也很贵，一旦坏掉，当地没有专业人士可以维修。

下一步就是挑战共识了，即描述影响目标达成的当下的关键挑战。在这里，关键挑战可以被描述为"如何提供易用、易维修、低成本的保温设备"。我们用句式来验证一下：一旦可以提供易用、易维修和低成本的保温设备，我们就可以更接近降低非洲早产儿夭折率的目标。这似乎可以成立。

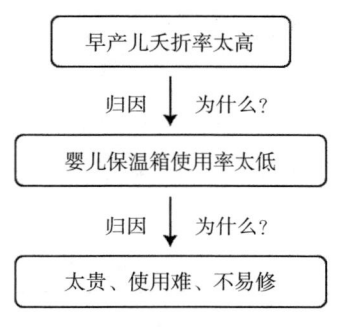

```
┌─────────────────┐
│  早产儿夭折率太高  │
└─────────────────┘
    归因 ↓ 为什么？
┌─────────────────┐
│  婴儿保温箱使用率太低  │
└─────────────────┘
    归因 ↓ 为什么？
┌─────────────────┐
│  太贵、使用难、不易修  │
└─────────────────┘
```

图 2-4　归因共识向下追问

接下来，就是需要洞察的环节了，我们用第一性原理思维来实现洞察。埃隆·马斯克说，第一性原理就是要摒弃所有本不该被当作已知条件的信息，直接看到那些无可辩驳的基本事实。在这里我们来洞察一下保温设备（婴儿保温箱）到底是什么。当我们不被婴儿保温箱现在的产品形态干扰时，我们会发现其实婴儿保温箱就是能够实现几个基本功能的设备：稳定供暖、循环空气、报警机制。

稳定供暖实现的是基本功能，让婴儿处于适宜的温度；循环空气使环境保持清新，保证婴儿呼吸到新鲜空气；报警机制能防止温度过高或过低时大人没有察觉。

接下来是举措共识：能不能在本地找到便宜的、容易维修的、可以实现以上功能的设备呢？

答案自然浮现了：非洲虽然穷，但是廉价的汽车和摩托车其实普及度很高，也有很多废弃的汽车和摩托车，它们的零件组合在一起也可以实现上面的功能。稳定供暖可以通过汽车前大灯和摩托车蓄电池实现，循环空气可以通过汽车的通风扇实现，报警机制可以通过信号灯和汽车蜂鸣器实现。

于是，一个适用于贫困落后地区的婴儿保温箱被制造出来了，它可以直接利用当地供货充足的汽车零件，而且汽车维修人员就可以修理这个保温箱。

在这个案例中，"如何降低非洲早产儿的夭折率"是初始问题，但这个问题没有抓手，我们并不知道该做什么。借用爱因斯坦那句话，我们先要花 55 分钟的时间来思考这个问题到底在问什么，一旦搞清楚它在问什么，剩下的 5 分钟足够解决这个问题。在这个案例里，55 分钟之后的问题是"如何找到废旧汽车和摩托车并把它们的零件重新组合起来"，这似乎是可解的了（见图 2-5）。

初始问题：如何降低非洲早产儿的夭折率？

⬇ 55 分钟后

现问题：如何找到废旧汽车和摩托车并把它们的零件重新组合起来？

图 2-5　55 分钟之后找到"现问题"

我们给很多公司做过"问题解决工作坊",培养团队解决问题的能力。我们先让团队对"什么是真问题"产生统一的认知,大部分团队成员提出的问题只是"令人不满的现状"。只停留在这个层面倡导"公司应该做什么"没有意义,随便提供几条解决方案也不能真正解决问题。我们要向下深挖,洞察里面的瓶颈要素和关键挑战,这才算找到了真问题。

团队对增长的理解从"如何搞流量"发展到"怎样解决真问题",将是一个巨大的提升。

击穿瓶颈就是壁垒

瓶颈之所以是瓶颈,原因之一就在于它比较难,很多公司选择绕过它们,或者干脆回避。可是,一旦它真的被解决,这就成了公司的竞争壁垒。左晖总说要做"难而正确的事情",大概就是这个意味。

愿意做容易的事情是人之常情,我在企业里做咨询顾问时,遇到的最让人哭笑不得的问题是:"李老师,能不能让我们在不怎么改变的情况下实现增长?"这实在高估了咨询老师的能力。我们要识别瓶颈,尝试各种办法攻克它。只有击穿这些瓶颈,企业才能获得持久的竞争优势,否则只能表面容易,却长久陷入与竞争对手的低水平竞争。如左晖所在的房产经纪行业,在贝壳找房出现之前,增长方法无非是找更多客户、找更多房源、开更多门店、提高经纪人的个人产能,这些事情每家经纪公司都在做,并且都差不多,唯一的结果就是各家公司在"内卷"中求生存。

我在乳品行业工作过十几年，很早的时候，伊利和蒙牛就意识到，虽然当时市场增长很快，但乳品行业的瓶颈其实在奶源。两家公司各自投入上百亿元建设牧场，甚至重金到海外收购牧场，这才产生了今天一个行业有双千亿公司的盛况。

比亚迪从2022年开启了高速增长，这并不是营销的胜利，因为营销是打不败竞争对手的，无非比拼花钱效率。比亚迪高速增长的原因是它过去十多年一直在解决电动汽车的瓶颈问题，即电池的"不可能三角"：更高的能量密度、更长的使用寿命和更低的成本。直到比亚迪成功开发出刀片电池和DM-i混动系统，这变成了它的竞争壁垒。

贝佐斯很早就意识到，物流问题将是电子商务的主要瓶颈，所以亚马逊投入了巨大的资源来解决这个问题。通过引入Prime会员、建设自有物流网络等方式，亚马逊成功解决了交付速度与可靠性的问题，将物流转变为它独特的竞争优势。京东的刘强东在这一点上与贝佐斯有相同的洞察。送一单快递不是竞争优势，送每一单快递都能保持可靠性，这就是竞争优势了。

丰田汽车称霸全球，是因为它意识到当时的汽车制造业面临的瓶颈问题是生产效率低下，浪费严重。当时，汽车不但生产周期长、库存积压多，质量还不稳定。为了解决这个问题，丰田引入了精益生产系统，这是一种将生产流程优化到极致的方法，特别强调减少浪费，比如时间浪费、资源浪费、人力浪费等。通过鼓励员工积极参与生产过程，以及精确计划、按需生产、及时交付这些方法，丰田解决了这些瓶颈，也给自己构建了壁垒。

有些企业在面对行业瓶颈问题时会选择绕道而行，或者专注于短期的解决方案。但是，真正的竞争优势从来不来自回避问题，而来自勇于正视问题并付诸行动。瓶颈问题通常是很难解决的，而一旦解决，这是能帮企业建立长期优势的。左晖讲的要做"难而正确的事"，很多人以为重点是"正确"，其实重点在"难"。我们对"正确"很难先验识别，对"难"却可以明显感知。甚至，有时好战略的特征就是缺乏即时反馈。人类能够成为万物之灵，原因不仅仅是产生了意识。人类是最能抵抗即时反馈诱惑的物种，会忍住不吃本来可以吃掉的种子，将其种植在地里，等待几个月，到秋天才收获。击穿瓶颈是难的，但难可以屏蔽大部分竞争对手。击穿瓶颈也是长期主义的，长期主义是一种"阳谋"。

非瓶颈不改善

设想一条由5个工人串行工作的生产线，工人每小时的生产量分别是20、15、12、30和18（见图2-6），请问，这条生产线每小时的生产量最大是多少？是最大的那个数字30，还是这5个数的平均数？答案是12，这才是这个系统的瓶颈。如果我们不能提升这个环节的生产效率，提升其他环节是没有意义的，这就是"非瓶颈不改善"。

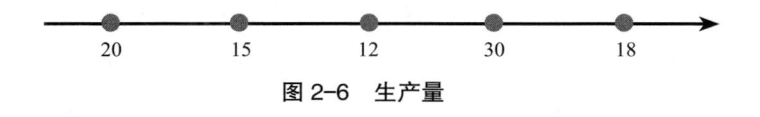

图2-6 生产量

鞋服行业中有很多品牌曾经通过开店快速提升销售额，这可以视为通过营销端实现增长结果。行业并未因在营销上加大预算投入而持续增长，库存变成了行业瓶颈。如果营销端继续高歌猛进，企业反而容易陷入更加危险的境地。

这是一种思维方式的转变。一般企业管理者更适应"正向"的思考路径。比如，为了实现明年 30% 的增长目标，管理者可能会列出一个工作清单：招募 20 名销售人员，广告预算提高 30%，发展 5 家重量级渠道合作伙伴……这些举措可能有用，也可能根本没用，因为它未必在解决企业的瓶颈问题。

正确的思路是"反向"的，当面对 30% 的增长目标时，我们要首先做因果分析："什么阻碍了这个目标的实现？"

我们要在归因结果中找到瓶颈节点，工作任务要从解决这些瓶颈要素出发，这样才能真正实现目标。

任正非曾经提出，不在非战略节点浪费战略资源，也是在告诫我们，应该把资源集中在关键的、限制整体性能的点上。

华为将大量研发资源集中在 5G（第五代移动通信技术）、AI 和云计算，而不是分散到非核心业务，正是这些环节的击穿帮助华为保持在关键领域的领先地位。

瓶颈要素可以分为企业级瓶颈和行业级瓶颈，企业级瓶颈的解决可以带来运营性增长，行业级瓶颈的解决可以带来结构性增长。

我之所以把"瓶颈思维"作为增长的四大思维方式之一并提出，是因为我对当下的战略规划方法进行了反思。不少公司的战略规划和战略解码是基于某个市场机会制定出战略规划和目标，将它传达给高管团队，再由高管团队共创拆解为三年左右的重要举措，最后落实到一年之内的必赢之战，然后分配任务到人，明确考核与激励制度，再做执行管理。

这是一种以目标为导向、以任务拆解落实为结果的战略解码方法。它可以是一种战略解码方法，但很难称得上是"增长战略解码"的方法。要理解"增长战略"，首先要理解增长从何而来。并不是每年分配了任务，各个部门完成得也不错，公司业绩实现了增长，就可以说企业在践行增长战略，因为这很可能只是行业的自然增长。

战略级增长的来源只有两个，第一个是第一章所讲的价值，价值创造空间的变大抬高了增长的天花板。第二个是瓶颈，企业在价值实现的过程中并非一帆风顺，会遇到很多瓶颈，增长来源于对这些瓶颈问题的解决。

如果只以目标为导向，企业很容易在目标之下拆解出几个举措，然后去实现目标，这些举措能否解决当下的瓶颈问题通常不在考虑的范围之内。真正的瓶颈往往来自深刻的洞察，并不是表面上的障碍。

所以，增长战略不是口号和目标，甚至也不是对目标的正向拆解。更重要的是找到瓶颈，并根据自己的优势、资源和环境，制订一套连贯的行动方案来解决问题。

瓶颈是一种"可被解决的关键挑战"。我们首先要在繁多的现实问题中找到最重要的那个问题；然后，找到问题的核心；最后，通过集中资源，舍九取一，解决核心问题，也就是瓶颈。

ChatGPT流行起来后，在短视频的知识付费领域流行起"数字人"，即给老师制作几个数字分身，与真人一模一样，让它们去批量理解老师过去的文章，再产生观点，快速产出大量短视频，不占用老师的时间，产能却一下子提高了很多。

很多人跟风去做，以为可以抓住很多流量风口，但第一时间我就判断这条路不通。如果是品牌方的直播电商业务，那么使用智能机器人是行得通的，因为在这个场景，用户的关注点是品牌的货，瓶颈是主播的体力和情绪，智能机器人可以解决这个问题。但是在知识主播领域，关键要素是主播这个人本身，瓶颈并不是短视频的产出量，而是如何形成有价值的独特人设。真人直播尚且没有多少人看，数字人直播除了短视频产出量多一些之外，毫无意义。这并不是一个知识主播的核心瓶颈，把时间与资源花在这里是浪费。

有一次，我与OPPO的首席产品官，也是一加手机的创始人刘作虎在混沌学园"连麦"。他说，当团队向他提出，要在手机上增加一个新功能，因此成本需要增加一元钱时，他的判断标准是"这一元钱的成本投入是否会在用户那一侧有明显感知"，如果有就投，如果没有就不投，不在非关键环节浪费资源。

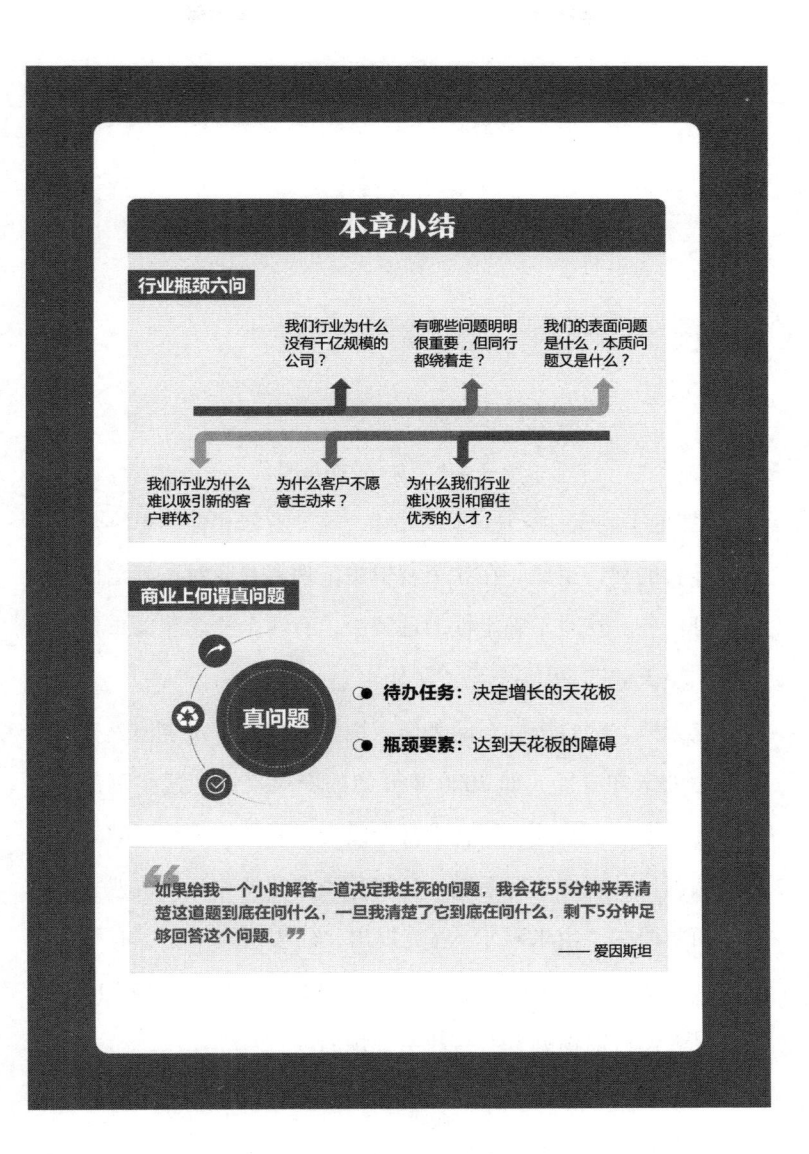

本章小结

行业瓶颈六问

- 我们行业为什么没有千亿规模的公司？
- 有哪些问题明明很重要，但同行都绕着走？
- 我们的表面问题是什么，本质问题又是什么？
- 我们行业为什么难以吸引新的客户群体？
- 为什么客户不愿意主动来？
- 为什么我们行业难以吸引和留住优秀的人才？

商业上何谓真问题

真问题
- **待办任务**：决定增长的天花板
- **瓶颈要素**：达到天花板的障碍

> 如果给我一个小时解答一道决定我生死的问题，我会花55分钟来弄清楚这道题到底在问什么，一旦我清楚了它到底在问什么，剩下5分钟足够回答这个问题。
> —— 爱因斯坦

第三章
杠杆思维：如何实现 10 倍速增长

"黑天鹅"与"灰犀牛"

"拥抱不确定性又追求确定性"，这种看似相悖的思维是增长型领导者的独特禀赋。在这个逻辑中，理解并应对不确定性是一项关键任务。在对不确定性的理解中，有两个概念至关重要，一个是"黑天鹅"，另一个是"灰犀牛"。

黑天鹅，源自塔勒布的著作，用于形容极少发生但具有巨大影响力的未知事件，如 2020 年开始的新冠疫情。这些事件具有罕见性、不可预测性，而且常常会改变现有的规则和框架。有心之人遇到这种事件不但不慌，还将其当作改变命运的机遇。

而灰犀牛，由米歇尔·渥克提出，代表明显可见、有很大可能发生、影响力巨大但人们往往忽视的事件。与黑天鹅不同，灰犀牛是人们可以预见、参与甚至干预的。

由于黑天鹅事件的剧烈冲击性，它对人们思想和感官的震撼更大，人们对它的关注也往往更明显。但我认为，真正对商业影响更大的、实际可操作的，反而是灰犀牛，灰犀牛是那些明明就在眼前，但人们视而不见的信息。

> "灰犀牛是那些明明就在眼前，但人们视而不见的信息。"

灰犀牛常常是黑天鹅的预兆，但黑天鹅不总是灰犀牛的预兆。我们可以提前识别和应对灰犀牛，一方面减轻黑天鹅可能带来的影响，另一方面借助灰犀牛更快地达成目标。

杠杆信息就是一种灰犀牛。

传统意义上，人们认为"信息差"是获利的来源。信息差通常指的是市场参与者之间关于产品或者服务的信息不对等，这让一部分人具备了优势。改革开放初期，一部分头脑灵活的人发现，从广东买电子表、牛仔裤这些商品，将其贩卖到北方就能赚钱，他们掌握了信息差。现在，仍有一些人相信自己可以找到别人找不到的货，并通过阻止上下游接触让自己获利。

在互联网时代，信息获取和传播速度越来越快，信息差正在迅速消失，上下游都想绕过那个只靠信息差来赚钱的人。特别是在ChatGPT出现后，获取信息的难度进一步降低。这是否就意味着人们无法再通过信息差来赚钱了呢？

答案是否定的。互联网的出现无疑提高了信息的透明度，但并不意味着信息差消失了。相反，由于海量信息的出现和信息结构的复杂性，新的信息差出现了，即"信息分析差"和"信息行动差"。

信息分析差是指，虽然有海量信息，人们可以平等地获取信息，但因为还需要足够的技能和认知结构才能理解和分析这些信息，所以人们在对信息的解读和应用上还存在差距。比如普通散户股民与基金经理，面对相同的股市数据，由于分析能力和经验的差异，得出的投资结论可能完全不同。

信息行动差指的是，即使有相同的信息，由于各种资源、风险偏好不同，行动的执行也会有所不同。例如，在房地产市场，即使所有的买家都知道某个地区的房价可能会涨，也并不是所有的人都有足够的资金投入，有资金的人也未必愿意承担相应的投资风险。

所以，信息差并没有消失，只是转换成了新的形式。而且，信息的大量出现导致人们对很多信息视而不见，这就是灰犀牛。杠杆信息就是一种灰犀牛，从这个意义上讲，杠杆作为一种认知结构，把"信息"变成"信号"。我们先要意识到杠杆的存在，才能在众多信息中识别出杠杆信息，然后才能借助杠杆信息。

> 杠杆作为一种认知结构，把信息变成信号。

20世纪90年代初期，马云在杭州西湖边开设了一个小小的翻译公司，他在一个工作项目中做翻译时首次接触了互联网。其实，当时在中国关于互联网的信息已不缺乏，北京有一家公司叫瀛海威，在中关村打出过"中国人离信息高速公路到底有多远"的广告，彼时我在商学院学习，导师就曾以瀛海威为案例组织同学辩论。

这个信息马云肯定接收到了，并把信息变成了信号。当时，马云有机会去美国短期访问，于是他抓住这个机会深入了解互联网。回到中国后，他创办了中国黄页，把中国公司的信息介绍给全世界，这就是后来阿里巴巴的雏形。

机遇是留给有准备的人的，什么叫"准备"？在我看来，那就是建立起相应的认知结构。

查理·芒格曾经提出一个观点，他认为，商学院应该多教学生从证券分析师的角度看公司，研究自己公司的股票是否值得买入。管理者学会了从这个角度分析问题，很多管理问题也就迎刃而解，这样才能更好地管理公司。

增长领导力有个特征，它不仅仅要考虑公司这个系统，还要把视野放大到更大的系统，至少到市场这个系统，再回望公司这个系统，这大概就是芒格所讲的证券分析师的视角。

"杠杆"是一种认知结构

在商业和职场场景，学习的目的性其实很强。有些人认为学习的目的是找到答案，他们很可能会失望。其实学习的目的是提高决策质量，而决策质量又取决于决策背后的认知结构。

我在小学第一次参加奥数比赛时没有经过任何训练，被这样一道题难住了：小明知道笼子里只有鸡和兔子，里面有10个头、28只脚，请问笼子里有多少只鸡，有多少只兔子？

我在演算纸上用排除法试了半天，才把正确答案填上去，并且只有答案，没有解题过程：6只鸡，4只兔子。

这是一道简单的鸡兔同笼问题，为了算出它，我花了不下10分钟。如果重新再出一道题目，鸡和兔子一共有30只，共有74只脚，请问鸡和兔子各有多少只，那么我又不会了，还得重新凑。

这就是只想要答案所带来的结果，而一个答案并不能指导我们得到另一个答案。后来我学习了二元一次方程，才彻底会解这一类问题。二元一次方程是鸡兔同笼问题背后的认知结构。

成年人学习与学生时代相比，目标可能发生了变化，成年人学习是为了提高职场和商业上的决策质量，但逻辑是一样的，解决某一类问题的要义不是知道某一个问题的答案，而是掌握这一类问题背后的认知结构。康德认为，"知性为自然立法"，人的知性不是被动接受自然现象和客观事物，而是积极参与组织和构造我们的经验。

在领导力领域，有很多影响追随者的技巧，或者说，有很多优秀领导者的特质和具体做法。它们都值得学吗？我们要从这些具体的内容下探到底层的结构，其实所有追随者无非有四大需求：信任、怜悯、稳定和希望。这就是其结构，你可能无法照抄其他领导者的做法，但是从结构出发，你可以生发出很多符合自我个性的做法。

影响商业决策质量的因素有3个（见图3-1）。一是信息，信息量越大，信息越稀缺，得出高质量决策的概率越高；二是认知结构，同样的信息进入不同人的脑海，不同人的认知结构不同，得出的结论也不同，从而影响了决策；三是迭代反馈，我们无法在没有得到反馈的情况下发展领导能力和认知能力，但反馈的对象并不是具体的决策，因为相同的场景很难复现，要反馈的是思考结构。

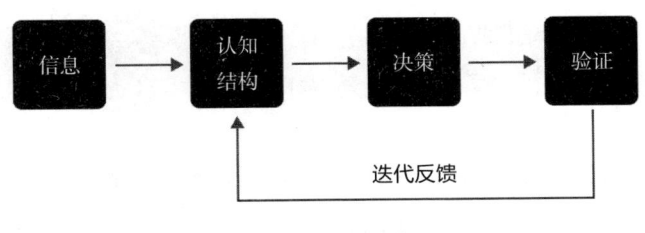

信息 → 认知结构 → 决策 → 验证

迭代反馈

图3-1 学习结构

稻盛和夫曾经提出一个人生的方程式：人生的结果＝思维方式 × 热情 × 能力。这里的思维方式即思维结构和认知结构。

作为商业老师，不少人问我在商学院到底能学到什么，我的答案是"商业训练，基于商业认知结构的商业训练"。让这些认知结构长在自己身体里，你就能随时调取。

"杠杆"就是一种商业认知结构。

"杠杆"在商业语境中，通常指利用有限的资源实现影响或者结果的最大化。我在中信出版集团出版的《增长战略》对此有较为详细的阐述。战略杠杆就是把杠杆思维应用在商业上的一个表现形式。

战略杠杆作为一种认知结构，其视觉化表达如下（见图 3-2）。

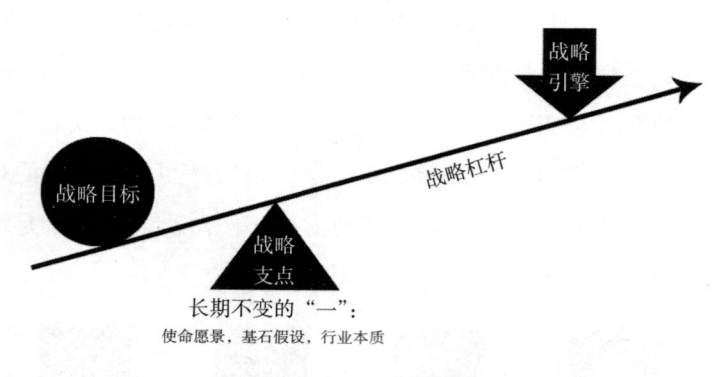

```
                                    战略
                                    引擎 ↓
                                              ↗
                          _____
            战略目标      /  战略杠杆
                        /
                    ▲ 战略
                      支点

长期不变的"一"：
使命愿景，基石假设，行业本质
```

图 3-2　战略杠杆

战略杠杆思想源于物理学中的杠杆原理，即通过一个适当的支点和力臂，可以用较小的力量移动较大的重物。古希腊哲学家、科学家阿基米德说过一句话："给我一个支点，我可以撬起地球。"

战略杠杆有 4 个要素，可以简化为 4 个"一"，分别是长期不变的"一"、10 倍速变化的"一"、舍九取一的"一"，以及北极星指标的"一"。我称它们为"一短一长，一内一外"。

一短是指北极星指标，即用来指导当下增长的业务指标，这部分在第七章会重点阐述。它是财务指标、业务指标、价值指标的综合考量。企业的经营指标很多，企业以哪个作为当下阶段的北极星指标需要仔细斟酌，且最好由管理团队共创得出。北极星指标可以带动其他指标，并统一团队共识。团队共识所带来的价值已经无须赘言。

一长是指长期不变的战略支点。任何战略都建立在一些稳固的基石假设之上，就像一栋大楼一定要有稳固的地基。在企业战略会上经常有人感叹，我们跑着跑着就忘了为什么出发，忘了初心是什么。这个初心就是企业的战略支点，是回答这个企业为什么存在的东西。

一外是指外部的红利杠杆，内因是基础，外因是条件。"好风凭借力，送我上青云""站在风口上，猪都能飞起来""创业首先就是选赛道，保证自己长在趋势上"，这些都是对红利杠杆的描述。本章所讲的"杠杆"，也特指这个要素。

一内是指用何种业务或核心能力去撬动杠杆，带来业务指标的增长。这种核心能力需要有意识地积累且不要过多，当企业集中力量实现有限的目标时，企业才有可能击穿阈值。核心能力的积累要击穿阈值，"别人有的我也有"这种能力价值不大。下一章的"如何找到击穿点"一节将详细论述这一点。

战略杠杆是一种认知结构，可以被修炼成一种直觉反应，除了在商业中得以应用外，还可以应用于职场甚至人生命题。

抖音是杠杆

我很不喜欢一种说法——生意的本质是流量。如果把商业增长拆解成"价值创造＋价值传递"，那么流量只是价值传递中的一环。在这个公式中，价值创造是1，价值传递是0。有1在，价值传递效率高可以放大增长效果；1若不夯实，后面的0就是虚无的。

抖音是大流量平台的代表，企业追逐在抖音上的爆发机会已经变成一种时代现象。抖音还没有上市，但网上流传着一份《金融时报》的报道，在2022年，包括抖音在内的字节跳动公司营收为5 400亿元，利润达到了1 718亿元，同比增加了79%。可以合理推断，抖音的巨大营收和利润其实是通过"收割"各个行业而来的，并不是真正创造了额外的价值。

很多行业的进程是，抖音首先给一些头部商家白名单资格，让少部分人赚到钱，然后吸引其他商家入局，而其他商家不得不入局。抖音的进入让很多行业形成了"剧场效应"。剧场效应是一种群体行为，是指在一个人采取行动后，其他人会跟随他的行动，结果大家的行动都升级了，但整体效果并没有提升。就像在一场音乐会或者体育赛事中，前排的观众为了更好地观看表演，站起来了。为了不被前排观众挡住视线，后排的观众也必须站起来。结果大家都站起来了，但和所有人都坐着的时候相比，大家并没有得到更好的观看体验。

剧场效应在餐饮行业已经发生过一次。加入美团后，大部分餐馆都要将销售额的20%以上分给美团，而人们吃饭的需求并没有增加，还是一天3顿。

品牌方在看到抖音红利的第一天就要对它保持警惕。这种警惕不是不参与，也不是说流量不重要，而是要正确地看待流量，把它当作"杠杆"而不是"生意的本质"。流量能为商业运作提供助力，帮助企业更快、更广泛地触达潜在用户。但是，杠杆并不是主体，主体还是产品以及为用户提供的价值。

把"抖音们"当作杠杆，其乐无穷。把"抖音们"当作主体，贻害无穷。

尤其对以打造品牌为战略方向的企业来讲，抖音的"低价走量"模式会伤害品牌的长期价值。

案例：眼镜行业

在普通消费者眼中，眼镜是出了名的暴利行业，看起来没有什么技术含量、成本也不会太高的镜片和镜架组合起来，怎么就能卖到几百上千元钱，贵的还能卖到上万元呢？

事实真是这样吗？如果"暴利"这个判断成立，那么应该会有公司出来，以低价占领市场，成为巨头。实际上，全国眼镜店有10万家左右，最大的宝岛眼镜的规模也不过1 000家，大概占市场的1%。过去多年，这个行业主要的增长驱动要素是技术，在材料上，技术从玻璃发展到树脂；在膜层上，技术从加硬膜发展到增透膜；在镜片设计上，技术从单焦点发展到多焦点，等等。

这个市场之所以没有打价格战（抖音打破了这个现状），自有原因在。首先，这是一个门槛不高的行业。在国外，眼镜店有很强的医疗属性，开店的人需要是医生或者有医学背景；而在国内，眼镜被当作小商品管理，对从业资格没有过高要求，从业者只要有一定的启动资金就可以开眼镜店。所以，通过打价格战控制市场份额再来"收割"用户的逻辑（如滴滴与美团）便不成立。其次，单看单副眼镜，确实其加倍率比较高，但我们要考虑到眼镜是一个低频产品，用户配了一副后，如果眼镜没有坏或者度数没有升高，一般不会再来，整体换镜周期大概是两年半，比手机还略长一些。眼镜行业不像餐饮或者快消品那样有高频复购的特性。其他行业做低价，是为了吸引用户后续的复购行为，而眼镜行业做低价，基本是自己"找死"。

眼镜行业有四大品类。一是最普遍的清晰视力眼镜，技术上是单一聚焦；二是近视防控眼镜，主要用户是青少年群体，购买方是家长；三是调节力管理眼镜，主要应用场景是抗疲劳；四是光线管理眼镜，主要应用于有害光防护和随光变色的场景。

过去几年，眼镜行业增长尚可，主要由第二个品类，即近视防控眼镜驱动，比如依视路的星趣控。它有外部杠杆，即每个省都有降低青少年近视率的指标，这个指标被传递给学校，学校推动这件事。眼镜店从业者一直试图推动学生在眼镜店而非医院测量视力，这对他们来说是一个巨大的流量来源。此外，在近视防控眼镜品类，还存在"心理账户"效应，即家长也许不舍得给自己配很贵的眼镜，但为了保护孩子的视力，是愿意花大价钱的，这个品类的利润率也不错。

一旦近视防控的红利消失，眼镜店的业务增长和利润率都会受到很大影响。于是，有部分眼镜店，尤其是大型连锁眼镜店开始把抖音当作"解题思路"，在抖音上售卖99元的引流品，将用户引导到店，再深度转化。其除了提高用户获取效率外，还有另外一层竞争的考虑，也就是"收割"同行的用户。

实际效果怎样呢？并不怎么样。据我的实际访谈，这些商家多少有点儿骑虎难下，虽然多了一些流量，但普遍是低价值用户，同时还影响了自己的品牌，导致高价值用户流失。这还是在抖音扶持阶段，给了白名单资格，并未收取流量费的前提之下。一旦发展到美团与餐馆当下的状态，平台每单收取20%抽成的时候，商家更不知要难到哪里去。

其实这种情况在眼镜行业已经有过一次，那就是隐形眼镜。隐形眼镜原本能在眼镜店占据20%的销售份额，但它比框架眼镜更早地拥抱了线上低价模式，在度过早期红利期之后迅速衰落。现在隐形眼镜在整个眼镜行业的销售占比大幅下滑，我们熟悉的品牌博士伦、强生等也失去优势，这种结果不得不说与行业模式变革高度相关。

命运中所有的馈赠，早在暗中标上了价格。

该怎么解这道题呢？

还是要回归用户价值视角。这个行业的增长有三个不同阶段的驱动要素。第一个阶段是零售商业建设，在这个阶段，开店就能赚钱。第二个阶段是专业能力建设，眼镜从消费品转变为医疗产品，价值认知才能升级。第三个阶段是消费者认知建设。眼镜行业目前处于第三个阶段，也就是回归了用户价值视角。

眼镜行业已经是存量市场，如果不在结构上整体思考，能做的也只是东家抢西家的生意，西家再抢东家一点儿生意，彼此内卷，或者被"抖音们"裹进流量黑洞里。让眼镜行业从存量市场再次变为增量市场的结构性机会有两个，一是让用户买得更贵，二是让用户买得更多。

有相当大比例的用户目前没有能力区分什么是品牌眼镜，什么是"白牌"眼镜。在这个领域，品牌的认知不如服装行业那么明显，反过来看，这恰恰也是机会。20世纪八九十年代，人们对服装品牌也没有认知，购买决策以服装实用、合体、便宜为主。而现在，花成千上万元钱买品牌服装已经是很普遍的现象了。眼镜行业如果实现了这一跃升，用户从购买几百元的白牌眼镜到购买几千元的品牌眼镜，整体市场容量会涨几倍。这就是让用户买得更贵。

大部分用户平时只有一副眼镜，不管工作还是居家生活都靠它。如果从用户场景深挖价值，从业者其实可以创造用户在不同场景使用不同眼镜的习惯。比如，这个行业有一个新品类叫渐进镜，它有一种技术创新，即在一个镜片上同时存在多个焦点，可以同时实现近视镜和远视镜的效果，佩戴者低头向下看，它就是近视镜，抬头向前看，它就是远视镜。这是一款非常好的产品，但用户是记不住渐进镜这个品类的，用户能记住什么呢？他们可以记住"麻将镜"，打麻将不就是一会儿要低头看自己的牌，一会儿要抬头看别人的牌吗？这就是用户场景。再比如，有另一种眼镜叫偏光镜，用户也记不住，可以叫它"钓鱼镜"，钓鱼的时候，水里涟漪的反光会刺激人眼，让人产生误判，偏光镜可以过滤掉这些反光，让人更准确地观察水面的动静。这也是用户场景。

当用户习惯了在不同的场景使用不同的眼镜时，他们就会买得更多，这会极大地刺激整个眼镜行业的增长。这与手机行业一样，有不少人已经至少有两部手机，一部用于工作，一部用于生活。让一个市场从存量市场重新变为增量市场，才是结构性的机会。依然用服装行业举例，现在"撞衫"成了女孩们出席各种场合选择衣服时非常在意的点，回想几十年前，这个观念并不存在，是行业创造了这个概念，使这个概念转变了人们的观念，带来了"买得更多"的可能性。

对于"流量"，我们的观点非常明确：它是杠杆，该抓就抓，但一定要以产品与用户价值为基础，10倍速变化的"一"要建立在长期不变的"一"之上。

你的资源超乎你的想象

先讲个故事，有一次斯坦福大学商学院某教授找来几组学生，给每组5美元，让他们分别完成一个任务，目标是在两个小时内用这5美元赚钱，最后看谁赚到的钱最多。看到这个题目时，我头脑中立刻给出了自己的答案——进一些5美元可以买到的货，然后加价卖出去。我想到了气球，可以进一些，然后吹起来到幼儿园门口去卖。我又想到了玫瑰花，可以早上进花骨朵，晚上到大学校园卖给情侣们，如果认为大学生的支付能力不足，可以再晚点儿去酒吧街，那里的人支付能力比较强。

这就是我的答案，很自然地陷进了教授的"圈套"里——资源成了限制条件。这项任务的目标其实是"两个小时赚到最多的钱"，而5美元是资源，一般人的心思都花在如何靠这5美元来赚钱上了。

斯坦福大学的学生聪明得多，立刻就意识到里面的"坑"：只需要考虑如何在两个小时内赚到最多的钱就可以了，和5美元根本没有什么关系。如果它在我的方案里可以提供帮助，那么它还有价值。否则，我可以根本不考虑它。

第一组学生找了一份家教工作，两个小时赚了几十美元。

第二组学生找到一家创业公司，利用自己商学院的背景给对方提供两个小时的商业咨询，赚到了上百美元。

第三组学生最厉害，甚至没有付出自己的劳动。他们找到了一家猎头公司，帮对方在斯坦福大学做了一次两小时的招聘演讲，这家公司愿意支付650美元！

这个小故事传达的是"该如何看待资源"。

首先，不要被表面的资源限制。其次，资源是一种杠杆，比资源本身更重要的是发现资源的眼睛。每家公司都有大量资源，很多资源却因为缺乏发现的眼睛而白白浪费了。

在上文的小故事中，三组同学都没有被"5美元"这个表面资源限制，直指目标"两个小时赚最多的钱"。第一组同学把自己的时间当作资源卖给家长做家教，很多大学生也可以想到。第二组同学除了时间之外，把自己的专业也当作资源，同样是老师，商业老师比家教老师贵多了。第三组同学以资源的视角向外看，把斯坦福大学的校园和他们认识的斯坦福大学学生当作资源，组织招聘会，把同学"卖"给了猎头公司。

贵公司有没有这样的人，事情总做不好却抱怨资源不够，好像公司应该把所有事情帮他安排好，他来负责启动和监督，轻易收获一个项目的成功经历？

我分享两个观点：第一，资源是永远不够的；第二，我们拥有的资源是远超想象的。这是看似相反的两个观点，第二点是第一点的解。

另外，不要将资源理解成预算。小米公司创业初期先做MIUI（米柚），推广资源极其有限，雷军让联合创始人黎万强负责营销，黎万强问预算多少，雷军回复"没有"。

没有预算，这事怎么干？

事实证明，创新和创意之所以少，往往是因为表面的资源太多了，大家没有被逼到那个地步。没有预算的黎万强逐渐意识到用户就是资源。当时小米的社区论坛里聚集着一批资深极客用户，小米积极与他们互动，邀请他们参与产品试用、评价反馈、线下见面会、线上活动等，倾听他们的声音，满足他们的需求。小米一方面不断改进和创新产品，另一方面激发用户热情，营造出强烈的参与感和归属感，积累了优质的"粉丝"群体。小米手机上市时，他们就是第一批用户，并且极具向外辐射的效应。当时，购买小米手机甚至需要先拥有F码——一个可以优先购买小米手机的凭证，火爆异常。

看不见资源是因为你的头脑里已经有了关于"什么是资源"的大概的框，是这个框限制了你。

> "不要将资源理解成预算。"

与小米手机类似，江小白也将自己的用户当作了资源。江小白"表达瓶"瓶身上的文案都来自用户。它们往往直达用户内心，还不需要什么成本。试想一下，如果瓶身设计请专业的广告公司和那些文案"大咖"来，大几百万元的费用估计是必需的。

此外，网易云音乐充分利用了用户的留言，把留言作为吸引其他用户的卖点，大众点评把用户点评当作资源，思路都是类似的。

举个我自己的例子。

我在公众号风靡的时代曾运营过一个商业自媒体，目标人群是关注商业的人士。除了发布文章吸引用户之外，还有什么办法让他们关注呢？

团队想了很多办法，其中一个是偶然发现的。我当时在朋友圈看到巴菲特又一次发布了致股东的公开信，他每年都会发布一封，几乎每次都会在商业圈"刷屏"。我正苦恼于无法给公众号拉新时，在朋友圈刷到这条信息，立刻觉察到这是一个资源。资源要具备某种稀缺性才有价值，而巴菲特的公开信随便一搜就能搜到，并不稀缺。我们又想到了亚马逊的CEO贝佐斯，他和巴菲特一样，每年都会发布一封致股东的公开信。这还是不够稀缺，于是技术伙伴花了点儿时间，把巴菲特从20世纪50年代开始发布的总共60多封公开信，以及贝佐斯从20世纪90年代开始发布的总共20多封公开信全部找出来了。我们将没有中文版的翻译一遍，把它们整合在一个页面里，用户只需要点击姓名和年份，就可以看到对应的公开信——这就有点儿稀缺了。

我们把这个页面放在公众号里，用户进来才能看得到，而且第一次看需要解锁，解锁方式是把这个页面分享到朋友圈，一个裂变活动就这样形成了。我们把巴菲特和贝佐斯的公开信作为资源，没有花一分钱就精准地获得了6 000多位关注商业的用户。

最关键的资源往往不是眼前显而易见的那些，有的资源隐藏在日常生活的点点滴滴中。它们可能并不引人注目，甚至一度被忽视。然而，一旦把视线从熟悉的角度挪开，换一个角度去"看见"，那些看似无关紧要的事物，可能会变成独一无二的资源。

一家羊肉公司，它的资源除了羊肉之外，还有养羊的那一大片草场，可以用来做太阳能发电。

一家户外家具公司，可以把焊接环节的金属废料搜集起来，做成手串产品，直接卖给礼品公司。

一家公交公司，除了通过卖票获得收益外，还可以把车身当作广告资源，给品牌方做广告。

你的资源超乎你的想象，这是我给企业做"资源挖掘工作坊"时常讲的话。当谈论资源时，我们常常提到的是资金、人力、设备这些显性资产。事实上，资源的定义远超这些表面的东西。换个角度去看一些我们没有意识到的要素，它们就可能变成重要资源。跟钱不一样，资源会越盘越多。

> 跟钱不一样,资源会越盘越多。

检查一下,我们的头脑里有没有这些隐含假设:我手头的资源只能按照传统功能来使用;我只能使用自己直接拥有的资源;我只能等别人安排资源给我,不能自己找;我接受安排,不能反抗或者创新,不去自己的领域之外寻找资源;我觉得自己的资源没有和外界交换的价值。

下面给各位提供一个工具,用于在公司中盘点可能存在的资源(见表3-1)。

表 3-1 资源盘点工具表

资产	副产品	废料	品牌或IP	公共资源	用户	团队	信息	数据	其他

我需要指出一点:一个人先前的知识、生活经历和工作背景会在很大程度上影响他对商机的识别和商业模式的开发。所以,如果企业希望在公司内部开展"资源挖掘工作坊",我建议尽量邀请多样化人群参与,这样会收获很大的惊喜。

亚马逊初期主要做在线电商零售，随着业务的发展，用户量越来越大，商家越来越多。用户的购买行为有潮汐效应，即有的时候集中爆发，有的时候又比较平缓，亚马逊不得不准备冗余的服务器资源和计算资源以应对这种情况。原本这些冗余是成本，但换个视角就是资源，它们就是后来 AWS（亚马逊云服务）的雏形。

中国的共享单车企业拥有的最大的资源其实不是上百万辆自行车，而是用户数据。哈啰单车卖给阿里巴巴，成功"上岸"，靠的不是硬件资产，而是它可以给阿里巴巴提供 0~3 千米短距离出行的数据，这些数据纳入阿里巴巴的智慧城市计划才更有意义。

爱彼迎（Airbnb）创业，其实就是把普通家庭里客厅的沙发床当作了资源，它的名字就是 AirBed and Breakfast（气垫床和早餐）的缩写。对一种资源的挖掘，成就了一家百亿美元公司。

真正的资源并不仅仅是物质形态的，它可能是一种数据、一种知识，甚至是一种品牌形象，只要换个角度去看，我们就会发现企业拥有的资源远比想象的要多。领导者和管理者需要以更广阔的视野去发掘资源，并将它们转化为企业竞争优势。

从增长角度看，有一类资源尤其要引起重视：渠道。

案例：微波炉冰箱

哈佛商学院有这样一个案例。某家电公司在一个已经饱和的市场里寻找增量机会，在家庭用户之外，它找到住校大学生这一新客户群体。

某些家电产品对大学宿舍中的学生来说是刚需，有过求学经历的人都有体会。但这个市场也有问题，电器用多了宿舍总会跳闸，容易引起安全事故，许多大学都严格限制大学生在宿舍做饭。美国消防协会统计，每年发生在大学校园里的火灾超过1 600起。

针对这个问题，这家公司做了相应的产品创新，采用类多功能机的模式开发新产品，这个产品既能作为微波炉，又能作为冰箱使用。他们设计了一种电路，可以在启动微波炉的时候切断冰箱冷柜的电源，这样通过多功能电器的电流就不会超过10安培，满足校园用电的安全要求。

接下来的问题是，这家公司要通过谁把产品卖给大学生。当时，大概有20个专门向零售门店供应电器产品的分销商，其销售利润率通常是15%；零售商则向消费者转嫁成本，其利润率为30%。这样下来，产品的价格就变成大学生人群的购买障碍了。更重要的是，大学并不是专门售卖电器的零售店，分销商如果开发这个市场还得重新建设渠道。看起来这个微波炉冰箱只是一个小产品，好不好卖都不知道，所以大家不敢轻易下决心建渠道。

发展似乎遇到了僵局，公司即便有了合适的产品，也没有渠道高效地把产品传递给目标用户。

最后他们还是解决了这个问题，找到了合适的渠道。他们的渠道并不是原来售卖家电产品的分销商，而是向学校售卖投币洗衣机的公司。每个学校都有投币洗衣机，这家公司已拓展了市场，这次只需针对同一个客户群体，再卖一次其他的产品。

创新渠道，是一种宝贵的资源，但你首先得"看到"它。

对于"资源"的理解还有一个反向的角度，即"不在非战略节点浪费战略资源"。有的企业更加重视借助"红利"类杠杆，有的企业则主要考量资源有效性。战略资源用在战略节点上可以产生以小博大的杠杆效应，用在非战略节点上则是消耗与浪费。

企业的战略资源可能包括资金、人才、时间、技术、知识、心力、注意力等，这些资源都是有限的，为了使收益最大化，企业需要明智地决定如何分配这些资源。

所谓"战略节点"，通常指的是对公司业务有重大影响或者对公司未来发展有关键影响的项目、业务或者部门。这些节点可能是公司的核心竞争力，也可能是未来的增长引擎。

当年"千团大战"时，拉手网大举投入广告宣传，试图通过提高品牌曝光度来吸引C端用户，同时用广告建立的高势能来影响B端商家。但是美团认为，面向商家的广告是没用的，再多也不如一个执行力强的线下推广团队。相比之下，美团将资源投入另一个环节，那就是数字化系统，尤其是财务系统，这样美团才可以与商家更快、更准确地进行结算，以打消商家顾虑。即便打广告，美团也坚决不做线下广告，只做线上广告，将竞争对手的关键词都买了过来。当其他网站轰轰烈烈打广告、大造势能的时候，美团等在用户的入口，把上网搜索其他网站的用户都引到了美团。美团正确地识别了当时的战略节点，并将资源有效地集中在这一点，很快在竞争中脱颖而出，而重金投入广告宣传的拉手网在取得短暂的社会关注之后快速衰落。

我并非说广告宣传一定不是重要的战略节点，而是说要根据不同公司的不同战略情境独立做判断。当年蒙牛成立之初，资金很短缺，按照一般企业的思路，要先建立工厂、买设备、生产产品，然后打广告、做促销，产品才有知名度，才有市场。但蒙牛提出了一个反常规的经营思路——先建市场，后建工厂。蒙牛把大量资源投入市场开拓，集中优势资金大打广告，搭建经销商体系，快速提升了品牌的知名度和市场份额。其在供给侧先与供应商合作，然后才开始着手建设自己的工厂。蒙牛坚信，只有先占领市场，才能为未来的工厂建设和产品生产提供稳定的销售渠道。这是它当时的战略节点。

总体来说，对资源是否敏感，是增长型领导者和管理型领导者的显著区别所在。除此之外，他们还有一些其他的区别，如增长型领导者擅长发现机会，管理型领导者擅长落实机会；增长型领导者擅长组建团队，管理型领导者擅长让团队有序；增长型领导者可以创造资源，管理型领导者更适合高效地应用资源。

不要困在杠杆里

凡事皆有正反两面，对杠杆的识别和利用是做增长所需的重要素养，但切不可沉溺在对杠杆无休止的追逐中。本书中有大量类似的辩证观点。

有一段时间我主讲"增长杠杆"课程，大受欢迎，内心却并没有因此感到欣喜。我知道这门课切中了人们喜欢寻找捷径的心理，这本没有错，问题在于如果以为成功就是杠杆带来的，人们就会对成功做错误归因，不愿意做核心能力积累，当杠杆消失时，企业会立刻陷入困难境地。雷军说："站在风口上，猪都能飞起来。"马云反驳他说："风过去了，摔死的都是猪。"

讲一则小寓言。有10排门，每一排都有一扇生门、一扇死门，推开生门可以继续前进，推开死门则只能停留在原地。每走一步，存活概率是50%，按照计算，最终走出第10排门的概率是1/1 024。也就是说，按照概率，1 024个人站在第1排门后，最后只有1个人能走出第10排门。这时如果采访这个幸运儿，他会怎么说？

他会说："我第一扇门推左边的，第二扇门也推左边的，第三扇门推右边的，第四扇门……直到第10扇门，我就出来了。"请问，他告诉你的这些经验可学吗？显然不可学。这就像一些创业者夸夸其谈，说自己做了什么才取得现在的成功，他很可能会落入错误归因。

最容易出现的两种归因错误都与杠杆有关。一是误以为成功是自己的能力带来的，忽视了杠杆的作用，其实大部分的成功都要归于杠杆与时代红利；二是以为若要成功，诀窍便是不断去追寻杠杆。

2023年东方甄选取得现象级的爆发式增长，但作为商业研究者，我认为东方甄选本身不值得研究，它的成功取决于天时、地利、人和，不可学。

天时是抖音电商生态释放出空间，罗永浩淡出直播电商，抖音需要一个代表抖音调性的大主播；地利是农产品市场的供需失衡，大量农产品找不到销路，在中国，帮助农民致富具有天然的正确性；而人和是东方甄选出现了董宇辉这样一个恰到好处的人选，一个表达好、真诚、有诗性的主播。家长们可能不希望自己的孩子看其他主播，但会希望他们看董宇辉。

如果把东方甄选当作一家独立的靠抖音流量杠杆崛起的公司，那么以上即是增长原因，它很赚钱，但不可学。但若把东方甄选当作新东方的第二曲线，它就很值得研究和学习了。一帮老师在那样的困境之下，究竟是什么力量让他们愿意只要在一起不论干点儿什么都可以？如果是某种文化，这种文化又是如何形成的？这才是一家公司的核心能力。在下一章"复利思维"中，我们将主谈这部分。

案例：医美行业

医美是典型的赛道还在增长期但从业者已经开始高度内卷的行业。观察这个行业两年多，我提出一个主张，要"各美其美、美美与共"，而不要无限内卷、彼此伤害。带来当下这种内卷状态的，正是以抖音、美团为代表的流量平台，也就是前文讲到的杠杆力量。

2023年底，抖音给玻尿酸品类开放白名单，立刻就有机构将玻尿酸"打到破价"，就是网上售价低于进货价。从流量平台低价引流成了很多医美机构弯道超车的手段，其在早期确实会获得较多用户线索并且在一定程度上扩展行业的用户基数。但观察下来，我们发现这些追逐流量红利的机构一直处于挣扎生存的状态，反而是那些坚守价值创造思维的机构穿越了周期，并且越来越稳健。

就这个现象，我采访了国内头部医美机构苏州美莱的总经理黄金树先生。这家机构的业务量和品牌形象在苏州地区一枝独秀，却很早就放弃了与第三方平台的流量合作。

黄金树先生是南京大学毕业的，认知颇高。他认为，流量平台的合作本身是零和游戏，ROI（投入产出比）很低，企业及时看清这一点，在面对取舍时才不会犹豫。

考验经营者的往往就是如何面对自己相信的道理和现实落差之间的冲突。放弃与流量平台合作必然会导致一部分客户转向竞品，短期经营受到一定的影响。但只要扛过滞后效应，找到自己独特的价值主张，形成正向飞轮，系统就会良性运转了。陷入流量争夺的机构则会进入负向飞轮：投放获客—业务增长—继续投放—ROI变低—加大投放—ROI更低。企业想走出这个飞轮会越来越难，尤其是医美当下的大多数组织形式——总经理负责制，总经理是有任期的，在本任期实现业务增长、得到回报即可，并不在意自己离开后机构是否会陷入泥潭。

苏州美莱放弃低价引流也源于他们重视老客户的感受，医美并不是一次性生意，而是一个建立信任后长期陪伴和服务的过程。一味降价反而会伤害老客户的体验，对于长期经营得不偿失。企业在投入创新的媒介渠道与坚守自身的客户价值之间需要保持一个微妙的平衡。

  与我对增长的理解高度一致，黄金树先生也认为增长不是营销单一维度的，而是从市场营销到医学本质再到组织能量的全方位工作。作为连续多年处于行业头部的机构的负责人，他个人在组织上的时间投入更多。苏州美莱一直倡导学习文化和爱心文化，核心团队在一起共事长达十几年。在明确了企业长期的使命、愿景、价值观并在团队取得共识后，他们在日常工作中用一件件"笨事"来点滴践行，在团队中持续宣贯理念，比如每周写一篇分享，给每位员工手写生日贺卡，组织读书会，每年举办运动会、团建和圣诞节晚会，坚持开服务晨会与产品晨会等活动。渐渐地，团队就拥有了共同的目标、明确的方向和好的行为习惯。

  我们要跳出杠杆看杠杆，把工作当作长期从事的事业，便可以平衡短期反馈和长期坚守之间的关系。

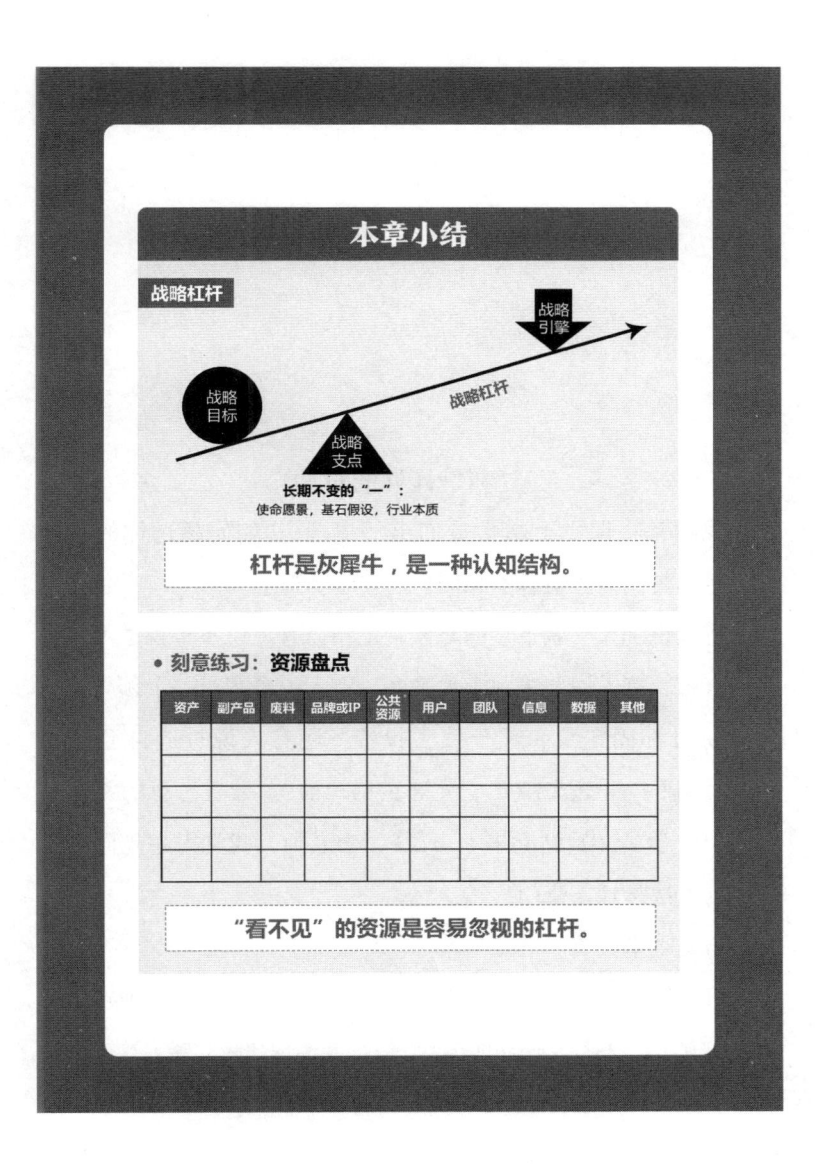

本章小结

战略杠杆

战略目标　　战略支点　　战略杠杆　　战略引擎

长期不变的"一"：
使命愿景，基石假设，行业本质

> 杠杆是灰犀牛，是一种认知结构。

- 刻意练习：**资源盘点**

资产	副产品	废料	品牌或IP	公共资源	用户	团队	信息	数据	其他

> "看不见"的资源是容易忽视的杠杆。

第四章
复利思维：如何构建自增长系统

复利是杠杆的对冲

我经常在课堂上给学员们出一道题："如何超过你的同龄人？"学员们的答案各不相同。

有人说别人"躺平"的时候我工作，有人说多重视学习、多充实自己，有人说要去一个大平台，有人说要跟对一个领导，有人说每月都固定拿一部分钱去投资，还有人说打造自己的IP（知识产权）并变成KOL（关键意见领袖）。最有意思的答案来自一个女学员，她站起来大声说："李老师，我觉得超越同龄人最好的方法是嫁入豪门！"

于是哄堂大笑。

可是细想想，她说的并没有错，嫁入豪门确实是一种超越同龄人的方法。这么多不同的方法好像都能实现超越同龄人这个目标，它们的底层有没有某种一致性呢？深挖一下，其实是有的，所有的超过同龄人的方法都可以总结为，在单位时间内进步更快。而可以实现在单位时间内进步更快的策略有且仅有两条：杠杆和复利。

嫁入豪门、加入大平台、跟对领导，这是杠杆。做IP、持续学习、投资，这是复利。

这是最好的两条人生策略，也是最好的两条企业增长策略。上一章已经讲过了杠杆，它是一种认知结构，帮我们随时发现红利机会、实现增长。但杠杆不是一直都有，一个人如果一直追逐杠杆，很可能竹篮打水一场空。杠杆是加强条件，而不是本质属性。

我周围有那么几个朋友，区块链火的时候，他们参加"三点钟社群"，元宇宙火的时候，他们天天分享关于"数字化生存"的信息，等到ChatGPT火了，他们又成了硅基时代来临的布道师。哪里热，哪里就有他们的身影，他们对杠杆的理解是很深的，但我没有从他们身上看到复利的影子。我不知道他们在积累什么，他们不知道在哪个领域持续深耕才可以超过普通人。

复利是杠杆的对冲。

我们除了理解复利的概念外，还要在增长系统中将它明确落实在"核心能力"上，即核心能力是企业长久竞争力的来源，而核心能力应当能实现复利效应。商业创新如果不以核心能力为出发点，那么它注定是艰难的；而商业创新如果不能反过来夯实核心能力，那么它又注定是短暂的。

核心能力是企业长期积累的、独特的、难以模仿的能力，它可以跨越多个产品和服务，随着时间的变化会不断发展与变化，比如创新能力、独有的技术、独特的业务流程、某种企业文化等。核心能力存在于产品之下，是支撑不同产品与业务的底层能力，比如华为有一项核心能力是通信技术，它可以帮助华为的运营商业务，也可以帮助华为的企业业务，还可以帮助华为的手机业务以及现在的智能汽车业务。

我们辅导的一家深圳跨境企业的主要模式是在国内整合供应链，在亚马逊卖货，规模有十几亿元，深圳有很多类似的企业。有一次我问创始人，如果亚马逊的店铺被关掉并无法通过其他方式再开，你们能撑多久？他愣了一会儿，说如果真是这样并且无法挽回，那就没必要坚持，给大家发发钱散了，再去看看有没有其他什么事情做。

这是典型的没有核心能力的表现，他们的跨境电商生意做得还不错是因为有杠杆红利。一旦外部杠杆或者红利消失，企业马上就垮了。企业对核心能力进行某种复利式积累，才能对杠杆的消失实现对冲。尽管红利仍然在，但其核心能力缺失，增长空间早已被封死，鲜有这类公司规模超过 50 亿元。在跨境领域，规模超百亿元的安克创新和超千亿元的 Shein 已摆脱这种一买一卖的简单模式。其业务复杂度变高，核心能力更难模仿。

Shein 的创始人许仰天很早就意识到这一点。最早 Shein 也只做亚马逊电商。早在 2014 年，许仰天就认为"从市场上随便找一批便宜畅销的货，随便用什么方式卖出去，这种野蛮生长的路子越来越行不通了"。Shein 从站群模式向自建站转型，直至发展到超 2 000 亿元的业务规模，内部有一个关于"用户数据、数字化系统和供应链网络"的持续增强复利的核心能力组。

这些年，中国商业界出现了一个现象：不久前还呈指数级增长、闻名遐迩的明星公司，忽然间就倒下了。我们如何看待这个现象呢？

做个比喻，增长有三种类型，分别是癌变型增长、肥肉型增长和肌肉型增长。企业应该追求的是肌肉型增长，肌肉型增长的企业往往都具有复利特征。

癌变型增长指的是那种失控而无序的增长，某些指标看起来实现了增长，公司这个肌体却已病入膏肓。如当初小黄车 ofo 后期被资本裹挟，盲目追求订单数，以为有订单数就有后续融资，就有一切。追求订单数最简单的方法就是加大单车投放量，把整个城市的空间都变成了停车场，但订单的增长伴随着亏损的加剧。

再如 P2P（点对点网络借款）行业，看起来公司管理的资金规模越来越大，其实后面一大堆假资产无法兑付，一大堆烂账无法处理。公司依靠庞氏玩法往下走，一旦撑不下去，整个行业都"爆雷"了。这就是癌变型增长。

肥肉型增长指的是表面实现了增长，但是没有实现真正的效率改善和生产力提升，就像人类积累了多余的脂肪。如某些公司通过开放加盟实现快速增长，或者通过并购实现增长，而并购的企业又没有什么协同效应。还有一些公司通过抖音的流量投放实现增长，ROI 已经很低，基本不赚钱甚至亏钱，但只要投放就有量，其把规模冲得很大却迟迟无法盈利，公司品牌也没有什么积累。这类公司看起来规模不错，其实非常脆弱。过去几年风生水起又快速凋零的新消费品牌，大部分都属于此类。

第三种才是肌肉型增长，这种增长要么建立了比较强的壁垒，要么就是大幅提升了生产力，同时积累了很强的核心竞争力。

现在，新能源汽车品牌百花齐放，大部分还是肥肉型增长，靠资本驱动，靠发布会营销带来一轮增长。而比亚迪属于肌肉型增长，它开发出最先进的混动系统，解决了续航里程、充电便捷和成本可控这个"不可能三角"。这种增长就是肌肉式的、稳健的、有复利的。

相信复利，本质上是相信长期主义，愿意与时间做朋友。图4-1很多人都见到过。

$$1.01^{365} \approx 37.8$$
$$0.99^{365} \approx 0.03$$

$S=P(1+i)^n$

图4-1 巴菲特复利公式

一个人每日做出微小的改变，且每次改变都要能作用回去，就会产出复利效应。巴菲特90%以上的财富，都是他60岁以后获得的。他坚守价值投资原则，追求复利而不追求短期爆炸性收益，这是真正的智慧。

价值与能力的合一

我经常给企业做战略咨询，在众多战略要素当中，如果只留下一个要素作为最关键的，我会选择"客户"。

什么是客户？

出自直觉的回答是"买我的产品、给我付钱的人或者企业"。这个理解没问题，只是如果让我从增长的角度重新给出一个新理解，那么我会说，客户不仅是给我付钱的人或者企业，还是价值点的集合。

对于待办任务和价值点，很多人分不清楚。在此通过阐释双因结构，我才相信大家可以分清楚这两个概念（见图4-2）。

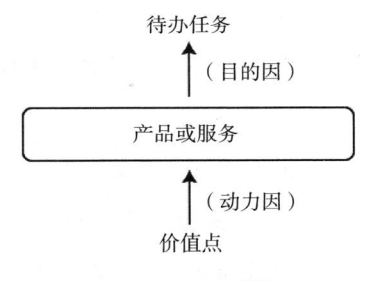

```
           待办任务
             ↑
           （目的因）
    ┌─────────────────┐
    │   产品或服务      │
    └─────────────────┘
             ↑
           （动力因）
           价值点
```

图 4-2　双因结构

待办任务是产品或服务的目的因，即客户选择这类产品是为了完成或者改善生活或工作中的某个任务。而价值点是目的因，是客户具体选择某一产品的原因，也有人称它为"购买理由"。比如，"吃饭"是餐厅的待办任务，而海底捞的价值点是"服务"，巴奴火锅的价值点是"产品"，是毛肚。

在同一个行业，不同客户的购买理由不一致，也就是价值点不一致。通常价值点不是单一的，而是一组价值的组合，所以说客户是价值点的集合。

企业要找到自己可以持续积累复利的点，这种识别极具价值。在我的研究中，我认为那个积累点是"客户长期价值"与"企业核心能力"合一的点。

这略微"烧脑",我们用一个行业案例来认知。

案例:企业咨询培训行业

增长研习社是一个商业研究机构,我是这家机构的创办人。其商业模式包括企业内训、战略规划与战略解码、业务陪跑、教练顾问、知识付费和品牌传播等。为了方便理解,我们姑且把它当成一家企业培训公司。

企业培训公司要完成的客户的待办任务有以下几项:能力提升、新知输入、语言拉齐、选拔人才、协作加强、统一思想等。这些只是待办任务,并不是价值点或者购买理由,价值点是以下这些(见表4-1)。

表4-1 价值点

一级价值点	内容	形式	老师	运营服务	品牌
二级价值点	匹配度	内训	接地气	老师配合度	平台背书
	独特性	公开班	高级感	可汇报性	IP标签
	行业深度	工作坊	名企背景	沟通成本低	出版物
	可定制	行动学习	名校背景	稳定对接人	专栏
	同行案例	咨询	授课天数	流程	同行评价
	可落地性	双师制	师资场域能力	支付形式	广告
	跨界启发	课后辅导	需求理解能力	情绪价值	所在地区
	产出物	线上录播	点评反馈能力	试听课	数据排名
	理论公信力	线上直播	赋能教练能力	资料完善	客户证言
	版权	翻转课堂	人品	供应商库	标杆案例
	前沿性	测评体系	跨界启发性	项目共创	专业认证
	思维模式	刻意练习	时间观念	日常答疑	机构实力

下面这十几个价值点是我们经过调研后发现客户最在意的，然后我们画出自己与行业头部公司的价值曲线，发现差距非常大，我们几乎各个点都不如对方（见图 4-3）。

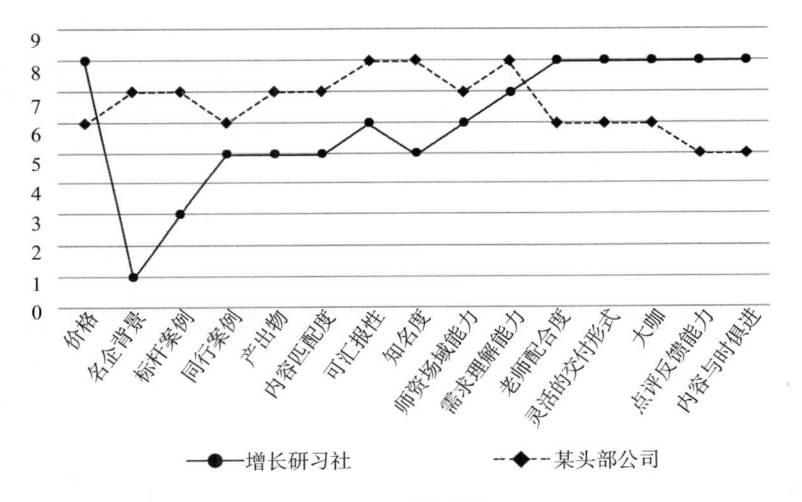

图 4-3 价值曲线

该如何破局？

答案是从自己的优势出发。我们该如何发现自己的优势？答案是从客户需要我们的理由出发。在做了大量一对一的客户调研之后，我们发现以下几个价值点是客户选择增长研习社的最主要的原因（见图 4-4）。

图 4-4 增长研习社优势价值点

增长 IP：增长研习社是市场上独有的一直深耕增长领域的研究机构。

教练反馈：增长研习社从未将"讲课"作为核心能力，这一点的门槛不高，市场上可以讲课的讲师成千上万。增长是业务命题，客户想要的是对他的业务辅导，是在他提出业务问题后快速给出改进方向，帮他提高增长效率。这个能力是"教练反馈能力"而非"讲课能力"。

创新案例：创新才能带动增长，新时代有新的背景，新环境有新的企业，拿着过去的旧地图无法走向新大陆。客户反映，增长研习社很突出的一个优势是总能将最新的商业案例进行深度解读。创新案例并不是指案例是很年轻的公司。对于成熟的大公司，我们也总能找到新角度，给予客户启发。

这三个点无一例外，都是内部能力和外部价值的交集。找到这三个复利点之后，增长研习社的发展方向也得以明确。与一般培训公司仅仅拿企业的培训预算不同，我们拿了很多企业的市场预算。这些企业在举办行业大会、代理商大会或者客户学习营的时候经常邀请我们。在这些场景里，他们需要的就是"增长 IP、教练反馈和创新案例"。我们没有和其他的培训公司在同一个战场上"硬磕"，而是找到自己独特的错位优势。我们完成的客户的待办任务也发生了变化，不仅仅是帮企业提升员工能力、筛选人才，还有"市场赋能"。显然，在"市场"这个心理账户里，客户的预算要远多于"培训"这个心理账户（见图 4-5）。增长研习社也由此走上了快速增长的道路。

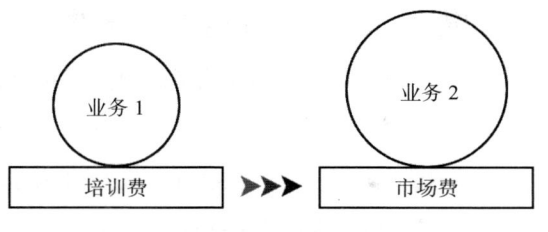

图 4-5　培训费和市场费

增长 IP、教练反馈和创新案例，既是企业的价值点，即客户的某种需求和购买理由，又是企业的核心能力，这便是应该积累复利的地方。

外在的长期客户价值，一定可以被翻译成某种内部能力。长期价值与内部能力的合一带来了复利积累点，也就是战略控制点。所谓战略控制点，是指企业要有能力保护自己的生意和利润，包括制定行业标准的能力、管理价值链的能力、行业领导地位、深厚的客户关系以及品牌和版权等无形资产。比如苹果几乎制定了智能手机行业的标准，三星也几乎制定了电视面板行业的标准。可口可乐在饮料行业虽然没有什么核心机密，但在用户心智中拥有领导地位，这是它的战略控制点，这也是为什么可口可乐明明已经尽人皆知，它还要成为每一届奥运会的赞助商。一旦这个位置被人拿走，它在用户心智中的领导地位就会下降。很多公司因为机会导向或者踏中红利，取得了暂时的成功，但是因为没有战略控制点，很快就流于没落。

本书所讲的增长，绝不是短期的爆发式的增长，而是企业健康长久的增长。在这种理解里，体现战略控制点的复利思维尤显重要。

前文讲过的中国快时尚公司 Shein，2022 年创造了超过 2 000 亿元的销售额，是全球最受关注的"独角兽"之一。拼多多国际版 Temu 在一定程度上以 Shein 为对标对象。但是，至少在服装领域，Temu 很难竞争得过 Shein，因为在这里，Shein 拥有很强的保护利润的能力。

一次我在广东某商学院讲课，其中一个学员是 Shein 的布料供应商，企业规模在 1.5 亿元左右。Shein 对他们非常苛刻，苛刻到什么程度呢？如果你提供的布料被用在 Shein 的衣服上，比如某个款式的兜用了你的布料，后期检查出来不符合标准，导致商品滞销，那么它要请你承担全部退货成本。请注意，它不是把这些做兜的布料退回去，而是把这些衣服整体退给你，让你去处理，你来承担全部退货成本，你说霸道不霸道？但是，在这么苛刻的条件之下，这家企业仍然继续和 Shein 合作。为什么？因为 Shein 能给它足够多的生意。

这就是 Shein 的战略控制能力，即把控价值链的能力。Shein 在前端自建销售终端，拥有流量，又通过数字化能力获取实时的用户需求并反馈给供应链。供应链侧提供的稳定履约能力又反过来满足用户价值。最终，Shein 形成了一个具有极强的战略控制能力的自运转的系统。

如何找到击穿点

战略杠杆中"舍九取一"的一,即核心能力。

核心能力不可随便选择,首先,它从客户价值而来,即核心能力应该直接作用于客户价值。再者,它是企业自己能做到的,或者跳一跳可以做到的。最后,它还要能帮助企业赢。只有符合这三个标准,它才能称为核心能力(见图4-6)。核心能力不是某种静态能力,随着迭代反馈,它应该越来越强,成为公司的"击穿点"。

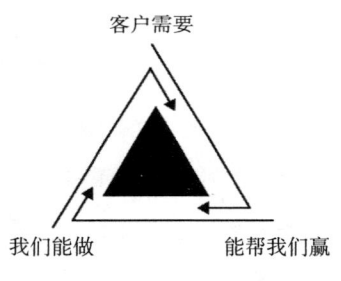

图 4-6 核心能力判断三角

案例:英伟达

英伟达是一家芯片公司,做显卡起家。它是目前唯一一家由华人创办的市值超过万亿美元的公司,老板黄仁勋年少时即从中国台湾来到美国。在AI浪潮的大背景之下,它的市值远超人人都知道的巨头英特尔。国内的明星公司华为、阿里巴巴、腾讯也还未进入"万亿美元俱乐部"。

英伟达从显卡起家,又不仅限于显卡,发展出了自己的第二曲线。第二曲线一般有两种开展路径,一是解决外部的行业瓶颈问题,像贝壳找房之于房产经纪行业;二是从自己的核心能力延展出第二曲线。英伟达属于第二种。

英伟达第一曲线的产品是显卡,即以处理图形为主的重要电脑部件。"做显卡"应该是英伟达的击穿点吗?我们用上面的模型检验一下。

显卡是用户需要的吗?是的。

显卡是英伟达能做的吗?是的。

显卡这个业务能让英伟达一直赢吗?不是。

显卡只是电脑上一个比较边缘的模块,企业如果把目标只放在这个产品上,短期固然可以卖得不错,但是过几年,要不就被替代,要不就被上下游挤压得没有利润空间。事实证明,我们曾经耳熟能详的声卡、网卡、蓝牙这些产品,原来也是独立芯片,后来都被英特尔集成到了CPU(中央处理器)上,自己已经没有独立的生存空间。英特尔也想集成显卡,却始终未能如愿,因为英伟达的显卡和被英特尔集成进CPU的显卡的用户使用体验有巨大差异。

在做显卡时,英伟达就疯狂地提升自己产品的性能,甚至将其提升到没有必要的地步。英伟达还创造了一个专有名词GPU(图形处理器)来命名其显卡,我们从名字就能看出它的野心:"我不是CPU领导下的一个小喽啰,我不是树枝,你是一棵树,我也是一棵树。"

英伟达的击穿点根本就不是"做显卡",而是"打造算力",它疯狂地提升算力。在 GPU 性能越来越强大之后,它就不仅仅是做显卡的了,市场上出现了很多新的应用场景,数据中心就是其中一个。目前,数据中心已经成长为英伟达的第二曲线,营收数据超过了显卡。在区块链火爆的时候,矿机生意让英伟达大赚一笔。区块链渐渐偃旗息鼓,OpenAI 带着 ChatGPT 又呼啸而来,带动各个大公司和创业公司纷纷入局,英伟达在后面给这些公司提供并行算力,根本不缺订单。

算力同时满足"客户需要""我们能做""能帮我们赢"这三点,它才是真正的击穿点。企业将更多资源放在击穿点上,让它变得越来越强,长期竞争力由此而来。

英伟达疯狂地发展算力,甚至到了没有必要的地步,性能强得过度了,这还属于"客户需要"吗?

如果把客户理解为"价值点的集合",我们就会明白,这对一些客户来说属于过度,而对另外一些客户来说就不是,比如游戏行业客户。这个行业对显卡的要求远超一般行业,而且需求越来越强,英伟达的算力跟着游戏行业的需求"起飞"了。

业务是能力的外化

有些产品至上主义者没有意识到,产品或者服务是企业交付用户价值的载体,同时又是企业核心能力的外化。我们不应在产品上做盲目的极致化的追求,要考虑产品是否在更好地满足用户价值和积累企业核心能力。用户价值和核心能力形成内外交互的飞轮效果（见图4-7）。

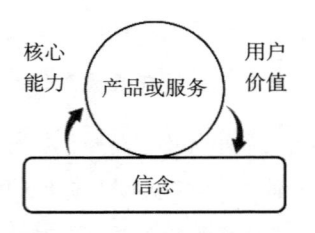

图4-7 能力、产品与价值

海底捞的服务是交付用户价值的载体，用户得到的价值是好情绪、被尊重和被关照（见图4-8）。海底捞内部的核心能力是组织能力，是让员工眼里带光地给客户提供服务的能力。

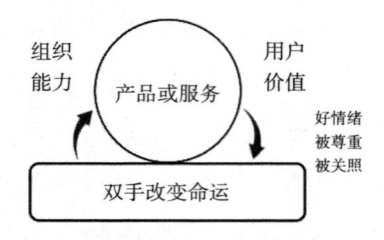

图4-8 海底捞的能力、产品与价值

产品或服务不是企业的核心能力，企业为什么能做出它们，才是其核心竞争力所在。

比如，企业拥有大量可以让产品更准确地满足用户需求的用户数据；拥有一个打磨了无数次的产品产出流程；拥有一套可以激发团队能量的机制和文化；对某个领域的技术不断深耕，从而让产品在市场上具有独特的竞争优势。这才是核心能力，我们把它识别出来，提炼出来，不断击穿它，让它越来越强，最终它会反馈在产品和对客户的价值交付上。

核心能力是企业能够持续增长的内部支撑，它不是表面的交付物。我们可以根据以下几个特征来判断企业的核心能力。

第一，核心能力应该有助于公司进入不同的市场，扩大经营的基础。如新东方从教育转向农产品直播，这是两个完全不同的业务，东方甄选团队也是从头开始学起，但有些能力是在新东方就积累下来的。这些能力中，除了价值观一以贯之外，还有新东方老师的个性化表达。在做教育业务时，新东方和好未来的文化就不同，新东方以教师为中心，好未来以教案为中心。以教师为中心的优点是黏性强、易传播，老师可以自带流量进而降低获客成本，缺点是标准化复制难，且容易被老师"客大欺店"。俞敏洪如果不是自己本身就是个大 IP，想管住这帮个性张扬的老师未必那么容易。好未来恰恰相反，以标准化的教案为中心，以课来保人而不是以人保课。好未来没有出什么名师，它也不需要，标准化复制的难度要低于新东方。

新东方的战略选择决定了核心能力积累的方向，这个方向决定了它可以做出来东方甄选而好未来很难做出来。不过，如果它们继续在教育行业做 To B 业务或者做第三方科技公司，我认为好未来的优势大于新东方，原因无他，好未来在这方面的核心能力要强于新东方。

第二，核心能力应该贡献于用户最关注的、核心的、根本的价值，而不是一些普通的、短期的好处。某一类产品承载的不是一项用户价值，而是一组用户价值。这些价值中，有些是主要的、普遍的，有些是次要的、个别的，核心能力要关注主要价值。例如，求美者面对医美机构，会在意医生的专业度和审美水平，这是主要价值，也是医美机构应该积累的核心能力。但也会有一些求美者在意自己是不是要等很久，这也是用户价值，但显然不是核心和根本的价值。是不是要等很久跟时间节点、机构口碑与规模、地段位置等都有关系，不应该成为一家医美机构长期迭代的核心能力。

第三，核心能力应该是难以被竞争对手复制和模仿的，是偷不去、买不来、拆不开、带不走、溜不掉的。有些东西是资源，不是核心能力。例如，完美日记的母公司逸仙电商上市时说他们签约了 1 500 家头部的 KOL，用以展示自己的竞争力。但是，这些是资源而不是能力，这些 KOL 随时可以因为更高的价格与其他美妆公司合作，从而离开完美日记。所以，这些不属于核心能力范畴。

2023 年底，"东方甄选内讧"事件在全网"破圈"。全网都在支持董宇辉而吐槽 CEO 孙东旭，其实站在公司经营的视角，孙东旭的"去辉化"是正确的选择，只是操作手法显得拙劣。按照对核心能力的定义，董宇辉是东方甄选的资源而非核心能力。过度依赖某一个明星主播是一家直播电商公司核心能力脆弱的表现，这在资本市场也很难被认可。"批量培养优秀主播"的能力，才有可能成为东方甄选的核心能力。

第四，也是本章一直在强调的，随着业务的发展，核心能力应该有复利效应，可以持续迭代、持续增强。

挺过"滞后效应"

在看到房产经纪行业的问题后，左晖创立的链家决定以"真房源"为主张，重构二手房经纪行业的生意逻辑，为用户提供真实、准确、可靠的房源信息，试图将这个行业从负向飞轮扭转为正向飞轮。其具体动作包括下面这些。

第一，核实房源信息。链家要求经纪人在发布房源信息前，必须核实房屋的情况，确保房源信息的准确性，包括验证房屋的实际状态、面积、户型、售价或租金信息，以避免传播虚假信息。

第二，保证照片真实性。链家要求房源照片必须是真实拍摄的，并且不能过度修图，以确保照片与实际房屋相符。这样可以让用户更好地了解房屋的真实样貌，避免因照片误导而产生不必要的麻烦。

第三，线上实景看房。链家推出了线上实景看房功能，用户可以通过手机或电脑实时查看房屋的实际情况，包括房间布局、装修风格等。这样可以让用户在选择看房时更加便捷，避免看房过程中出现误差或遗漏。

相比于"假房源"，"真房源"当然是真正的用户需求，但是逻辑上成立的事情，在现实中并不会自然发生，因为有人的欲望、原有利益格局、思维惯性等阻碍。链家从推出"真房源"到逐渐回到正轨，中间有超过3个月几乎没有生意。这便是系统论中的"滞后效应"，从一种增强回路向另一种回路的调节，中间有时间差,变化不会马上发生。这就像淋浴时从冷水调到热水,并不会马上出现热水,要等一会儿,你如果调过来发现水没有热,再把它调到更热,那么热水出来的时候可能会烫人。我们要有点儿耐心,给系统运转留一些时间。

转到"真房源"后,链家遇到的并不是形势一片大好,用户蜂拥而来,而是很多困难。

链家首先要面对的就是用户不来了,因为"真房源"又少又贵,远不如其他经纪公司的资源看起来便宜、丰富。用户不来,经纪人没有收入,也大规模离职。不过,链家正好借此完成了人才结构的优化,这是另外一个故事。与此同时,竞争对手带来的压力也不小,它们认为:"就你是好人,我们都是坏人呗?"

这就是左晖总讲的"难而正确的事"。在下了战略决策,还看不到曙光的时候,企业唯有持续去做那些有复利的事情,等待市场出现转机。这包括加强内部培训,加大技术投入,建立用户反馈机制,以及提升品牌形象,渗透用户认知。好在市场让链家等的时间并不太长,后来,从链家孵化出来的贝壳找房上市时,财经媒体发表了一篇文章《贝壳上市,长期主义者的速胜》。其实,很多竞争优势在链家决定推出"真房源"时就已经开始积累了,只不过到贝壳找房时期才开花结果。

让左晖如此笃定、帮他挺过滞后期的是一个信念,这个信念如果错了,他愿赌服输:在购买房子这件事情上,用户终究是理性的。

他相信用户是理性的,虽然短期内用户会被低价的"假房源"吸引过去，但经过比较后，用户一定能够认可真正的价值，一定会回来。他赌赢了。

我每次研究二手房经纪行业时，都会想起弘一法师的名言："人生最不幸处，是偶一失言而祸不及；偶一失谋而事幸成；偶一恣行而获小利。后乃视为故常，而恬不为意。则莫大之患，由此生矣！"

有些事是错的，但它短期内带来了好处，于是人们认为这件事是对的，不断投入资源做这件事情，更大的祸患就因此埋下了。在二手房经纪行业，"假房源"明明是错的，但它短期内带来了好处，吸引了流量，于是人们都认为它是对的，整个行业都有样学样，用"假房源"忽悠客户，更大的祸患此刻就已经埋下了。

我们可以想象，当初左晖希望改变行业现状时所面临的困境，不是大多数人在做少数人的工作，而是少数几个人在做大多数人的工作。即便在链家内部，最开始支持他的人也是少数。这件事都能做成，如果这不是领导力，什么是领导力？

如果"假房源"是错的，那什么是对的呢？价值创造的事情是对的！这本是基本的商业道理，人们却因为种种诱惑把企业带远，解决的办法无非就是回到最基本的商业逻辑。跳出行业看，"真房源"不应该是这行最基本的要求吗？一个貌似乱糟糟的行业，穿透迷雾、回归根本，发现终究不过是回到了最朴素的道理。

本质上，复利思维是一种长期主义，是相信慢变量终将影响事情的结果。在系统发生变化后，由于系统的内在机制和反应速度，变化的积极影响并不会立即显现，而需要一段时间才能体现出来。这种滞后效应可能造成短期内的不良结果，但随着时间的推移，系统会逐渐调整到更为有利的状态。认识到这个事实，有助于部分领导者控制自己"今天下决策，明天就要看到结果"的着急心态。

在此过程中，领导者需要具备长远的眼光和坚定的决心，同时要保持对系统性变化的全面理解。以下是在滞后效应期间系统可能会遇到的问题。

第一，领导者自己的耐心和信心。在系统发生重大变化后，领导者需要有足够的耐心和信心，不被短期的不良结果迷惑，而是专注于长期的目标。领导者要相信变化所带来的积极影响会在未来显现出来。

让自己笃定的方法，就是用第一性原理思考，找到那个根儿上的道理，并相信它。如同左晖认为的那样，在购买房子这件事情上，用户一定是理性的。

第二，组织文化的适应性。变革可能对组织文化造成冲击，而文化的变化通常需要更长的时间来形成和巩固。领导者需要引导组织适应新的文化。

微软第三任 CEO 纳德拉 2014 年上任后将微软的战略调整为"移动为先，云为先"。可是，他撬动微软这头"大象"转型却是从文化入手，从刷新微软团队的观念入手的。一两年后，已经低迷了十几年的微软开始重启增长，截至 2023 年，其股价已经从不到 3 000 亿美元，涨到超过 25 000 亿美元，增长接近 10 倍。

第三，市场和顾客的反应。系统从一个因果链调整到另外一个因果链，往往会伴随着新的策略、产品或者服务，它们可能不会立即收到市场和顾客的积极反应。随着时间的推移，这些变化才可能被市场渐渐认可。

人们使用的手机，从原来诺基亚式带按键的功能性手机，转为以苹果为代表的智能手机，并不是在乔布斯发布iPhone那一刻就爆发了。真正的移动互联网时代起始于"iPhone 4时刻"，从这时起，大众用户才开始普遍接受没有键盘的智能手机。

早期的电动车也被视为性能低下且不实用，被看作小孩子的玩具。特斯拉公司早期面临了大量的质疑和挑战。但现在，所有人都看到了，社会改变了对电动车的看法，人类也开始真正从化石能源时代转向清洁能源时代。

第四，供应链和运营调整。在变化后，供应链和运营可能需要一段时间来适应新的模式和流程。初始的困难可能导致运营效率下降，一旦适应完成，效益可能会大幅提升。

隆基绿能是一家总部在陕西西安的年销售额超千亿元的光伏行业巨无霸公司。在光伏产业发展早期，主要有晶硅和薄膜两种技术路线，其中晶硅又分成单晶硅和多晶硅。因为国家扶持，很多企业进入光伏产业时选择了成本低、技术门槛低、建设周期短的多晶硅路线，多晶硅的市场份额一度超过了80%。但是，隆基绿能坚定地选择了单晶硅路线。这个思考也来自对行业第一性原理的洞察，隆基绿能认为光伏产业的本质在于比拼度电成本，最终度电成本要与火电打平或者更低，企业才有生存空间。多晶硅虽然容易上马，但电能转化效率也低，企业在国家补贴期间可以活下去，一旦补贴去掉，多晶硅路线怎么算都无法与火电打平。

经过多年对单晶硅技术的打磨与成本控制，隆基绿能已经把单晶硅的价格从 100 元打到了 3 元，实现了规模化的普及。到现在，整个行业基本都是单晶硅路线。可在当初多晶硅占主导的阶段，隆基绿能整合供应链是相当困难的。供应链当然是为最大的购买方提供最大的确定性。企业只有看到行业的终局，坚定地推进供应链合作，充分考虑彼此的利益诉求，才能走到市场柳暗花明的那一刻。

第五，员工的适应与接受度。员工可能需要一些时间来适应新的工作方式、流程与文化，初期可能会出现阻力和不适应。企业这些变化的好处逐渐展现之后，员工的情绪才会慢慢稳定下来。

混沌学园在 2015 年刚刚成立时，以邀请世界上最有名的大咖来讲课的方式，"帮助少部分人早半步认知这个复杂的世界"。可到了 2020 年之后，这种方式已经不稀缺。混沌学园开始调整系统的因果链，朝着以"一思维"为核心思想的独有创新理论的研发和"线上课+线下创新商学院"的模式进行转型。这个过程并不顺利，很多同事认为原有的邀请大咖的模式是混沌学园的优势，如果失去了这个优势，混沌学园不但会失去流量，还会失去时代引领感。这个过程大概经历了两年，在"一思维""一战略"慢慢开始成为其商业通用语言后，团队的心态才慢慢稳定下来。

迭代反馈是不变的法则

科斯认为，企业存在的原因是可以降低市场的交易成本，以企业组织的方式进行交易的效率高于个体在市场上交易，因此企业有必要存在。交易成本理论也解释了为何企业不可能无限长大。当企业内部不断熵增时，协作成本过高，通过企业内部来实现某些任务还不如在外部交易，因为企业不会持续长大。有一次我与阿里巴巴的朋友聊 ChatGPT，他所在的部门正在开发 AI 产品，用于训练阿里巴巴中供铁军的销售员。我以为是阿里巴巴内部团队在开发，细问才知道，他们宁愿花钱找外部团队，而不是去协调内部团队，因为内部团队沟通成本太高，工单排到半年之后，还不如花钱在市场上找。

交易成本理论的解释力很强，但我认为仍然有未尽之处，在一些场景下，这一理论解释起来不尽如人意，即有些能力只能通过企业的方式才能构建，在市场上交易根本就实现不了。也就是说，并不是市场能完成企业也能完成，只是企业的效率更高，所以企业应该存在；而是有些事情市场就做不了。这往往表现为企业的核心能力，这种能力在企业内部不断迭代反馈，形成强大的竞争力。企业存在的价值不仅仅是降低市场交易成本，还应当是找到并持续构建某种可持续迭代反馈的能力，使这种能力成为企业的核心竞争力。随着时间的流逝，能拓宽企业护城河的，才是"资产"。时间持续越久对生意越不利的，则是"费用"。

例如，字节跳动公司的核心能力之一是它的推荐引擎，这个推荐引擎通过市场交易无论如何也建立不起来，它不是已经存在于市场上，彼此交易产生效用提升，于是有交易行为发生；而是它只能在企业内部通过不断迭代反馈的方式长大。它是有复利的。

复利的特征是，上一个闭环的输出，是下一个闭环的输入。复利的积累需要有一致的进化方向，这样才真正有价值，进化的方向要通过迭代与反馈不断校正与优化。在积累复利上，迭代反馈是不变的法则。

美国科学家做过一个思想实验：把魔方打乱后交由一个盲人复原，假设盲人永生且不需要休息，每秒转动魔方一次，理论上盲人需要多久才能将魔方复原？答案是一百几十亿年，也就是从宇宙大爆炸到现在，还需要再等待几十亿年才能实现。而如果加入一个变量，即盲人每转动一次魔方都有人向他反馈信息，告诉他是更接近目标了还是更远离目标了，请问盲人需要多久能把魔方复原？

答案是两分钟！

迭代反馈是一种思维方式和行为方法，具有适应性和变化性、持续改进和创新、长期视角和以客户为中心等特点。这就是前文提到的，企业核心能力与客户长期价值合一的点，即复利击穿点。

本章小结

核心能力 ↔ **用户价值**

↑ 复利点

积累复利,便是"与时间做朋友"。

三种增长

癌变型增长　　肥肉型增长　　肌肉型增长

很多公司快速增长,又快速衰落,因为没有积累核心竞争力和战略控制点。

第二部分

理念层

"增长"是个动词,有两个主体。一个主体是企业或者组织,另一个主体是组织中的人。在"认知层"中,我们要解决的问题是"什么是增长""增长何以实现""什么阻碍了增长的实现"。在"理念层"中,我们要引入企业主体和个人主体的概念,解决作为企业"可以实现怎样的增长""为什么是我",以及作为个体"为什么我可以帮助企业实现增长""我从中得到了什么"这些问题。

所有的理论研究都有两个假设:"事情都是有原因的"以及"原因是可以被认知的"。在构建增长领导力模型时,每一个篇章,都源自问题意识以及对问题的归因。

第五章
个人禀赋：为什么不同的"领导力"都可以取得成功

到底该学谁的领导力

很多大型企业在确定自己的领导力模型时，会请咨询公司在内部做一对一访谈，然后邀请核心高管召开工作坊，让大家唤醒脑海中关于本公司优秀领导者的形象，产出若干描述他们的词条，先发散再收敛，提取共性，最终确定本公司领导力的"标杆特征"。

这种典型的领导力建模方式会产生一种理想化的领导者形象，就像用几百张美女图片合成，取她们的优点，最终产出一张世界最美的脸一样。最后，企业用这个标准的领导力标杆来衡量团队成员与"他"的差距，进而制订个人成长计划——如何精进，才能更像"他"。

在现实中，这种做法很少成功，也很难真正培养出能够领导企业的优秀领导者群体，它以一种貌似科学的方式做着很不科学的事情。

有不少企业家向我表达过他们的困惑："拥有什么样风格的

领导者才是好的领导者?"似乎社会上对好的领导力有一个相对统一的标准:有魅力、可以做鼓舞人心的演讲、有娴熟的人际关系技巧、能做温和高效的沟通。但这些企业家自己不是这样的,于是产生了某种自我怀疑。

然而,据我们的实际观察,大量成功的企业领导者并非如此。例如,乔布斯的脾气很暴躁,他的同事经常忍受不了,他却做出了伟大的苹果公司,去世后依然被人们尊敬与爱戴。

有些领导者找到了自己欣赏或崇拜的对象,在行为上处处模仿对方,比如欣赏马云的人模仿他演讲时的慷慨激昂,欣赏任正非的人模仿他"讲人话"、接地气,欣赏刘强东的人模仿他的强势、果敢,欣赏李书福的人模仿他的"赌性",欣赏海底捞创始人张勇的人模仿他的务实和关心基层员工。

但可想而知,这样的模仿只会让人更加迷失自己。统一的领导力画像似乎被打破了。

事实上,没有一个特定类型的性格或风格可以被定义为更好的领导力。纵观那些成功的企业家和领导者,他们的性格和领导风格存在巨大的多样性。

在不同的公司,高管领导力会呈现出不同的风格。

蔚来汽车副总裁周全描述了他服务过的平安、腾讯、滴滴三家公司中的领导力模式。平安当年的领导力模式像是"二战"时期的大规模集团军作战模式;腾讯的领导力模式像是海湾战争时期的作战模式,空军为主,机动灵活;滴滴的领导力模式则像阿富汗战争时期的特种部队,定点清除。

不同的发展阶段、不同的商业环境造就了不同面貌的高管领导力。平安的高管是魅力型领导者，口才、风度一流，权威十足；腾讯的高管相对朴实，注重产品细节；滴滴的高管则更多靠梦想和使命引人跟随。

同一家公司在不同的发展阶段也对高管领导力提出了不同的要求。

例如，我辅导的一家具有30年发展历史的民营企业，过去的理念是以艰苦奋斗为主，倡导"老老实实做人，扎扎实实做事"，后来，为了配合新一轮的变革目标，他们又提出了新的价值观与领导力标准，以科技和创新为主，强调"科创、品质、领先一步"。

可以看到，不同组织之间有巨大的差异性，应当由组织自己来定义领导力与价值观，而不是由外部的大师、专家建构千篇一律的领导力模型。

如果组织当前的目标是"快速发展、市场份额第一"，那么领导力发展就会指向绩效这个维度；如果组织认为培养人是最重要的事，那么"价值观""提升心性"可能就是领导力发展的关键词。

因此，成功的领导者并不局限于一种特定的风格，而且每种领导力风格都有其独特的优势和适应性。

首先，不同的领导力风格能够满足组织的多样性需求。组织的文化以及所处行业、规模和目标都会影响对领导力的要求。有些组织可能需要强势型领导者来迅速做出决策和推动变革，而有些组织可能更需要参与型领导者来促进团队合作和创新。有些领导者可能更适合在创业初期的动荡环境中发挥作用，而另一些领导者可能更适合在成熟阶段的组织中稳定运营。因此，不同类型的领导力风格都可以在特定的组织环境中发挥作用。

其次，不同的领导力风格能够满足员工的多样性需求。员工具有不同的个性、背景、技能和动机，对领导者的期望也各不相同。有些员工可能需要指导和明确的指令，而有些员工可能更需要自主权和激励。有时候团队可能需要一个鼓舞人心的外向型领导者来激励成员，有时候可能需要一个善于倾听和理解的内向型领导者来满足成员的需求。因此，领导者的多样性能够帮助他们更好地管理和引导不同类型的团队。

以上是站在公司的视角出发的，公司在不同的阶段和不同的情境需要不同的领导力风格。而站在个人的视角上，在面对不同的挑战和变化时，领导者需要灵活地调整自己的风格以应对情境需求。有时候，领导者在紧急情况下需要采取指令式的领导力风格，而在鼓励创新和发展时则需要更加开放和赋能员工的领导力风格。

不同的领导力风格能够激发团队的多样性和创造力。团队中的成员具有不同的专业知识、经验和观点。通过采用多样的领导力风格，领导者能够充分发挥团队成员的优势，激发他们的创造力和创新能力，从而为组织带来更多的可能性和成功的机会。

因此，我想与你达成一个共识，即性格或风格决定不了领导力，领导力是带领团队达成目标的能力。通过模仿某种领导力风格来达到提升领导力的目的，这条路是走不通的。反过来讲，你也可以卸下一个心理包袱，那就是总是想："我这样的性格是不是不适合当领导？"我们不妨回归领导力的本质，从目标出发，从组织的需求出发，以终为始，以结果为导向发展领导力。

德鲁克在《卓有成效的管理者》一书中曾说，管理者应当帮助团队与组织，提升组织的价值。这样一种能力就是领导力。提升组织的价值应该成为领导者所追求的"终"。

组织的价值是由外部决定的，是企业在参与外部市场竞争时通过其核心竞争力为客户提供的价值。这就解释了在商业环境急速变化之下，对领导者来说，敏锐的直觉与快速变革能力往往比内部的管理与人际沟通能力更为重要。乔布斯尽管不善于协调关系，但是他超常的商业直觉成为苹果公司组织价值提升的关键。

在极速动荡的环境下，企业需要不断地变革，企业高管必须回归根本，才能经受血与火的考验，带领组织实现转型。此时，领导力风格这样的表层特质，在应对企业变革的过程中所产生的激烈矛盾与冲突时，在面对前途的迷茫和过程的曲折时，显得无能为力。

混沌环境下，企业高管需要的领导力更为深层，那是植根于人性深处的特质，即底层人格，比如下面几个。

正直——在西方管理学界，正直始终是排名第一的领导力特质。试想，如果一个领导者不具备正直的品格，只想着一己私利，他如何能够带领众人实现变革？

真我——丹尼尔·平克在《驱动力》一书中提到，知识经济时代的大多数人从事的是创造性的工作，要做好这样的工作，就必须对所从事的事业拥有兴趣与真爱。领导这样一群人达成高绩效，领导者自己怎么可能是虚假的呢？任何伪装和伎俩都是掩耳盗铃。只有领导者的内心有超过所有人的狂热与投入，他才能点燃这群人的希望与梦想。

坦诚——西方管理学把坦诚当成核心的领导力特质。杰克·韦尔奇在《赢》一书中说道："缺乏坦诚是商业生活中最卑劣的秘密。"缺乏坦诚会从根本上扼杀创意，妨碍优秀员工们贡献自己的才华。

杰克·韦尔奇的想法与儒家文化不谋而合。《中庸》有云："诚者，天之道也；诚之者，人之道也……唯天下至诚，为能尽其性；能尽其性，则能尽人之性；能尽人之性，则能尽物之性；能尽物之性，则可以赞天地之化育；可以赞天地之化育，则可以与天地参矣。"

这些品质才是领导力的底色。领导力不假外求，需要向内寻，需要回归初心。

本书作为一本商业图书，有其明确的价值主张，即主张企业与个体的双向奔赴。企业有对领导力的要求，个体有价值观倾向和禀赋，把二者结合在一起的，是企业价值。企业不应当以某种特定的风格甚至个性来要求领导力，而应在内部价值观和外部客户价值的基础之上，尽量实现多样化。多样化的风格，更容易激发超强战斗力。

爱因斯坦曾说，人人都有天赋，关键看你如何去发现它。假如你用爬树的能力来评判一条鱼，它岂不是永远觉得自己是笨蛋？

禀赋如何影响领导力风格

>   大多数人穷尽一生去弥补劣势,却不知从无能提升到平庸所要付出的精力远远超过从一流提升到卓越所要付出的努力。唯有依靠优势,才能实现卓越。
>
>   ——彼得·德鲁克　管理大师

既然领导力风格决定不了领导力,那是不是就无须关注风格了?

当然不是。

领导力风格是指领导者的行为模式和行为规律。领导者在影响别人时,会采用不同的行为模式。因此,领导力风格之于领导力,是产生助力作用,还是产生阻力作用,是需要我们关注的。

由于工作经历、工作环境以及个性方面的不同,领导者会表现出不同的领导方式,进而形成不同的领导力风格。这些领导力风格在领导实践中稳定发挥作用,具有较强的个性化色彩。领导力风格的形成过程是一个复杂的动态演进过程,且不会轻易改变。

那我们应该如何善用自己的禀赋,将个人领导力优势最大化,让领导力风格成为发挥领导力的助力呢?

比如,曾经有管理者问我:"我有点儿社恐,从小就性格内向,我是不是不适合做管理?"

其实,当他问出这个问题的时候,他内心的潜台词是什么?他担心因为自己心软,下属不服管;担心因为自己害怕当众讲话,而让下属认为自己没有威严。

这些看起来是劣势，而实际上，也可以是他的管理优势。

为什么这么说？因为性格内向的人通常具有较强的共情能力，这种特性让他很善于观察每个人的情绪，并且知道如何照顾他人的情绪。也因为这样，当下属提出错误意见的时候，他不会一上来就否定，而是能够听出下属的话外之音，懂得如何发自内心地去鼓励下属，这些都是他的优势。

管理能力指向结果，有高低之分，而管理风格只有不同。性格内向的人也是可以做好管理的，我们要做的不是让自己变得外向，而是放大自己内向的管理优势。

比如，任正非在接受采访的时候，曾经这样评价自己："我就是最典型的短板不行，我不管了，我只做长我的长板，为什么要自己变成一个完美的人？完美的人就是没用的人，我们公司从来不用完人，一看这个人追求完美，我就知道这个人没有希望。"他也鼓励公司的每一位员工发挥自己的优势："人不必成为完人，只要发挥自己最大的优势，就一定能够成功。"

任何一位卓越的领导者都有这样或者那样的缺点，都不是完美的领导者，但这并不妨碍其成为好的领导者。因为相比于关注自己的劣势，卓越的领导者更懂得发挥自己的禀赋和优势。

盖洛普是全球知名的优势领导力研究机构，王海萍老师是盖洛普在中国的主讲老师，也是我的好朋友，我们曾一起做过很多关于优势领导力的共创与研究。盖洛普把领导力划分为4个维度：执行力、影响力、关系建立和战略思维能力。每个维度又包含了具体的领导力风格特征，比如执行力中包含了成就、责任、排难、统筹等执行力风格，而影响力中则包含了完美、行动、追求、自信、统率等影响力风格。在盖洛普的研究中，有很多领导者把自己的优势融入企业管理行为的案例。优秀的领导者无一例外都能将自身优势与企业目标和价值观高度融合。华为前战略副总裁林国雄曾经成功帮助华为实现多次大型战略性合资和并购业务，充分发挥了他的战略思维优势。他曾描述说："我觉得习惯于战略性思维对我帮助很大，在着手一件事情或者一个项目时，我总是先想到未来要达到的一种状态，然后再思索出通往那种状态的各种途径，这种以终为始的战略思考习惯，往往能起到拨云见日的效果。"

著名医药公司辉瑞的前全球人力资源副总裁吕红，也是一位把自己的领导力优势与企业发展需求完美融合的典范。与林国雄不同，吕红最主要的优势在于她建立关系的能力，她坚信人性本善，她要激发出每个员工内心深处最大的善意与创造性，让员工在一个以人为本的环境中积极主动地创造价值。因此，她实施的人力资源战略是发掘每一个员工的优势，激发每个人的自主性，创建"人人文化"。这些人力资源发展战略为辉瑞以及她后来服务的晖致医药创建了有着极强凝聚力的企业文化，有效推动了组织目标的实现。

以上论述，都是希望读者意识到，塑造领导力要从自己的优势和禀赋出发，不需要东施效颦，也不需要削足适履。我们要把优势与禀赋变成特点，让长板更长。

此时，你一定意识到了一个问题：那么短板呢，是放任自流、不管不顾吗？

当然不是。

有句话你一定很熟悉：没有完美的个人，只有完美的团队。你的不足完全可以通过团队来弥补。比如，一个影响力突出的管理者未必也擅长提高团队凝聚力。一个战略思维优势突出的管理者未必是执行落地的最佳驱动人。在电视剧《亮剑》中，作为独立团团长，李云龙这个角色果断勇猛、率性而为，甚至有一些独断，他总能为团队的战士们考虑，敢打敢拼，具有强烈的团队责任感。而作为政委的赵刚这个角色，其领导力风格与李云龙完全不同，二者形成鲜明对比。赵刚思考问题更加全面，决策过程更加稳重，不似李云龙喜好冲动行事。赵刚很重视士兵的思想工作，确保团里的官兵始终保持高昂的战斗士气。这方面就不是李云龙的优势了，他激发团队战斗力的方式是展现简单朴素的兄弟情义，而这很难成为一支成建制部队的长久文化基础。

我曾经辅导过一家企业。他们的总裁性格有些仁慈，特别心慈手软。这让高管团队非常苦恼。

负责运营的副总裁有一次和我抱怨说："我就不明白他怎么那么优柔寡断。我们有一个高管，能力很一般，还老喜欢管别人的闲事，总裁明明知道他有问题，私底下也和我抱怨，但就是不开除他。老师，您能不能去劝劝我们总裁？"

我作为教练是不可以上场"打球"或者选择立场的，所以我对他说："你比我更适合来改变这个现状。"副总裁一脸茫然。我继续说："你和总裁个性相反，就像中国古代建筑里的榫卯结构，榫卯虽然形状各异，却可以严丝合缝地组合在一起。"

如果仔细观察榫卯结构，你就会发现，一块木头凹陷的地方的另一面就是突出的地方，从这面看是缺点，从另一面看就是优点。

于是我问副总裁："你如何描述你们总裁的弱点？"他说："优柔寡断。"我继续深究："能不能具体一点儿，他到底在什么事情上优柔寡断呢？"副总裁想了想说："凡是与人相关的事，他就没什么主见。明明确定了要开除的人，他但凡看到有一点点改进，就心软了，总是想给别人机会。"

我就追问："凡事都有两面，那你觉得他这种性格的优点在哪里？"

副总裁想了想说："他很正直，也很善良，总是为别人考虑，人缘特别好。他容易和别人建立信任，所以客户都特别认可他。"

我趁热打铁，继续引导他思考："总裁有什么地方让你觉得看不懂吗？"这是一个理解他人的好方法，就是观察那些在你看来不能理解的事情。因为这就是你和他不同的地方，而这些地方往往是突破对一个人的认识的关键点。

副总裁说了两件事，一个是刚才抱怨的，为什么不开除那个明显不合适的高管；另一个是副总裁老觉得总裁有点儿依赖他，有些事非要等着他拍板。

于是我就问："他为什么会等你来拍板，你考虑过深层次的原因吗？"副总裁一时想不出来，我就启发他说："人的很多做法其实是潜意识的防御机制，避免自己陷入不安全的状况。你觉得有什么事会让总裁感到恐惧、不安？什么事情会触发他的防御机制？"

经过讨论，他最后得出的结论是："总裁应该是有'好人包袄',所以他很善于让别人信任和喜欢他。当然,这也会体现在他的工作和管理中,比如需要做一些人事上的负面决定的时候,他就会觉得不安全,在心理上需要一个强势的伙伴给他安全感,这就解释了为什么他对我有依赖。"

我说:"很可能是这样的。过去你总是想着如何说服总裁。但他的问题不在于不知道,而在于做不到。他也需要帮手在这个点上帮助他。就像刚刚说的榫卯结构,你看怎么能够和他严丝合缝地彼此支撑?我们不妨去和他聊聊。"

聊完之后,总裁如释重负,说:"是啊,每次在这种人事决断上,我都觉得压力特别大。以后这种事情你来出头好了。"

话说开了,副总裁就明白了如何辅佐总裁。公司之前高层的职责不清晰,所以才让没能力的人钻了空子。副总裁重新划分了业务线,明确职责,并让高管自己设立目标和规划进度。这样一来,能力弱的高管就会自己浮出水面,如果他负责的业务线持续达不到自己设置的目标和进度,他就会自己提出离职。如此一来,总裁优柔寡断的弱点,就由副总裁完美地弥补了。

反过来也是一样,总裁也在弥补副总裁的弱点。副总裁的脾气比较火爆,有时处理团队的问题会过于直接和强硬,伤害了团队的感情,这时总裁就会去做思想工作,安抚团队的情绪。最后的结果就是,团队整体战斗力提高了,所谓"慈不掌兵"的问题就消失了。

就像案例中的总裁一样,任何管理者都不会拥有完美的领导力,因为每个人都不可能摆脱性格的束缚。性格就像镣铐,你要戴着镣铐跳舞。

随着公司越来越大，领导者的个性缺陷也被无限放大，这时他面临一个选择：是继续"死磕"自己，还是打造一个团队。一些人会选择前者，但后者是个更明智的选择。

很多卓越的领导者都深深懂得"三个臭皮匠，赛过诸葛亮"的道理，所以他们会主动放下在很多事情上的主导地位，打造一个强大的管理团队，而非让自己变得更强大。

所以，如何成就自己的领导力风格？那就是尽情地发挥自己的长板，让团队成员来弥补自己的短板。这样做的同时，团队成员也发挥了自己的长板。

德鲁克有一句名言："唯有经由优势，才能达成卓越。"这说的是一个人只有发挥自己的优势，才能实现卓越的人生。基于自我优势与禀赋的持续学习、迭代与反馈，是一条充满回报的成长之路。

自观：识别与评估自我禀赋

《老子·道德经·第三十三章》说："知人者智，自知者明。胜人者有力，自胜者强。"

这句话的意思是，了解他人的人只能算是聪明，能够了解自己的人才算是真正的有智慧。能够战胜别人的人只能算是有力，能够战胜自己的人才算是真正的强者。

很多人都有过这样的生命体验：在某些领域，只要稍作努力，成就就会超过一般人；而在另外一些领域，特别努力却也总是不得门而入。高中时代，对于数学和物理，我一点就通。可是对于化学，我直到高考结束都没太搞明白。

我发现了一个很有意思的现象，当我问很多管理者："你了解你自己吗？""你会怎么评价自己？"大部分人都会说自己的缺点，比如，"我缺少创新能力""我沟通能力不是很强"，很少有人会清晰地说出自己的优势是什么。

果然，在挑毛病这件事上，我们不管是对别人还是对自己都不会手软。

即便对最随遇而安的人，我也建议他调用理性来思考这个问题：到底有没有一些事情符合"我热爱"、"我擅长"和"被需要"（见图5-1）？人一辈子做重大选择的时候不多，这算一个。

根据我的观察，从擅长出发找热爱，比从热爱出发找擅长，更容易成功，这与一般人的观点可能不同。

所有人都有优点，但它们往往被忽视。当这种情况发生时，你就错过了成功的机会。优势使个人更有效率、更有生产力、更有同理心、更有艺术性。发展你的个人优势不仅可以提高你的表现，而且可以帮助你更多地了解自己。

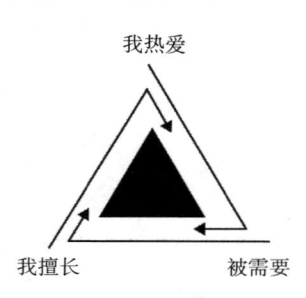

图5-1 "我热爱"、"我擅长"和"被需要"

个人能力因人而异，但有一个方面保持不变：优势在每个行业和几乎任何情况下都会使你受益，它们带出了你最好的品质。因此，它们使你能够取得更多成就并变得更加满意。如果你选择不使用自己的优势，那么你的事业和个人生活会受到多种影响。

不强调优势，弱点也可以战胜你。

如果不能准确地认识到自己的优势，你就无法真正成就自己的领导力风格，同样也很难发挥出团队成员的优势。

了解自己的优势是建立有效领导力风格的关键。我们可以通过一些具体的方法来帮助自己更深入地了解自己。

找到你的工作效率所在

你可以做一些记录，然后回看一下，在一天中，注意什么时候你的工作效率最高。列出你的工作效率飙升的时间，并将在此期间完成的活动与你的主要优势联系起来。

你可以每天睡觉前花三五分钟的时间想一想，今天有没有一些时刻，你觉得自己特别有"效能感"，觉得自己很厉害，而且由内而外产生一种力量，这是一个非常重要的找到优势的线索。

如果你能够从今天开始，连续7天，真的每天都记录自己当天强大的瞬间、有力量的瞬间，你会发现这些有力量的瞬间的背后，一定是有规律的。

比如说，有的人发现自己最有力量的时候，就是他帮助客户解决问题的时候；有的人发现自己最有力量的时候是独立思考的时候；有的人说自己最有力量的时候是站在很多人面前讲话的时候。

了解你的激情

如果一个人有机会做他喜欢和擅长的事情,他会非常有热情,会不自觉地进入心流状态。在那个心流的时刻,他一定是享受的。怎样找到自己的心流时刻呢?

我们可以分解一下,下面是几个线索。

第一个线索就是成功。你做什么事时经常觉得自己很轻松就能成功,或者说你就是很容易比其他人做得好?

第二个线索是渴望。从小到大你有没有一些渴望的事情,你看到别人做的事,就特别羡慕?比如我小的时候,其实有一个梦想,就是特别想做主持人,考大学时特别想报中国传媒大学。

第三个线索是做什么样的事情,能让你忘了时间的存在。做一件事时,如果你觉得时间过得好快呀,你就把它记录下来。如果过去没有记录,那么你可以从今天开始记录。

最后一个线索就是满足感。你做完什么样的事情,觉得特别满足,你希望有机会再做?

走出你的舒适区

你可以有意识地尝试新的工作、活动、技能或爱好。有时候并不是你不擅长,而是你以前没做过。当一个项目涉及你技能范围之外的优势时,要敢于尝试和付出。

寻求反馈

无论是否愿意承认,当涉及对自我品质的评价时,我们往往过于主观。

但是，如果敞开心扉来接收反馈，我们会看到别人的想法以及自己真正的优势和劣势到底是什么。所以，你可以听听别人对你的赞美，注意他们建议你改进的技能。

你可以寻求他人的意见和反馈，包括同事、上级、下属和熟悉的客户等。他们的观察和评价可以帮助你更全面地了解自己的优势和劣势。你可以通过面对面的对话、匿名问卷调查或其他专业评估工具来获取全方位的反馈。

当然，有时候直接询问未必能获得真实的反馈，你也可以把别人当成一面镜子，通过观察他人对你的反应和你们的互动来看见自己。比如，你可以观察他人如何回应你的领导方式、沟通风格和决策方式，注意他们对你的信任、尊重和倾听的反应，这些反馈可以提供线索，帮助你了解自己的优势和影响力。

下面是我们常做的增长领导力工作坊中的一个工具，它能够帮你挖掘你自己认为的优势和别人眼中你的优势（见表 5-1 和表 5-2）。在自我视角中，我们很容易将热爱误认为是擅长，在他人视角中则很少有这种误解。这个工具可以在一定程度上帮我们修正自我认知。

表 5-1　自己眼中的自己

擅长与优势	说明事例、支持证据

（续表）

擅长与优势	说明事例、支持证据

表 5-2　他人眼中的自己

擅长与优势	说明事例、支持证据

识别并承认你的个人缺点

你必须有正视缺点的勇气，才会有享受优点的福气。

这听起来有悖常理：正视缺点如何帮助自己找到优点？我们在前文提到过，凡事皆辩证，缺点的反面，可能隐藏着你的优点。

比如，内向被认为是领导者的缺点，可是从另一面看，内向的领导者可能更加善于倾听和观察，他们能够细致入微地了解员工需求并采取相应的行动；内向的领导者更倾向于一对一的交流，并通过深入的对话来建立信任和理解。

除了找到缺点背后的优势，你也可以找到克服它们的方法和策略，让缺点不再成为禁锢你的枷锁。

比如，一个内向的领导者可能聘请一个外向的副手来处理与外界的沟通和关系的建立，而一个优柔寡断的领导者可能聘请一个果断的团队成员来帮助做出决策。通过将不同的风格和特点结合在一起，领导者能够更好地发挥团队的整体能力。

每个人都是不一样的，你要允许自己和别人不一样。

建立支持网络

你周围的人会影响你的性格、态度、人生观和优势。有些人善于识别和激发你最好的一面，会给你更多的支持和肯定；而有些人总是习惯打压和否定你，让你的优势没有发挥的空间。你可以尽量选择与那些拥有不同优势但都支持你的人在一起。

你也可以寻求专业指导，与领导力发展专家、教练或导师合作，他们可以通过问询、评估和引导来帮助你发现和发展个人优势和价值观。他们可以提供独立的观察和深入的反馈，帮助你更全面地认识自己。同时你自己也要积极寻求学习的机会，不断提升自己的领导能力和技能，如参加培训课程、研讨会或阅读相关图书，与其他领导者交流经验，寻求指导和反馈。通过不断学习和发展，你才能够更好地理解领导力的概念和实践，并不断完善自己的领导力风格。

这些方法的关键在于，你需要投入一些时间和精力，以真诚的态度去探索自己的内在特质和外在表现。同时，你要保持开放和接受反馈的心态，这对于发现自己的优势和价值观至关重要。通过深入了解自己，你才能够更好地发挥个人的优势，形成独特的领导力风格，并将其运用到领导角色中。如果你擅长沟通和激励团队，那么你就注重与团队成员的良好沟通和建立积极的工作氛围。如果你具备分析和决策能力，那么在面对复杂问题时，你就运用你的分析能力做出明智的决策。当你能够充分发挥自己的优势时，你会发现管理变得更轻松、不拧巴，有助于塑造自己的领导力风格。

如何培养与激发员工禀赋

唐太宗说："智者取其谋，愚者取其力，勇者取其威，怯者取其慎。无智愚勇怯，兼而用之。"

全球知名的咨询公司盖洛普在《美国职场状况》调研报告中指出，在美国职场中，培养员工优势来提高绩效比试图改善其能力短板更有效。报告还指出，当员工意识到自己做一份工作有优势时，他们的工作效率会提高7.8%。每天在工作中专注于发挥优势的团队的生产力比一般的团队高12.5%，将优势运用在工作中的员工的离职率比一般的员工要低得多。

著名的美国管理学大师彼得·德鲁克在著作《卓有成效的管理者》中提到："充分发挥人的长处，才是组织存在的唯一目的。"

体会一下，在自己擅长的事情上尽情发挥，那是一种什么感觉？

员工是不是每件事情都能做得得心应手？我们还是要看他的优势在哪里，他擅长的是什么，有没有在最合适的位置上。优势也是激发员工动力的重要因素。

每个人可能都是一个专才，但一定不是全才。当一个人的专才可以很好地发挥自己的价值的时候，他会变成一个通才。管理者，要知人善任，找到员工的优势在哪里，去帮他发挥、发展。

培养和激发员工的天赋和潜力是建立高效团队和实现组织成功的关键。我们可以通过优势三问——发现优势、发挥优势、发展优势，来培养和激发员工的禀赋，把员工的优势转化成最终的生产力，取得想要的成果。

发现优势

优势第一问：你确实在哪些方面做得好？

我们可以通过提问来了解员工过往真正的实践经历，哪些方面做得好，擅长什么。

如果员工销售做得好，我们再去挖掘他为什么做得好，他可能特别善于与人沟通，特别敏感地捕捉到客户的需求，或者在与客户沟通的过程中，特别能抓住客户的兴趣点，等等。这就是优势。管理者要去发现每个员工的身上都有什么样的闪光点。

"五星上将"马歇尔被罗斯福总统称为"二战"胜利的组织者。为什么这样说？马歇尔将军有一个黑色的笔记本，相当于军校学员的档案，有才华、有前途的军官名字以及他们擅长什么都会被他一一记录下来。马歇尔将军在"二战"的时候曾经提拔过两个将军，这两个人非常关键，一个是巴顿，一个是艾森豪威尔。马歇尔在他的笔记本里写了关于巴顿的三句话，说他能带领部队赴汤蹈火，但要用一根绳子紧紧套住他的脖子，一有装甲部队就交给他指挥。这三句话也足以证明马歇尔对巴顿的了解是入木三分。他很清楚巴顿的优势在哪里，后来真的让巴顿去指挥一个装甲军团，巴顿也屡立战功。一个黑色的笔记本证明了马歇尔将军是一个知人善任的管理者。

作为管理者，你的手上是不是也有一个笔记本？这个笔记本要记录员工的优势，他擅长的是什么，他在哪个领域是可以做得好的，而且你已经看到很多事实发生，证明了他是真的做得好的。你要去发现、记录，然后使用这些优势。

比如，我在自己的团队里也会发现，有的员工是特别细心的，能发现很多别人注意不到的细枝末节，思虑周全；有的员工很有逻辑性，善于思考、推理；也有的员工有战略性的、前瞻性的思维，可以引领大家往前看；有的员工对情感和感受特别敏感，懂得站在他人的角度去思考。每个人擅长的都不一样，管理者就要思考怎么把这些优势整合在一起，变成最终的成果。

发挥优势

优势第二问：你将如何更好地使用你的优势？

这一提问的重点是为了完成团队的目标。每个人都有他擅长的部分，当这些优势真的整合在一起的时候，力量才是最大的，我们才能更系统地完成工作。

我曾经辅导过一个企业，有一个很资深的研发岗老员工想要离职，总经理请我去和他沟通一下。后来和员工沟通后，我发现他在公司工作10年了，做得也非常好，在研发上突破了很多难关，在全国也获得了一些奖项。在研发这件事情上，他特别擅长，特别愿意投入精力。

近一年，领导给他安排了一项新的工作——写技术文档，让他把自己这么多年的研发经历总结一下，传承下来。领导也给了他不错的条件去做这项工作。做了一年之后，他提出说不想干了，要离职。他说，再难的研发任务，他都可以攻克，他也喜欢去挑战，但是让他写文档，他一个字都写不下去。

后来我去和总经理沟通，我问他："技术传承、写文档是不是你们团队最重要的事情？"他说也不是最重要的，因为技术总在更新，如果可以的话，他可以安排一个助理帮助老员工写。在老员工研发的过程中，也许有些经验可以及时提炼出来。最终，总经理又把这位老员工调回研发的岗位，再次让他焕发对研发的热情，这就是"如何更好地使用你的优势"。

其实每个人的优势都不一样，一个人有他特别专业的领域，就像刚才的研发人员，他真的很擅长做研发。这么好的研发人员不能浪费在写文档上，也许安排一个助理是比较合适的，他们可以互补。所以，这是作为管理者的选择：你是否调动了员工的优势，让他在最合适的位置上？人选对了，比选错的人再培养他要容易得多。如果真的培养那位研发人员去写作，请老师和专家来教他，估计也起不到很好的效果。写作是他的劣势，找一个合适的团队成员辅助他，可能是更好的选择。

但是，团队如果没有这种具备优势的人，该怎么办呢？那就是第三问，要基于团队的目标去发展新的优势。

发展优势

优势第三问：未来你希望发展的优势是什么？

最终的落脚点要放到团队管理上。基于团队的目标和战略方向，团队需要发展出什么优势，管理者是不是清晰？

比如我们团队，每个企业咨询师都很擅长做研究，都走专业路线。大家之前在企业都是高管，现在以专业身份做咨询服务，就需要发展对客户、对市场需求的敏感度和理解客户的同理心。

管理者发现了团队目前的优势，也正在发挥大家的优势，还要基于团队的未来，明确要发展出什么新的优势。此外，管理者还要考虑是需要从现有成员去发展，还是补充"新鲜血液"。团队的优势是动态发展的，管理者要具备这样的火眼金睛。

每个人都是领导者

如果我问你"你们公司的领导是谁"，你说的一定是那个担任领导职位的人。

这反映了人们对领导力的误解。那就是一说到"领导"这个词，人们一般想到的都是担任领导职位的人。

这里有个隐含假设，就是拥有权力等于拥有领导力。

那是不是担任领导职位的人就自然地拥有领导力？不担任领导职位、没有权力的人就没有领导力？

当然不是。

美国有一位领导力大师叫约翰·马克斯韦尔，他本来是个牧师，后来成为非常有影响力的领导力大师。马克斯韦尔说过这样一句话："如果我必须界定人们对领导力的头号误解，那就是认为领导力只来自拥有一个职位，或者头衔。"

现代管理学之父彼得·德鲁克认为，每一位知识工作者都是管理者。

他们可能没有下属，没有带团队，但是他们的专业知识对于公司的项目和决策有着至关重要的意义。他们是"新型中层管理者"。对于这种新型管理者，企业需要进行目标管理，同时公司的每个人都需要对自己进行自我控制，以帮助公司实现整体目标。

人人都是领导者，我期望从两个层面进行解读：人人都能做领导者；人人都能带领出更多领导者。

第一，人人都能做领导者。

这里强调的是人人，每个人都可以做领导者。无论在哪个岗位上，你都需要积极运用你的领导力去管理自己的职责范围，成为你职责范围内的领导者。

第二，人人都能带领出更多领导者。

众人之智胜于众人之力。上智者用众人之智，中智者用众人之力，下智者用一己之力。

我们鼓励人人都懂得善用别人的智慧，信任、尊重别人，人人都可以训练自己成为领导者。从团队来讲，一群人的智慧远比一个人的创意来得更大。从个人来讲，发展个人领导力是促进事业与生活上的成长、提高生产力的不可或缺的一环。发展积极的自我的领导力，对个人的事业和生活发展，都是很重要的一个元素。

我经常碰到一些主管要求下属服从，即便下属能力不错，主管也很少让他们发表意见，更不用说激发他们的创意，这样的一个主管在只有 5~8 人的团队还勉强可以完成上级交代的任务，但让他领导较大的部门时，他就会显现出领导力不足的迹象。这些自身能力强的经理往往没有善用下属的智慧，他们容易相信自己的决策，因而不会花时间沟通目标，团队成员常常无法真正贡献心力，帮团队完成目标，十分可惜。一个人只有善用他人的智慧，才能成就自己，成为更高级别的领导者。

所以，领导力的实践并不局限于掌权者或高位者。企业各阶层员工都可以发展自己的领导力，没有领导的标签，也可以在自己的影响范围内尽情发挥。

一个增长型企业需要更快的反应速度和自主的决策能力，很多时候需要一线的员工发挥领导力，当机立断做一些决定。员工考虑事情的维度时也要根据领导者要做的事情去考虑，如果还是像传统的企业那样，凡事请示领导，层层审批，企业就会错过时机。所以，公司要培养更多的领导者，发展员工个人的领导力。

如果人人都成为领导者，那会是什么境界？如果企业不同层级的员工都能够发挥领导力，不论在部门内部，还是在跨部门沟通、交流、协作的时候，都能够展示领导力，那么管理会变得更容易，员工彼此的协作效率会更高。如果每一个人都在自己的岗位上发光发热，那么这会给整个部门乃至整个公司带来更高的产出。

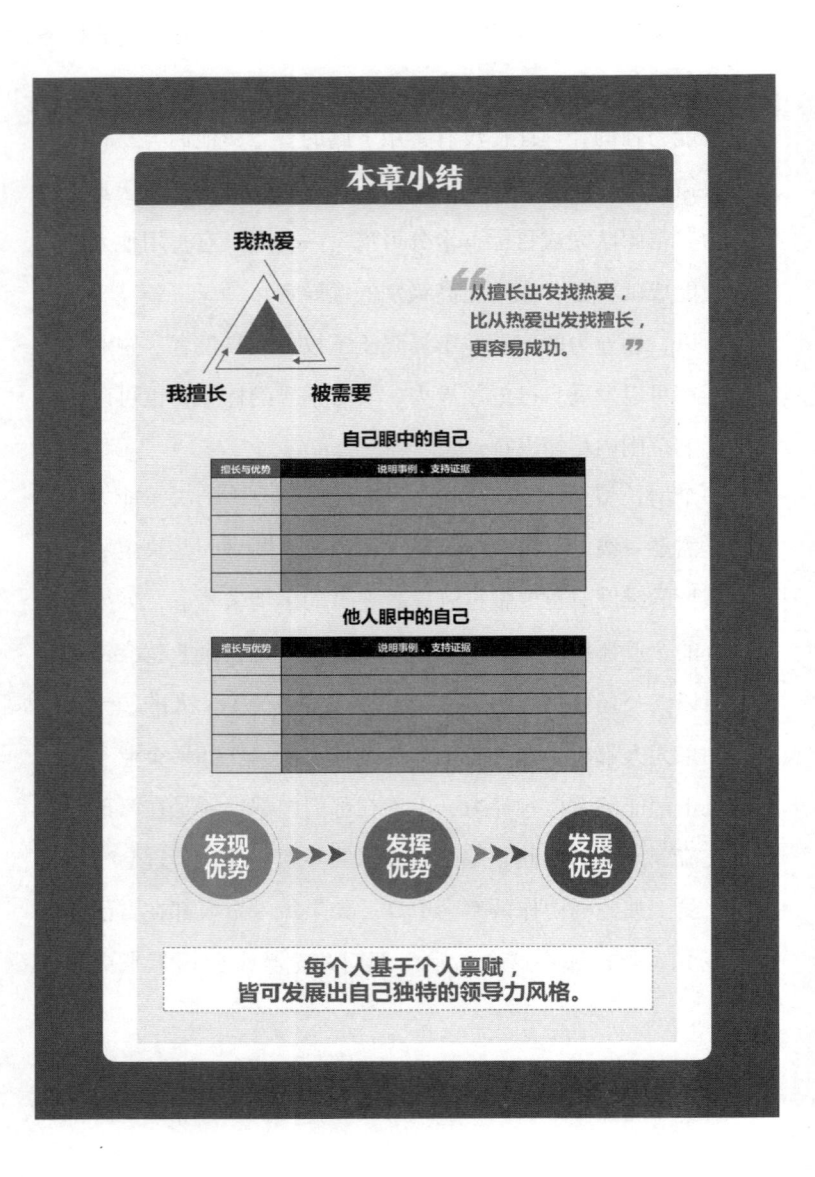

本章小结

我热爱

我擅长　　被需要

> 从擅长出发找热爱，比从热爱出发找擅长，更容易成功。

自己眼中的自己

擅长与优势	说明事例、支持证据

他人眼中的自己

擅长与优势	说明事例、支持证据

发现优势 ▶▶▶ 发挥优势 ▶▶▶ 发展优势

每个人基于个人禀赋，皆可发展出自己独特的领导力风格。

第六章
企业信念：为什么企业是有"命"的

公司的人都信什么

美国著名的管理学者托马斯·彼得斯曾说，一个伟大的组织能够长期生存下来，最主要的条件并非结构、形式和管理技能，而是我们称为信念的那种精神力量以及信念对组织全体成员所具有的感召力。

我相信企业自己就是一个生命体，它是有"命"的，虽然它是企业家创造出来的。正如人们创造了自己的孩子，但不能说孩子是自己的一部分，或者孩子只是完成某个目标的工具。当你愿意翻开这本书，认真地把组织当作一个命题来探讨时，它就不再是一张营业执照，不再是办公室和厂房，不再是一群人聚在一起，而是一个生命体。我们相信它可以成长，可以变化，可以有自己的信念。

什么是企业信念？它与使命、愿景、价值观又有什么关系？借用亚里士多德的"四因说"，事物的存在必定有四个因：目的因、质料因、形式因和动力因。对企业来讲，使命是我想给社会贡献什么，比如"让天下没有难做的生意"；愿景指的是我想从社会拿到什么，或者自己想要达到的一种状态，如"成为全球第一的电商平台"。使命与愿景共同构成了企业的目的因。而价值观指的是在通往目的的过程中，企业秉承的原则与价值偏好，如什么是对的，什么是错的，如果都是对的，那么在对与对之间如何排序。像"客户第一""不作恶""敢为天下后""先成就客户再成就自己"等都是价值观。

与使命、愿景是企业的目的因相对应，信念是企业的动力因。企业如何激发内部的动力，怎样让一帮人持续往前走，去实现那些目标，这些我称之为企业信念，就是企业内部的人都信的东西。这些信念可以支撑团队在实现自我价值的同时实现企业价值。比如，在华为大家都信"以奋斗者为本"，在海底捞大家都信"双手改变命运"，在另外一些公司大家都信老板说的"跟着我有肉吃"，这些都是企业信念，它不是对外部的表达，而是对内部的表达。

从这个意义上讲，价值观是企业信念的一部分，它是外显的、公开倡导的那部分。而企业内部有很多并未被公开宣扬，但多年以来逐渐形成的隐性的共识。比如，有些公司内部非常清楚，干得好就会被提拔，干得不好就会被开除，这也是员工拼命工作的动力，但没有一家公司会把这样的规则写入价值观。

反过来讲，如果那些外显的"价值观"并未被企业内部相信，那么它并不构成"信念"，因为信念的核心是"信"。有些公司对外强调"向善"文化,实际执行的却是"收割"文化、"业绩导向"文化,"向善"虽然被写入价值观,但没有变成这家公司的信念。

企业的存在是为了交付客户价值,在交付客户价值的过程中实现自己的使命和愿景,而企业又是由人组成的,信念提供了人的动力源泉——这几乎已经是商业运作的全部逻辑了。

既然企业信念如此重要,那么该如何挖掘一家公司的信念呢?下面是一个信念清单,可以从这几个维度去萃取(见表6-1)。

表 6-1 组织信念清单

维度	组织信念
如何获得回报与提升	
公司与人的关系	
我们与客户的关系	
我们与社会的关系	
人与人的关系	

在企业内部可以做相应的匿名调研,提炼出当前企业存在的信念。

你认为员工在这家公司是如何获得回报与提升的?是靠踏踏实实稳扎稳打,还是靠趋炎附势攀附关系?是只要好好干,公司增长了员工也可以享受到利益,还是公司有钱了也只是老板的?

你如何看待公司与每个团队成员的关系?公司是把员工当作

成本，当作耗材，还是把员工当作资源，当作伙伴？员工是把公司当作谋生的场所，还是当作事业的所在？

公司与客户之间的关系是怎样的？是共同发展一起成长，还是我要收割对方，我多赚一元钱他就少赚一元钱？

公司与社会的关系是怎样的？公司带给社会的是正外部性还是负外部性？有没有社会责任系统？我们认为管理好自己、解决员工的就业就是企业最大的社会责任，还是认为企业应该主动承担更大的社会责任？

团队里人和人之间的关系是怎样的？是伙伴关系还是竞争关系？是今天在一起工作，以后也会是好朋友，还是今天只是因工作结缘，如果离职最好老死不相往来？

这些都是不同的信念，当我们把团队中每个人在这些维度的信念整合在一起并提炼出来的时候，组织的信念就显现出来了，你会看到公司的人到底信什么。

如果上面的方法对你来说很陌生，你还可以通过下面4个问题来识别公司的信念系统。

第一，公司到底奖励什么样的行为？

公司是奖励以客户为中心，还是奖励不管怎样，只要能把钱赚回来就可以？公司所奖励的东西，特别能够显现出一家公司到底具有怎样的信念。

第二，公司高层的关注点有哪些？

公司高层关注企业的经营指标、员工的工作幸福感，还是关注企业对社会、人类的影响力？

第三，公司的高层通常会对哪些没有完成的事感到焦虑？

有些公司说自己特别在乎人力资源的建设、提高员工的能力，但公司高层从来不为提升员工能力而感到焦虑，说明公司说的都是假话。公司高层感到焦虑的地方才是他真正关注的地方，有些地方他只是表演出来焦虑，并不是他真正焦虑的地方。

第四，高层忽略和不关注的事情有哪些？

比如，高层从不关注产品研发的投入，对产品质量的提升也无所谓，等等。

经过这样一些问题梳理之后，我们就能够大体上看出这家公司的信念到底是什么。

有的公司内外是两张皮，对外的时候说客户第一，消费者是上帝、是家人、是朋友，我们一起陪伴走过余生；对内又说，消费者什么都不懂，活该被我收割。员工不相信墙上挂的标语，只相信自己看到的和感知到的，如果公司管理层的所作所为与向员工传递的价值观是不一样的，这就是内外两张皮，这种公司不可能长久。企业信念需要内外保持一致性，知行合一，自己不信的不说，说的就是自己相信的、愿意干的。

以上这些信念，要以实际感受为准，而非以公开宣传为准，也并无好坏之分。从第五章"个人禀赋"到本章内容，我们只强调个体领导力风格应该与企业信念相匹配，并不做价值判断。当把团队成员各个维度的信念整合到一起并提炼出来时，组织当前的信念就显现出来了。企业对自己的信念系统有清晰了解后，无论是决定保持现状还是有所调整，都有了依据。

我们把极理性的商业和极感性的诗歌放在一起谈谈。商业里有一个话题叫作"如何打造差异化",在这方面做得好的公司不多。如果把视角从商业中拉出来,看看哪个领域真正实现了各美其美的差异化,还都吸引人,别人的好不影响你的好,那么唐诗是一个答案。

在《长安三万里》中的那些唐朝大诗人,他们各自的风格都不一样:

> 李白豪放不羁,壮美奔放;杜甫深沉凝重,宏大悲壮。
> 白居易清新平易,含蓄委婉;王维寄情山水,诗中有画。
> 孟浩然自然平淡,清微淡远;骆宾王工整华丽,富有感情。
> 张九龄朴素真挚,情感深沉;刘禹锡豪放壮丽,含蓄深刻。
> 王之涣雄浑奔放,边塞苍凉;李商隐细腻柔媚,构思新奇。

这就叫作各美其美,每位诗人都有自己的美学特点和创作风格,交相辉映,共同构成了唐朝诗歌的璀璨星空。

差异化有三个路径。

第一个路径是从竞争出发,别人做了 A,那么我就要做 B。

第二个路径是从顾客出发,别人满足顾客的 A,我满足顾客的 B。或者别人满足 A 顾客,我满足 B 顾客。

第三个路径是从自己出发，我的天赋、偏好、价值倾向、理解世界的方式本就是与众不同的，把这种不同表达出来，被人认可，就成了我的差异化。

唐朝诗人显然是从第三个路径出发，他们未必在思考什么差异化，只是在做生命状态的表达。清朝的乾隆皇帝写了几万首诗，没有一首流传下来。这像不像很多公司，做着跟别人一样的事情，甚至是模仿别人做的事情，聊以谋生？这样的公司既没有差异化，也没有世界需要它的那个独特的理由。

这给我们的启示是，如果企业也可以是一个生命体，它只需要做自己独特的生命状态和生命意志的表达，就完成了各美其美的塑造。不要把产品当作商品，而要把它当作作品去看待。真正的差异化，来自对世界的理解的不同。

这就是企业信念的最大价值，最底层的差异化不是满足客户需求的差异化，而是企业信念的差异化。个人的领导力能够在组织里发挥作用，根源在于个体信念与企业信念相结合，否则领导力就会沦为一种表演，成为完成任务的手段。上一章我们讲领导力的个人禀赋，这一章讲企业信念，它们共同构成了增长领导力的理念层。

企业信念的涌现与确认是企业价值确认的来源。和人一样，如果自我价值的确认仅仅来自他人认可，这本身就是不自信。当企业拥有了信念，知道自己有一个更远大的使命与目标，有了一个标尺来衡量自我时，企业就不再为当下的一点儿成绩或者焦虑而感到困扰。当企业拥有了超越金钱的使命与信念时，这反过来也会让领导者更加自信。有些企业家表现得很强势，热衷于讲述自己的创业史，有意无意地把企业发展至今的成绩归于自己，这其实是不自信的表现。他们因为内心自卑，要用虚荣与傲慢的外在表现来加以掩饰，其实是担心得不到外界的认可。

信念也不是"假大空"的造词，它必须接受理性反思和生命直觉的检验。

案例：新东方

在我的上一本书《增长战略》中，我还把新东方和好未来作为"战略的反面也是好战略"的案例进行对比研究。世事无常，两年不到，新东方和俞敏洪都经历了从至暗时刻到向阳之路的淬炼。

作为商业研究者，我曾多次表达过自己对商业案例选择的偏好。我不太愿意研究的是长在红利上的烈火烹油的公司，例如长在抖音红利上的号称拿到结果的公司，比起它们，抖音本身更值得研究。而我非常愿意研究的公司，是那些穿越过周期、经历过生死的公司。这类公司一定在战略或者组织上有独到之处。暴富只会让人膨胀，经历过周期的人才会沉静。新东方和俞敏洪无疑符合第二类标准。

随着东方甄选和董宇辉的走红，新东方又一次站在了大众视野中，这次似乎是抖音成就了他们，很多人希望学习他们的抖音运作技巧。但是董宇辉说："在被更多人知道之前，我讲的和我做的，与 7 个月前刚开播的时候，没有什么大的区别。"如果看不到这家公司的组织信念和文化，学习再多的技巧恐怕也只是东施效颦。

说一家公司是有"命"的，似乎有点儿玄学的味道。眼见的公司大都机械式运转，只是大家打工的地方而已，因盛而聚，遇衰则散。可是，我们分明也看到了另外一些公司的生命力如野草一般。我更愿意这样理解这里的不同：公司并不是天然有"命"，经过某种涌现后，它自己的"命"出现了。如同人类忽然拥有了意识，这是一种涌现。ChatGPT 相较于原有的 AI 产品忽然提升，拥有了接近人类的智能，这也是一种涌现。

涌现文化，是新东方文化的重要组成部分。

我认为的涌现文化，是在某个简单规则与信念之下，持续击穿。新东方有几个简单信念。一是真心爱人。新东方不把员工当作耗材，员工在组织中的时间都非常长，大家对组织和其他成员的感情非常深。当新东方遭遇重创时，正是因为大家不舍得就此分开，觉得只要在一起干点儿啥都行，所以大家弄出了东方甄选。

二是容错文化。在新东方直播间招聘主播时，俞敏洪要求给每个主播至少三次试播机会。其实这是很大的成本，因为每次试播都是实打实地面对真实用户，占据真实直播时间。如果试播效果不好，这对业绩的影响是很大的，不仅影响一回，还要影响三回。俞敏洪这样回复团队的不解："谁第一次上去不紧张啊，要给他足够的平台，足够的机会，要让他在最好的状态去绽放。"

三是在人才招聘上充分保持多样性，英雄不问出处。这句话意味着新东方绝不以单一指标作为衡量标准，比如学历。如果其真的以"985"和"211"大学为标准，那么罗永浩和董宇辉都进不来。新东方倾向于招聘有个性又符合组织需要的人。人才多样性给组织带来的扰动效应是涌现的必要条件。

四是躬身入局。这不是管理者负责发号施令，团队和员工来执行，而是后方有人趴在地上干活，前方有人冲锋陷阵。我们不说新东方创业早期俞敏洪不得不自己上街刷广告、做招生、当老师这件事，只说东方甄选刚刚上马的时候，俞敏洪明明有资本安排团队去试错，自己在后面指点即可，但他还是自己先开了一个直播间，比谁都勤奋。

这次从教育转型到农产品电商，并不是新东方第一次遭遇生死危机，但为什么它总能够穿越周期？2021年11月的至暗时刻，新东方退租了1 500个教学点，却同时捐赠了8万多套课桌椅，可以说自己淋着大雨，却在努力为别人撑伞。这个企业以及里面的人，一定相信着什么东西，有某种信念在支撑。新东方让我们相信，企业是可以有信念、可以有"命"的。

企业与员工的5种关系

企业与员工之间的关系质量可以形容为一个连续谱，从消极的剥削，到中性的雇佣和交易，再到积极的合作和共赢（见图6-1）。同一件事物，不同的人有不同的看法，没有对错之分。从剥削到共赢这5种关系，都是看待企业与员工关系的视角。明白这种连续谱并在实践中寻求积极的关系，对于打造高效、活力充沛的团队至关重要。

消极 ——●——●——●——●——●—→ 积极
　　　剥削　雇佣　交易　合作　共赢

图 6-1　企业与员工的 5 种关系

剥削与雇佣是两种相对基础且相对消极的关系形式。剥削意味着企业在利用员工的劳动力，这是一种单向的利益索取，忽视员工个人利益和发展。这种关系是不稳定的，因为剥削天然与反抗紧密相关。雇佣虽然相对中性，但能量感仍然不高。员工提供服务，企业提供报酬，但双方各自追求自身利益，很少有深度连接。交易关系中，企业和员工之间的关系更平等，员工愿意在企业工作，本质是相信这对自己是一个交易成本更低的选择。这种关系相对稳定和公平，但缺乏深度和长期的承诺。相对积极的关系是合作与共赢。合作的关系指，企业和员工之间可能目标不一致，但在一起的这段时间，可以实现各自的目标。共赢是最理想的状态，企业和员工共享目标，共同努力实现共同的愿景。

每种关系都对企业的能量有影响，企业能量高低直接决定了团队的活力、效率和创新性。在消极关系中，企业能量往往较低，员工积极性不高，团队活力不足。而在积极关系中，企业能量充沛，员工工作积极，团队活力旺盛。领导者的一个很大的职责是推动企业与员工的关系从消极向积极转变。

在一个能量很差的公司，员工一定认为公司与他之间的关系在"交易"的左侧。他会想：给我发 8 000 元的工资，凭什么让我干 2 万元的活儿？这样的团队注定是没有活力的。当员工认为，即便他拿着 8 000 元的工资也要昂扬向上，因为他不但给客户创造了价值，给公司做出了贡献，同时自己也得到了滋养与提升时，他与公司之间是合作和共赢关系。团队中这样的成员多了后，组织一定是充满活力的。

不少企业会要求员工的个人目标与企业使命一致，却发现往往事与愿违。其实，一个从社会上招聘来的员工，其个人目标与企业的使命不一致才是正常的。更好的做法是从员工与企业当下的关系现状出发，采用各种管理手段来提升关系层级。

著名餐饮公司老乡鸡的董事长束从轩曾经反思：为什么有利于公司的口号都不灵？只有与员工个体有关系的文化才能生根发芽。这其实就是对人性真实的洞察，要先满足个体，个体才会满足集体，而不能让个体压抑自己去满足集体。不少公司都要求员工具有"忠诚度"，其实这是一个伪命题，忠诚不是企业对员工的要求，而是员工对企业的打分。你对员工好，他是知道的。

摒弃坏信念、刷新好信念

企业信念的影响无处不在，但它并不都是好的。信念有正面的也有负面的，会对实现愿景的进程产生推动或阻碍的效果。

例如，一家公司的年会上，总经理当众表扬了销售冠军王斌，他说王斌太棒了，公司产品这么差他都能卖得出去，他带着客户去娱乐、消费，总有各种各样的办法搞定客户，你们都要向他学习。

当总经理这么表达的时候，他其实是在坐实一种企业信念，"只要能搞定客户，任何做法都是被鼓励的"。这样的公司短期确实能赚到一点儿钱，但长期遗祸无穷，也把自己限制在一个非常小的系统里，无法实现持续增长。

错误的信念会成为一种"思维病毒"，像电脑病毒和生物病毒一样，具有毁灭性的力量。一旦信念成为组织前进的阻碍，领导者就必须介入，规避它可能给组织造成的负面后果。

怎么来识别企业信念是正向的还是负向的?

我们可以从对组织、对竞争、对用户、对工作、对产品5个维度来梳理自己的信念。例如，面对用户，你的信念是"极致利他"还是"唯利是图"；面对工作，你的信念是"使命必达"还是"得过且过"。我们可以在后面标注出来信念是正向的还是负向的，强度1~10分可以打几分（见表6-2）。

表6-2 5个维度的信念强度

	我的信念	正向+/负向-	信念强度（1~10）
对组织			
对竞争			
对用户			
对工作			
对产品			

组织的发展和进化，就是不断清除坏信念、融入好信念的过程。找到企业的信念只是第一步，真正让信念的力量发挥到极致，是从上到下打造统一的信念系统。

案例：稻盛和夫与日航重生

2011年，发生了一件可以被称为奇迹的事情。一位耄耋之年的日本企业家仅仅使用了14个月的时间，就成功拯救了世界第三大航空公司日航，把它从年亏损144亿元变成了年盈利150亿元。

这位企业家就是稻盛和夫。破产的日航究竟有多烂？它可以用泥足巨人、内外交困来形容。负债累累、民怨沸腾、举国唱衰，所有人都认为日航必死，稻盛先生最好别去接这个烂摊子，搞不好一世英名化为流水。

日航内部管理一塌糊涂，大企业病严重，成本意识淡薄，只管花光预算，不考虑回报。高管完全闭门造车，脱离一线现实，经营计划两张皮。不同的部门就犹如不同的公司，老死不相往来，对其他部门的工作绝不插手干预。员工更是精神萎靡、人心涣散、钩心斗角。

是什么让日航在如此之短的时间内涅槃重生？在后来的媒体采访中，稻盛和夫透露，如果一定要说有什么秘密的话，那么其中非常重要的便是信念系统的统一。

如何打造统一的信念系统？稻盛先生的三板斧就是，走访、走访、再走访，谈话、谈话、再谈话，学习、学习、再学习。

首先，走访、走访、再走访。

怎么走访呢？他老人家在日航的前100天，走遍了日航的所有一线机场和设施，以及国内外的所有分公司。

日航员工的第一次灵魂触动来自稻盛和夫写的一封内部公开信，他说，请记住为你做出牺牲的人，为了保住你们这留任的3.2万多名日航员工的饭碗，我们已经裁掉了1.7万多人，也减少了大家的在职养老金，所以恳请剩下的同事拼命工作，珍惜他人牺牲创造出的机会。

其次，谈话、谈话、再谈话。

他跟日航所有部长级以上的高管（相当于我们的分公司总经理），一共107人，从周末早上9点开始，进行一对一谈话，每一个人平均一小时。在3个月里面他和所有高管都谈话了。谈完之后，他对日航的情况有了一个明确判断。

这个时候他开始使用他的终极武器，即稻盛哲学中的学习、学习、再学习。

他用稻盛经营哲学和人生观，对日航进行意识改革。他对企业的经营服务意识进行了改革，拟定了40个项目的服务内容，让员工和他拥有共同的价值观，拥有共同的经营理念，做到"物心两面"一致，形成了日航新的企业理念。

怎么学？高层学习，中层学习，全员学习，目的就是统一全员思想。

首先高层学习，稻盛先生特别强调，这叫领导人教育，不叫管理培训。

刚开始这些高管还嘲讽说,他们听到的都是小学生都会的道德准则。大家都不耐烦了,甚至很多人很失望,说稻盛先生是不是失灵了。

直到第三次学习之后,拐点出现了。他们学习完之后会有一个喝酒联欢会,亲身经历过的人,说这是一个令人尴尬的"中年大叔酒会",好多人平常都不熟,坐在那儿也不知道说什么。一开始这个酒会氛围特别冷,就是喝闷酒。但喝到第三次,日航企划部的一位高管突然自己举手站起来,他承认错误,说他一直以来做的事情都错了,真的很对不起,稻盛会长的教诲全都是正确的,他们如果早一点儿受到这种教育,日航就不会破产。

从这位高管承认错误之后,酒会变得热闹了,那些常年像坚冰一样的高管终于开始相互交流了。

事实上,稻盛先生认为日航之所以沦落到要破产的地步,就在于全员没有主人翁意识,这个意识的根源肯定在高层。高层要改变的不是行为,而是心智,所以要进行文化激发、文化重建,并从高层开始。

当高层培训有了结果之后,稻盛先生趁热打铁,展开了对中层的培训,培训了全部中层干部,共3 000人。

中高层通过学习,最终讨论并总结出了日航哲学,这成为引领日航绝地反击的重要转折点。

整个日航哲学都在干一件事,就是稻盛先生呼吁大家极度认真地思考:破产的日航,如果还想获得被社会再次接纳,并继续生存下去的资格，每一个人到底该如何做？

紧接着，日航开始全员研讨，而他们接受教育的地点是一个仓库改的教室，用的桌子、椅子全是被裁掉的员工原来使用的办公桌椅。大家就坐在那里讨论日航的出路。

渐渐地，在这种氛围之下，全体员工被激发。举个例子，日航的座舱乘务员居然发起了一个比赛，每日减重500克。这不是减肥竞赛，而是员工在学习日航哲学之后主动发起的个人竞赛，比的是空乘上机的时候，能不能让自己携带的行李减重500克，看谁带的东西最少。因为一般航空公司最大的固定成本，就是燃油成本，而决定燃油消耗的就是重量。

同时，"高高在上"的飞行员机长们也有了新的习惯，开始携带水杯、保温杯，而以前都用一次性杯子。他们算过这笔账，发现自己飞一次航班扔掉了几百日元的垃圾，而那些都是可以节约的；以前他们住豪华酒店，现在住经济型酒店。

他们降落的时候不再使用双发，而是使用单发来滑行，减少油耗量。而且稻盛先生要求机长广播做个性化的播报，重新赢得客户的心；航班延误的时候，员工要亲自走出客舱，向客户解释原因。

还有飞机检修现场的劳保手套、清洁刷，以前员工是用完就扔，现在是拼命想办法用它，反复用它。

所以你看，当大家被激发，自觉去做这些工作的时候，奇迹就诞生了。

第一年他们创造了1 884亿日元的利润。

第二年更惊人，原来的预期利润是757亿日元，结果他们创造了2 049亿日元的利润，远远超出预期。

这不仅仅是稻盛和夫创造的奇迹，还是全体员工被激发创造的奇迹。

信念、价值观、行事规条的统一，让日航快速形成了具有一致性的信念系统，奠定了它绝地求生的强大生命力。

企业经营的最高境界，是信念系统的一致性。

管理者对信念系统的确认切忌模模糊糊，要清晰明确地向团队表明，什么是企业倡导的，什么是企业反对的。对坏信念的澄清与摒弃，是好信念成长起来的土壤。

案例：豪迈集团

这家企业从濒临破产的乡镇企业一跃成为影响整个行业的隐形冠军，主营业务是轮胎磨具，拥有四项全球第一，它就是山东的豪迈集团。

来自孔孟之乡的豪迈集团非常重视对员工的尊重，公司内设"诚信超市"，没有人收款，也没有人看守，员工买东西付钱全凭自觉。这是一个诚信实验，结果让人备受鼓舞，几乎没有人拿了东西不付钱。

当企业把员工当作好人，员工就会成为更好的人。有些公司出现不诚信行为，恰恰是公司防来防去防出来的。当员工被防备时，他已经被当作坏人看待。人很奇怪，也很复杂，甚至是善恶同体的，他被当作什么，他的那一面就会被激发出来。

豪迈集团并不是传统意义上的老好人公司，其对付公司内的坏信念一样不手软。他们不留一种人，叫作"有预谋地损人利己"的人。如果一个人在诚信超市不小心忘了付钱，是无心之举，没有人会计较。但如果一个人多次故意不付钱，他就会被贴上不诚信的标签，公司坚决不留。

不留"有预谋地损人利己"的人并不是写在明确的规章制度上的，它是一种文化。如果每个管理动作都需要规章制度才能执行下去，那么这家公司的管理水平想必一般。文化的作用在于人心。

个人禀赋如何适配企业信念

到一定阶段后，企业的竞争一定落在人才上。人才是核心，人才的流动也是常态。对取得了一定成就的人才来讲，他们一定不缺其他公司高薪招募的诱惑。这些公司的目的也很明确，希望"即插即用"，期待他们带来与过去同样出色的表现，事实上却总是事与愿违。经常出现的情况是，在一家公司表现出色的人才，在新公司无法复制过去的成功。问题的关键在于市场普遍高估了人才的适应性，这种适应性缺乏通常并不是体现在具体业务之间，而是集中体现在个人价值观、能力禀赋和企业信念之间的不相融。

陆奇是百度前 COO（首席运营官），奇绩创坛创始人。他曾是微软全球执行副总裁，在全球科技界享有盛誉，加入百度时曾被寄予厚望。他也曾有力地推动百度向 AI 方向转型，对今日百度在 ChatGPT 带来的新一轮 AI 热潮中占据相对主动的生态位发挥了卓越作用。

然而，他还是在很短的时间内就离开了百度。这背后主要还是个人与公司适应性的问题。他的职业生涯主要在硅谷，技术背景和创新思维是他的主要特征。百度是一家以搜索引擎起家的公司，有自己独特的公司文化。你要么先适应它，要么先改变它，唯独不能上来就干。

增长领导力一定不是单独存在的，它指向组织的增长目标。如果把领导力理解为"影响他人的能力"，它还可以单独存在。在增长领导力的要求中，不能充分与组织信念和文化相匹配，是无法实现组织目标的。陆奇来到百度，首先从战略入手，帮百度确定了"夯实移动基础、决战 AI 时代"的战略基础。我在公开资料中没有看到陆奇调整企业文化的动作，或许他没有这个机会。这与他在微软的同事纳德拉不同，纳德拉上任微软 CEO 之后，第一项工作就是刷新企业的文化信念。

个体领导力要与企业的文化信念相结合，两者合一才能迸发出最大的效果，产生增长的可能性。当审视自我与公司的关系时，当判断要不要在一家公司长期发展时，我们一定要问自己的内心：在这里我是否被滋养，是否被需要？我的天赋是否被发挥？企业信念不会因为某个个体而改变，如果你不赞成该公司的企业文化，要么改变自己，要么离开。

通用电气前董事长杰克·韦尔奇在他的自传中提到，企业的员工分成4种：完成任务并且认同企业价值观的人，这类人会得到提升；任务失败但是认同企业价值观的人，这类人会得到第二次机会；既失败又不认同企业价值观的人，这类人很容易处理；圆满完成任务却不认同企业价值观的人，这类人最难对付。

下面的案例出自Frank（化名），他拥有多年大型企业人力资源与跨文化融合的经验，对个体领导力与企业文化信念之间如何融合、如何"双向奔赴"有深刻洞察。案例中除公司名称与个人姓名做脱敏处理外，皆为真实发生的事情。

案例：C公司与T公司

多年前，我从一家央企C公司空降到被整合并购的世界500强企业T公司，负责人力资源管理。T公司选择我的理由是我经历了联想和IBM跨国企业文化融合，我有经验。我虽有心理准备，但融合期的文化冲突还是比预想中来得更快、更激烈。

一封来自集团的调令

上任第一周，几个管理干部跑到我这里怒气冲冲地投诉集团。这件事完全超出了我的预期和能力范畴，我一时间有些不知所措。我不得不坐下来和他们平心静气地沟通。原来集团在并购T公司前做了尽职调研，调研时留意到有一些在很多领域做得非常不错的干部，于是就暗暗地把他们的名字记录下来。整合后，集团决定提升总部的专业能力，便从这份名单里挑选合适的人，将其调往总部，于是一纸调函发过来。接到调令的干部起初感到很疑惑，问起上司，上司却毫不知情。当他们知道这是总部单方面的行为时，他们感到不解和愤怒，直接拒绝了这些调令。集团收到回绝后震怒，有些领导给T公司的员工贴上了傲慢的标签。一时间两边的关系开始变得紧张，如果再不进行沟通介入，可以想象，未来T公司的发展会遇到非常多的不确定。

一次突如其来的罢工

与此同时，广州天河店的店长像往常一样，在进入门店前巡视店周环境，突然发现有几个工作人员正在拆卸T公司的店招，他赶紧询问情况，工作人员回答，接上面要求，要更换公司Logo为集团C公司。店长马上联系上级和T公司总部，回答都是未接到通知。于是他在无法阻止工作人员拆除店招的情况下，开始组织门店200多名员工罢工。消息传播开后，广州其他各家门店开始声援，举行联合罢工。各家媒体竞相报道，集团倍感压力。

在这个背景下，我开始认真研究两家公司的文化基因，发现T公司的文化和习惯是尊重、沟通和信任。领导层在执行任何决策前，一定会与员工进行充分沟通，如果对方有异议，也会尊重对方的选择。而在C公司，文化强调的是简单、执行、服从。T公司强调的是个体，组织行为基于尊重个体的前提。C公司强调集体，个体要服从于整体。两种文化各有优劣，T公司文化虽然让员工感受很好，但会使组织在变革时因人的因素而被牵绊住。而 C 公司虽然自上而下地推动组织变革，却忽略了个体在组织中的价值。

在了解到这个文化差异后，我主动找到总部负责人，进行了汇报和沟通。为了更好地做文化融合，我建议分阶段在合资公司实行特殊文化管理办法。尤其是在融合初期，集团多强调包容、认可、鼓励，不要太过于强调服从和价值对错。所有涉及组织和干部的调整，需要先在我这边进行沟通和商量。这条政策颁布后，两边的冲突马上缓和下来。在一年一度的员工大会上，管理总监被邀请到台上对员工讲一句话，当我说到"不管是 T 的文化，还是 C 的文化，我们只做正确的文化"时，会场里响起了热烈且持久的掌声。这也意味着，持续将近一年的文化融合终于翻越了一个阶段。

大多数情况下，中国的企业并购是资本、股权、治理权限的整合，企业家往往忽略了最重要的文化融合。认知高维的 CEO 往往能捕捉到组织整合的核心。就像《变革之心》里所说的，整合企业的过程中，最应该关注的是被整合企业员工的感受。这种感受来自是否得到尊重和利益保障。基于人性的企业治理是提升组织能量的关键。

不同文化中长出来的"很不同"的干部

T 公司的商品中心总监 Niki（化名），是在 T 公司成长起来的高潜力干部，曾经参加过 T 公司国际高管的培养。她在融合期凭借清晰的业务思路和沉稳坚定的做事风格在一众干部中脱颖而出。

在我空降到合资公司后，讲真话，我并未觉得 T 公司的干部有多优秀,直到参加了一次"CNY(春节)战役"的会议。公司核心干部在会上一般会讨论各区域在CNY期间的备货情况。通常,在C公司,这种会议就是一场商品部门与运营部门的吵架会。运营部门会指责商品不能匹配区域,或者爆款供给不足。商品部门则指责运营不利,无法做好门店的销售,导致货品效率不高。然而,在T公司,当东北区的运营负责人晓宝(化名)提出来腊月前两周的商品需求有50万个的缺口时,Niki马上回复:"晓宝,给你100万个够不够?"瞬间空气"凝固"了,因为所有人都在等待来自商品部门的推脱和挑战,却得到了预想不到的慷慨。这个举动感动了合资公司的所有干部,晓宝颤抖着声音回答:"够了,够了,非常感谢Niki。"那一年,Niki的沟通风格影响了整个T公司的团队作战士气,组织间相互协同、支持、团结一致打胜仗的理念氛围强烈。T公司赢得了那一年CNY战役的胜利,业绩和效率大幅超出了同行业其他公司。

后来Niki成为非常成功的跨国互联网企业的高管,我一直在思考她身上"很不同"的特质,是这些特质让组织获得了能量,提升了士气,增强了协同,驱动组织获得成长。

如今,我来总结这些特质:跳脱常规得失的高维认知、利他精神、温和却坚定。而这种特质,是C公司的文化中所不能生长出来的东西。我也突然明白,西方公司在管理文化方面的拙与慢背后蕴藏着智慧。只有独立思考、自尊自爱、热情投入的人才会拥有跳脱得失的高维认知、与人合作的利他精神。

如果用一个词描述本书的价值主张，那就是"双向奔赴"，包括企业与客户双向奔赴，公司与员工双向奔赴，员工与员工双向奔赴，团队与团队双向奔赴。在职业生涯中，个人价值观与一个企业的文化越融合、方向越一致，越利于自身发展。所以说，合适的工作应当是个人价值观和企业的文化、价值观相吻合。如果个人价值观和公司价值观有冲突，即便双方实力都很强，也只能同行其中一段路。

给公司做个比喻

公司的信念和核心理念决定了其运作方式和团队合作的风格，可以用一个形象的方式"给公司做个比喻"来直观理解。有些公司崇尚狼性文化，把公司比作狼群，想强调的是团队成员像狼一样互相协作，对目标绝不放松，又对头狼绝对服从，并且坚决地淘汰群体中的"老弱病残"。这是一种"服从+协作+竞争"的文化。

有的公司把自己比作家庭，这种比喻强调了关系、亲密性和相互的支持。在家庭中，每个成员都有角色和职责，大家团结在一起，共同面对生活中的挑战。在这里，情感的联系和互相的信任与支持是最重要的，管理层像"家长"，提供指导、支持并确保每个人都得到需要的基本资源和关心。在家庭里，弱小是会被保护的，是不被淘汰的，这是其与狼性文化最大的不同。当年联想公司曾经宣扬家文化，让团队成员很有安全感，愿意奉献。当联想遭遇市场变化而不得不裁员的时候，有员工在网上发布《公司不是家》的爆款文章，引发诸多讨论。

还有人把公司比作军队，这种比喻强调了纪律、组织和完成任务的重要性。在军队中，不同兵种承担不同的任务，锻炼不同的能力，组合起来又可以打胜仗。军队文化强调令行禁止，在这里，忠诚、尊重和执行力是被歌颂的。CEO或者高级管理人员可以被看作将军，他们为战争制定策略并确保每个人都为共同的目标而努力。

美国著名流媒体公司网飞则把自己比喻成球队。创业公司就像业余球队，每个人都是多面手。但当公司逐渐发展壮大，进入职业联赛时，球队还是那个球队，球员却发生巨大变化，一方面要引入明星球员，另一方面要招募"大腕儿"教练。李想在汽车之家引入秦致就是一个典型案例，他觉得当时的自己管不住更大规模的公司了。这也是很多公司长不大的重要原因。公司创始人可以实现企业的从0到1，但是从1到10和从10到100仍然由创始团队操盘其实是小概率事件。我们看到很多创始人把公司带大的案例，这既是创始人自己不断学习和提升的结果，又是一种幸存者偏差，即更多的公司没有成长起来，你只是看不到而已。

此外，还有人把公司比作花园，管理层是园丁，他的任务是确保花朵可以得到足够的阳光与水分，同时还要剪除杂草。有人把公司比作剧组，推行项目负责制，管理层是导演，各个角色因为项目聚在一起，项目结束就散掉。但每个角色都有足够的专业度，可以实现随时"插拔"。

给公司做一个比喻，是以形象化的方式来描述公司的信念特征。这也是一种故事，复杂艰深的组织建设理念可以借由这种故事被更高效和生动地传递。

案例：蔚来汽车

2023年11月，李斌发布内部信，宣布将减少10%左右的工作岗位。很多人立刻开始唱衰蔚来，认为"蔚小理"的竞争已经结束。我并不这样看，企业经营是一个无限游戏，只要还在牌桌，就都有机会。观察蔚来，我有三个观点。

第一，不在非战略节点浪费战略资源。

这是任正非的话，至理名言，中国企业家中能深刻理解这句话的还很少，穿越过周期的还不多。蔚来就犯了这个错误。在看到蔚来造手机的新闻时，我的第一反应是哭笑不得。在移动互联网时代行将结束的时间点，蔚来居然开始造手机，说明蔚来的战略规划环节出了问题，内部对于自己做什么、不做什么还没有清晰共识，轻易投入资源。

在一家公司里，战略不是核心能力，战略能力才是。战略能力是规划、评估、共识、执行和优化战略的能力。蔚来裁员10%先从电池部门开始，然后是手机和芯片部门。和手机一样，电池和芯片都不是蔚来的战略控制点，在这些领域比亚迪、宁德时代和华为已经遥遥领先。蔚来之所以做这些，单纯是不希望自己被"卡脖子"，但是不能为了摆脱"卡脖子"把所有环节都做了，而是应当找到自己独特的基因与控制点，稳稳地将其占住。对蔚来来讲,它的优势一直都是用户关系。

第二,人有基因,公司也有基因。

蔚来和特斯拉就像一个硬币的两面。特斯拉是典型的美企制造业风格,虽然工资很高,但缺乏人情味,把人当机器看待。它的裁员比例其实也很高,员工会发现身边的同事动不动突然就没了。特斯拉追求极致效率,在园区内,即便是领导的车影响了生产车辆的运行也要罚款。它就是要把"效率至上"这种信念刻在所有人的脑子里。

蔚来则相反,很重视人以及人与人的关系。这也是即便蔚来的业绩再差,我也对它讨厌不起来的原因。在2019年最困难的时候,犹豫再三,李斌也没有取消员工的补充公积金。即便裁员,蔚来也是提前沟通,解释原因,说清楚。如果在特斯拉,哪有这个说法,说裁就裁了,有问题律师会处理。

这体现了蔚来价值主张内外的一致性。对外,蔚来就以近乎无限制地对用户好而著称,不能对内反而是另外一套。这和李斌以及李斌团队的信念有关,这种信念贯穿了内外,也是他们的基因。

蔚来的销售不叫销售,而叫Fellow,意思是伙伴;对车主不称客户而称用户,客户更强调交易关系而用户更强调使用关系;即便都是解决用户问题,也分成了客服部和用户关系部两个部门,客服部解决用户的基本用车问题,而用户关系部要实现的是用户的成功。每一名用户关系顾问覆盖500~700名车主,他们一方面在公司和车主圈里挖掘各种资源,另一方面把这些资源回馈给车主,形成一个网络效应。蔚来车主只要想,就可以在蔚来体系内获得大量资源。

很多蔚来车主总爱给蔚来操心，怕它倒掉。这种担心和威马车主担心公司倒掉后自己的车无法使用并不一样，而是蔚来提供的这种情感价值和精神归属让蔚来用户舍不得。

可既然蔚来这么好，为什么这一两年的竞争力似乎下降了，在和理想汽车的竞争中逐渐落入下风？这引出了第三个观点，关于蔚来的商业逻辑。

第三，成就我们的也会束缚我们。

理想汽车的李想曾经给这两家公司做过比喻，说蔚来像海底捞，服务和体验更好；而理想像星巴克，提供有限服务，剩下的用户自己来。如果他的比喻准确，显然星巴克规模化的可能性要超过海底捞。

与蔚来相比，理想的车型并不多，但每一款都是爆款。我们必须承认理想的产品力要强于蔚来。

蔚来把用户满意度当作第一指标，满分5分，必须达到4.9分以上。有时为了达到4.9分，团队会做很多代偿动作，这带来更多成本不说，更重要的是它掩盖了蔚来的产品问题。用户的推荐率很高，会让蔚来误以为是自己的产品不错，其实那是用户运营带来的。

理想从一开始就清晰定义了用户人群为"奶爸人群"，其实就是家庭用户，奶爸是其中的司机。它的产品也围绕家庭场景来打造，女王座驾、大电视、冰箱，这些产品设计都基于场景洞察。可是对于蔚来，仔细想想，它除了把自己定位成高端车，对标BBA（奔驰、宝马、奥迪）之外，似乎并没有其他明确的用户定位，只有竞争定位。蔚来不同款车之间也没有明显差别，经常"打架"。

理想和蔚来各自有一个指标表现更好，理想是试驾之后的转化率，蔚来是用户推荐率。从这就可以看出理想是产品为一，而蔚来是服务为一。但是长期经营下来就会发现，追求产品可以实现规模后的边际成本递减，而服务是规模不经济的，成本随着用户的增加而增加。前面讲到，蔚来对每500~700名用户就会配一名顾问，这是线性增加的。理想非常重视数字化建设，飞书用得很好，内部信息流转速度很快。而蔚来的内部信息化建设非常一般，大量依靠人。

所以蔚来可爱的地方在于人，在于对人的关注，这是它的信念、它的基因；它令人遗憾的地方也在于人，在于人的效率低下。

给公司做一个比喻，可以由它推演出当下的问题和未来的趋势，是上手干预的一个切入点。蔚来并未将自己比喻为海底捞，我们借由李想的比喻，可以窥见一斑。

DAO组织的本质

在本章的最后，借由探讨一种新出现的组织形态"DAO组织"，让我们穿透现象看本质。即便表面形态完全不一样的组织形态，从第一性原理来看，在更深的底层也都有某种一致性。对这种一致性的理解，是深刻理解组织运转的必要认知。

DAO组织是一种去中心化、自我决策的组织形式。关于这种组织形式的各种特征描述中，特别有价值的一个概念叫作

"Trustless"，即"去信任化"。它是指，如果一个组织建立在不需要彼此信任的基础之上，效率其实是最高的，也是最稳定的。这有点儿反常识，因为人们天然会把构建团队成员间的信任当作一个成功组织的必然条件。

我讲一个小故事，也许你看完就可以理解里面的意味了。

曾经有一个电视节目，是一个博弈项目，有两方参加节目，奖金一共是50万元，这两方各自有两张牌，一张写的是"拿走"，一张写的是"躺平"。如果两个人都出"躺平"，那么各自分走25万元；如果其中一人出了"躺平"，另外一个人出了"拿走"，那么出"拿走"的人拿走全部的50万元，出"躺平"的人什么也拿不到；而如果两个人都出"拿走"，那么两个人就都什么也拿不到。他们各自有几分钟的演讲时间去说服对方。

你应该能看出来这是一个典型的"囚徒困境"，我们来看看其中一期发生了什么。

首先上来说服对方的那个人，一直在强调他过去的信用记录，他过去的履历，他的工作成绩，他父母有怎样的威望。他说他一定会出"躺平"，请另一个人也出"躺平"，这样大家就可以一起分走50万元的奖金。如果你是第二个人，你会怎么做呢？是假装相信然后摆他一道，让他出"躺平"但是你出"拿走"，自己拿走全部的钱；还是相信对方出"躺平"，等到自己也出了"躺平"，又担心对方摆你一道出了"拿走"？

第二个人是这么干的，他上来就告诉第一个人："不管你出什么，我一定会出'拿走'，所以你现在只有两个可能性，要么你也出'拿走'，我们就什么也拿不到；要么你就出'躺平'，让我拿走所有的钱。你只有这两个选择，但是我会当着所有观众的面承诺我会分给你一半奖金。"

最后你猜他们各自出了什么牌？第一个人万般无奈之下出了"躺平"，但第二个人并没有出"拿走"，他也出了"躺平"。最后两人平分了奖金。

你发现没有，第一个人的演讲就是在试图让第二个人相信自己，但是第二个人的思路是你不需要相信我，你只需要做出当下对你最有利的选择，只不过在我设计的机制里面，会让这种人人自私的思路变为双方共赢得利的结果。

一个不需要信任的结构才是最稳定的结构。因为我们没有能力构建这样的结构，所以要通过信任来代偿。但是仔细想想，信任到底是什么？其实就是给了对方伤害自己的机会和权力，但又相信对方不动用，这已经让自己处在了一个被动状态。信任其实是在无法构建稳定结构之下的代偿。西方经济学的假设就是相信在人人自私的情况之下，只要有一个规则可以被贯彻，那么就可以得到人人得利的市场结果，这才是 DAO 组织的精华。

在典型的 DAO 组织中，所有的交互都基于加密验证和程序化规则，而不是中心化权威或第三方信任。在比特币挖矿组织中，矿工不需要信任其他矿工，他们只需要遵循协议规则，提供算力，即可得到相应的奖励，所有这些都是自动、透明和不可篡改的。这种无须信任的方式消除了欺诈、滥用权力和中间人成本的可能性，是在传统组织中不可能实现的。

我们看待事物不要从表面看，要用第一性原理的思考方式。DAO组织表面的"去中心化""自主决策"这些特征，其实都不是它的本质，它的本质是"Trustless"，即不需要以信任为基础，也可以通过协作完成目标，因为构建信任的成本是很高的。都说东北人做生意总要吃饭喝酒，管一个陌生人也要叫哥叫姐，其实这就是在构建信任，成本很高。但在深圳不是这样，深圳的两个陌生人在一起，15分钟就可以决定几百万元的生意，成就成，不成就赶紧找下一个合作伙伴，很少在构建信任上花费成本，效率反而更高。

"不需要成员彼此信任"成了DAO组织的信念，"不需要信任反而效率更高"成了深圳人的信念。对那些默认的组织概念进行再次深度思考，向下深挖，我们可以获得更深刻的洞察。"彼此信任"并不是企业追求的目标，它的目的是加强协作，如果有另外一个方式可以更高效地实现这一点，也许它是可以被绕过的（见图6-2）。

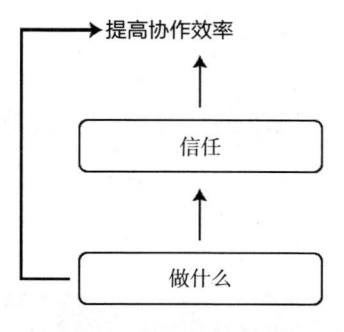

图6-2 信任双因法分析

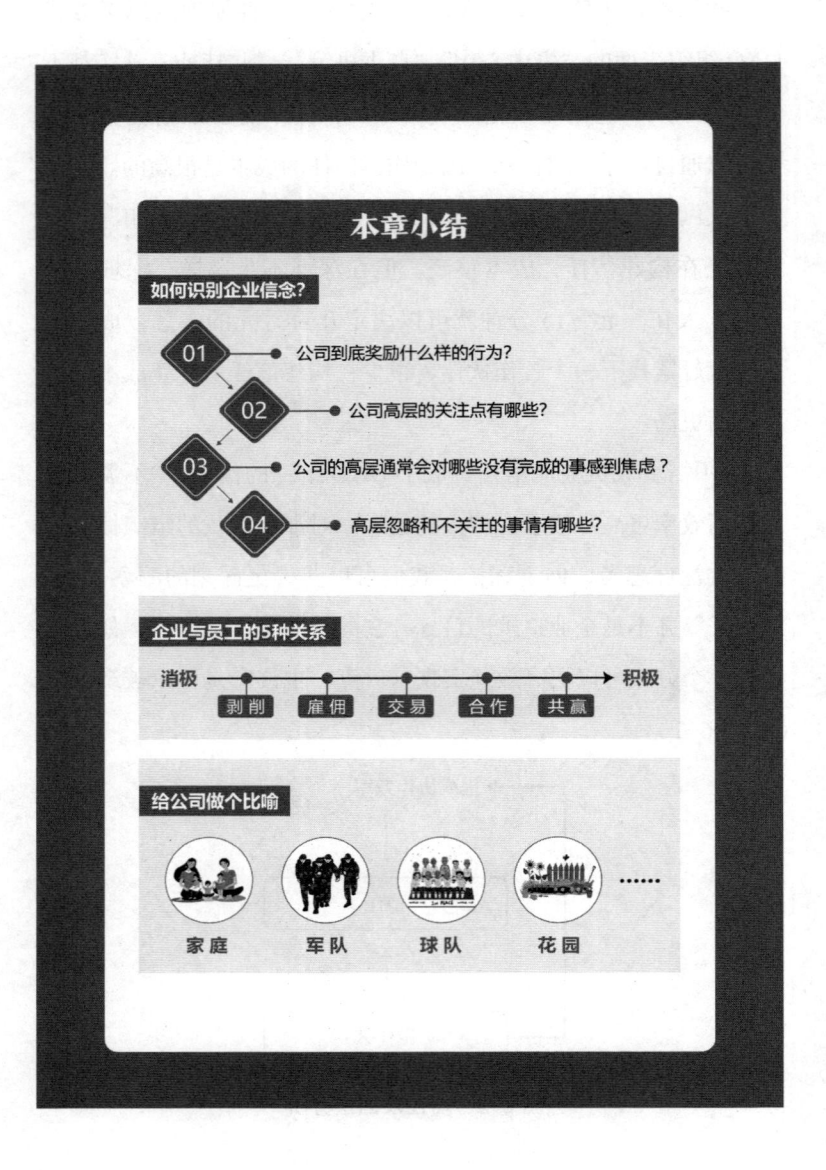

本章小结

如何识别企业信念?

- 01 公司到底奖励什么样的行为?
- 02 公司高层的关注点有哪些?
- 03 公司的高层通常会对哪些没有完成的事感到焦虑?
- 04 高层忽略和不关注的事情有哪些?

企业与员工的5种关系

消极 ———————————————→ 积极

剥削　雇佣　交易　合作　共赢

给公司做个比喻

家庭　军队　球队　花园　……

第三部分

系统层

公司是一个系统,行业也是一个系统,系统的首要特征是其功能性,也就是它的目的性。北极星指标是目的性的显性化表现。在"增长指标"一章中我们会看到,公司的功能性不是单一维度的,从企业内部、行业视角和客户价值角度都有其功能性。恰恰是因为这些功能彼此嵌套和互相影响,一个系统的稳定性才得以实现。

对于组成系统的要素,我们也分成了两个角度,一个角度是"事",是一件件要完成的事情、一个个要做出的决策组成了系统;另一个角度是"人",是一个个做出决策、达成协作和完成任务的人组成了系统。在"事"的角度,我们探讨的是如何将外在的不确定性机会转化为确定性的业务,如何做决策,如何少犯错误,以及如何破除内部的执行障碍;在"人"的角度,我们将探讨组织能量从何而来,如何把看不见摸不着的"能量"显性化、可操作化。

第七章
增长指标：如何平衡长期增长与短期业绩

有些目标本身就是障碍

企业为了提高运营效率、降低成本或者增加利润，会制定各种内部指标来进行考核和监控。然而，有时候这些指标虽然看似合理，实际却可能成为企业发展的障碍。

案例：产能利用率

某快消品品牌，工厂总经理的 KPI 是"产能利用率"，它可以促使工厂提高效率、降低成本，展现自己的优势，争取更多订单。但同时，它也会让工厂总经理在面对外部市场机会，需要增加产能时，更倾向于保守而非激进，有损失商机的风险。

产能利用率是衡量工厂运营效率的重要指标之一，但它也可能导致企业在面对市场变化时反应迟缓。产能利用率的提高意味着工厂正满负荷运转，而新增加的生产线有可能降低产能利用率。

案例：用户满意度

蔚来汽车的 KPI 是"用户满意度"，这个指标的目的是提高用户体验，增加用户黏性，从而稳定公司的收入来源。然而，这个指标却导致公司在面对一些重要用户提出的不合理要求时无法做出有效的决策。为了保持高水平的用户满意度，公司可能会不愿意拒绝一些不合理的要求与建议，甚至通过代偿动作来提高满意度，最终损害了公司利益。此外，过度关注用户满意度也可能导致公司在其他方面失去焦点。蔚来的产品谈不上优秀，但它的高满意度以及由此带来的高推荐率掩盖了这一点。

案例：投资回报率

一家投资公司的 KPI 是"投资回报率"，这个指标的目的是衡量投资项目的盈利能力，从而帮企业制定更加明智的投资策略。然而，由于投资回报率直接关系到企业的利润和股东的收益，这个指标有可能导致企业在面对一些高风险但具有高回报的项目时过于保守和犹豫不决。

指标本身是"指月之手"，悲哀在于它一旦确认，手本身就成了追逐的对象。为了达成指标而出现的代偿动作在职场里不胜枚举。俞敏洪做新东方时，曾经将利润与收入作为业务指标，在这个指标之下，团队将开设新的校区与增加营销作为主要运营手段，短期内利润与收入指标达成了，却是在教学质量没有显著提升甚至有所下降的情况下达成的。它伤害了新东方的持续增长。

战略就是选择，无法做到面面俱到。合适的增长指标可以体现企业的战略思想与路径取舍。亚马逊早期战略以规模而非利润为导向，它的战略指标是自由现金流而非利润。自由现金流是利润加对外投资的钱，也许公司不赚钱，但投到了有价值的领域，这也符合战略指标。

从执行的角度看，只给指标也是远远不够的。只给指标而不给路径的领导者不是一个好领导者，他们假设"我也不知道怎么做，但只要压得足够狠，就能完成"。领导者不仅要设定目标，还要制订实现这些目标的计划和路径，这就是战略解码当中从三年重点业务到一年必赢之战，再到项目细节，一层层地拆解。仅仅要求团队"相信"是不够的，还要让他们"看到"。

合理的目标与不合理的目标

合理的目标是锻炼，不合理的目标是磨炼。不少人都有这样的人生体验：想轻松解决某类难题，方法是去解决比它更难的题。我们回过来再看原来的题目，就会轻松很多。

宝洁有位高管曾经讲："当我们总是谈论10%、20%的目标时，思维就会永远被局限于渐进式的成长模式里。我们需要的是始终思考如何实现10倍以上的指数级增长。这时候我们才会真正跳出思考的束缚，激发与释放组织的潜力。"这就是非常著名的"10倍好理论"。

10倍好理论不是说我们要给自己定高于目前10倍的业绩目标，而是一种思维方式。这个理论最早出自彼得·蒂尔的《从0到1》，他说一个新创企业要想获得快速成长，其提供的解决方案要比现有方案好10倍以上。这个好10倍，可以是成本降到原来的1/10，效果强10倍，或用起来难度是原来的1/10，等等。为什么3倍、5倍不行，要好10倍呢？

消费者会高估已有解决方案3倍以上，创业者会高估自己的方案3倍以上，因此你要创造一个比现状好10倍的方案。

只有这样，客户才有动力，愿意挣脱现有方案的惯性，冒着风险去尝试你的方案。这就是10倍好理论。

阿斯特罗·泰勒是10倍思维的信徒，这位AI专业的博士主管着谷歌最神秘的部门——Google X实验室。这个实验室里的人就在做着10倍好的各种创新。泰勒说，把一件事情做到10倍好，往往比做到10%好还要容易。因为循序渐进式的进步依靠的是苦干，但10倍的进步，则建立在勇气和创造力之上，是"巧干"。换言之，10倍的目标会逼着你走智慧的捷径。

> 10倍的目标会逼着你走智慧的捷径。

我们要反复思考，自己能为客户带来什么价值？这个价值比原来的价值大吗？大多少？有 10 倍以上吗？

比如，微信就比短信好 10 倍，我们的使用成本降到原来的 1/10，体验感好了 10 倍。

10 倍好不仅可以帮助我们在业务上取得突破，另外一个更重要的作用就是吸引重要资源。人性的本质使我们更愿意支持伟大的理想、巨大的改变。树立了大目标才会成就大事业，吸引忠实的追随者、投资人以及顶尖人才。

埃隆·马斯克的火星移民计划，马云的"让天下没有难做的生意"，就是典型的代表。为一个宏伟的目标而努力奋斗，其实要比实现一些小变革更加容易。

这就是 10 倍好带来的好处，那如何实现 10 倍好呢？

第一，对惯性思维说"不"。

惯性思维经常会让我们认为"这个事情就是这样的，大家都是这么做的"。当人们都在用同一种方式做事时，我们也会不由自主地跟随。

"创新理论之父"熊彼特说："不管把多少数量的马车连续相加，也无法得到一列火车。"火车就是相对于马车的 10 倍好，但它并不来自原有思维的延续。

所以，想要实现 10 倍好，第一个方法就是跳出惯性思维。

第二，学会找到问题的本质。

如果让你射箭，要求一箭穿过整个果园。为了一箭穿过整个果园，你可以射出很多箭。可最好的方式不是拼命射箭，而是四处走走,直到你发现树木排列的规律。然后你就可以一箭穿过果园。

所以,我们遇到问题时,不要急于解决,首先要跳出来,找到问题的本质。

遇到问题,你首先应该反复思考产生的原因是什么,至少问自己5个为什么,直到找到问题的本质;其次,再去寻求解决方案,而且,不要在过往的经验中寻找解决方案,要跳出来,看看哪些行业曾经也遇到过类似的问题,它们是怎么解决的,然后找到相通之处,提取出适用于自己行业的10倍好解决方案,这才是顶级高手解决问题的思路。

分享一个丰田公司的案例。

20世纪90年代,汽车生产商都面临一个大问题:人们对汽车的需求越来越多,汽车细分型号不断增加,但厂商无法准确预测哪款车型更受欢迎,因此,厂商在生产的时候就会有大量的设备、零件、人员等浪费。而这些浪费已经影响了汽车企业的生存。

怎么办呢?日本丰田汽车的一位高管一直为此苦恼。直到有一天,他突然想到,大型超市要管理的商品种类比汽车行业多得多,超市对市场需求也难以准确把握,它们是如何解决这个问题的?

于是,丰田决定研究零售超市的经营方法,结果大受启发,开发出了零库存的生产模式。这个创新方案提出后,丰田汽车的生产成本大幅下降,市场竞争力得到很大提升,造就了20世纪90年代日本汽车横扫美国市场的成功局面。

这就是看到问题本质再跨界思考所带来的 10 倍好，还有很多这样的案例。

比如，埃隆·马斯克在研发特斯拉的时候，有一个难题，那就是汽车电池如何做到体积减小到原来的 1/10，但是电池容量大 10 倍，后来他借鉴了电脑芯片的设计原理。

再比如，管理者辅导下属时，可以借鉴体育运动领域教练辅导运动员的方法，从而实现管理的 10 倍好。

这就是 10 倍好理论带给我们的思考。企业经营的本质就是以客户为中心，你能为客户提供的附加值越多，你的企业就越成功。不是每件事都可以提升 10 倍，但是你不应该停止思考。永远不要停止问自己：我们如何才能提供比现状好 10 倍的体验？

北极星指标与 OKR

不管在北京、在上海，还是在纽约、在巴黎，我们抬头看到的是同一个北极星。引申到商业领域，"北极星指标"是一个流行的增长概念，也可以叫第一关键指标，它是指产品当前阶段与业务或战略相关的绝对核心指标。一旦确立，它就像北极星一样闪耀在空中，指引团队向同一个方向迈进，以此提升这个指标。

比如，滴滴公司曾在很长时间内将"打车成功率"作为重要的指标，这是当时全公司都要看的指标，每个员工都要找到手上的工作与这个指标是如何关联的逻辑。

增长是一个战略，战略是底层逻辑之上一系列关键动作的组合，关键动作是为了实现某个阶段性目标，用来衡量这些阶段性目标完成程度的就是当时的北极星指标。

一家公司在经营过程中有很多指标，大体可以分成三类，分别是财务指标、业务指标和价值指标（见图7-1和表7-1）。财务指标，如营业收入、毛利率、净利润、资产负债率等，是对企业的经济活动进行量化的工具，它反映了企业的经济效益和偿债能力。业务指标则关注企业在市场环境下的竞争力和运营效率，例如客户数量、坪效、服务项目数量、留存率、转介绍率等。而价值指标是外向的，指的是企业为客户或者社会带来的具体、可衡量的价值，例如，网约车平台的打车成功率，物流公司的准时送达率、包裹损坏率，医疗保险公司的理赔处理时间、理赔满意度。

图7-1 三种指标

表7-1 三种指标具体内容

价值指标	业务指标	财务指标
打车成功率（网约车）	客户数	销售收入
准时送达率（物流公司）	坪效	毛利润
学员成功数（商学院）	服务项目数	净利润
等待时长（医美公司）	留存率	资产负债率
……	转介绍率	……
	……	

当企业可以用一系列指标把商业路径规划出来时，绝对可以说它"想明白了"。指标同时是一种管理工具，你考核什么，就

第七章 增长指标：如何平衡长期增长与短期业绩

会收获什么。

> **你考核什么，就会收获什么。**

盒马鲜生每开新店，会在不同阶段用不同的指标来牵引经营活动。第一个指标是渗透率，假设通过调研得知该店周围有10万名用户，其会以最快的速度达到一定的渗透率。在这个指标指引下，所有人"舍九取一"，高强度做"地推"，帮助用户开通支付宝账户。第二个指标是客单价，在用户量达到一定基数后，提高用户的单次消费额。第三个指标是复购率，在客单价达到一定基数之后，提高用户的来店频次。这就是通过明确的增长指标来指导经营动作。财务指标、业务指标、价值指标，它们的综合参考与评估，反映了一个增长型领导者的思考深度和业务水平。

我们在前言中已经对"增长领导力"的主要内涵做了定义，其从工作内容上包含三个部分：洞察增长机会，带领团队和影响组织去抓住增长机会，构建长期增长系统。其中第三个是最难的，它的典型特征是滞后效应和长期主义。这对那些在任期内就要拿到成绩以让任期可以继续的一号位来讲尤其难以兼顾。反过来讲，对它的忽视恰恰是一个一号位总也做不久的原因。

财务指标、业务指标与价值指标的综合考量，就是一个兼顾短期与长期的方式。企业综合考虑后可以将这三类指标之下的某一个具体指标作为当前的北极星指标进行全员共享，具体选哪一个，要根据公司实际情况仔细推敲。而在核心管理团队内部，还要同时观察其他指标的实现情况，随时进行调优。

一般企业天然会拿财务指标来衡量业务领导者，从短期看这是必要的，但同时要看长期指标，才能衡量这个增长系统是否健康。我见过一些快消公司，公司员工完成本季度销售指标的方式是将货推给经销商，"兄弟这个季度帮我一把，下个季度我给你争取更好的返点政策"。站在公司财务的角度，似乎已经作为收入入账了，但那些产品并没有被消费者实际购买。这属于财务指标完成了，业务指标没有完成。

在白酒行业，企业普遍在意的指标是"开瓶率"，即消费者真正打开并消费的比例。这个指标就是业务指标，而非财务指标，它更能反映一家白酒企业经营的健康程度。

这有点儿像 NBA（美国职业篮球联赛）近些年流行的"高阶数据"。普通球迷评价球星时无非看他的得分、助攻、篮板和盖帽这些显而易见的数据，觉得拿了"三双"的球星好厉害。拉塞尔·威斯布鲁克曾经拿到过赛季"三双"的惊人数据，但他从来没有和总冠军靠近过，专业人士也都知道以他做主将的球队拿不了总冠军，虽然个人数据上他很耀眼。而掘金队的尼古拉·约基奇从显性数据上看并不突出，但他的高阶数据却冠绝全联盟。高阶数据才体现了一名球星真正的球场影响力。企业内部也应建立一套综合财务、业务与价值指标的"高阶数据"，以更有效且长期地指导增长。

拼多多是当下中国商业的一个奇迹，不但在阿里巴巴和京东的夹缝中找到了自己的生存空间，还在利润上超过了京东。从2021年二季度起，拼多多连续8个月实现规模化赢利，现金流也非常突出。联席CEO赵佳臻在接受采访时透露，外界以传统电商的指标来衡量拼多多，比如日活或者复购，是一种普遍的理解偏差，"因为拼多多的最高优先级一直是消费者"。日活与复购是典型的业务指标，而非价值指标。业务指标是站在企业的视角，价值指标是站在用户的视角。

刘强东"回归"京东后再次强调了他对零售三大要素——成本、效率、体验的理解，仔细一看，这些全都是价值指标的范畴，成本是价格更低，效率是配送更快，体验是感受更好。如果企业内部陷入业务指标的讨论久了，没有价值指标的平衡，时间一长便会出现问题。

有一些经典管理工具体现了这种追求长期增长系统构建而非短期业绩表现的思想，比如"平衡计分卡"。

平衡计分卡是一个著名的战略管理工具，20世纪90年代由戴维·诺顿和美国哈佛商学院的罗伯特·卡普兰提出。一般公司惯常上用来衡量业务领导者的指标是财务指标，显然这是短期指标。平衡计分卡从短期的财务指标出发，反向导出长期增长所需要构建的系统。公司的财务报表要好看，首先得有一批稳定、高质量的客户群体。要赢得客户的长期信赖和支持，前提是公司要有一个稳定、良好的运营体系。而要维护并不断改善和加强这个体系，前提是有稳定且优秀的人才队伍。

这就是平衡计分卡所强调的 4 个方面的平衡：财务视角、客户视角、内部流程视角和学习成长视角。它帮助企业把战略目标转化为一系列相关且可以衡量的 KPI，并以平衡的方式关注业务和财务、内部和外部、效果和过程等多个方面，以实现组织目标。

不过，除了"平衡"之外，在探讨财务指标、业务指标和价值指标的关系时，我们更要强调其内在因果关系。即对用户价值的达成，带来业务指标的达成，而业务指标的达成，最终反映在财务指标的达成。

手机公司 vivo 内部经常讲一句话，"埋头种因，果自然达成"。企业内部若形成了对从价值创造到财务回报的因果闭环共识，会更容易把事情做正确，而不为短期有利长期实则有害的做法所诱惑。果无须求亦不可求，要多在因上下功夫。vivo 的一些老员工说，公司对很多业务支持部门其实是没有 KPI 要求的，但员工的干劲也很足，主动性强，不需要督促。

案例：B 站

在数字时代，数据是企业经营的基础，可不同的数据指标会导致完全不同的经营结果。例如，在视频行业尤其是短视频平台，"播放量"一直被视作一种重要的指标来度量视频的价值。然而，这种以数量为中心的指标体系却可能带来无法预料的后果，甚至可能导致价值观的扭曲和战略方向的误导。

2023 年 6 月 26 日，在 B 站 14 周年庆典上，B 站 CEO 陈睿

宣布将以"播放分钟数"（用户实际观看视频所花费的时间）来代替视频行业普遍采用的"播放量"。这意味着B站更加关注用户实际投入在视频上的时间，而不仅仅关注视频被点击的次数。这是一种全新的视角，一种对价值的重新定义。

这一举动的背后，是B站对行业现状的深刻反思和对用户需求的深度理解。B站认为，当前的指标体系在某种程度上为低质量、野蛮生长的视频留下了空间。这些视频通过夸张的标题和诱导性的封面吸引用户点击，实际内容质量并不高。在这种情况下，这些视频的播放量可能很高，有更多机会被推荐给其他用户，但实际上并不能带来真正的用户价值。用户的时间被浪费，平台的信任也被消耗。

在B站看来，相比于表面的点击量，"播放分钟数"能够更真实地反映用户的观看体验。这种以时间为度量的方法，强调的是用户深度参与和持久关注，将鼓励创作者创作更优质的内容，而不是把心思花在"如何在前3秒留住用户"这些技巧上。它更符合B站长期的用户价值导向。

这种新的指标体系，也将对B站的经营导向和战略方向产生重要影响。指标并非简单的数值，它会深深影响企业的价值选择和战略方向，选择正确的指标，就选择了正确的道路。

OKR近年来有替代KPI的趋势。在我看来，相较于KPI，OKR体现了更多这种长短期结合的意味，天然匹配增长型领

导者。

OKR更关注运营层面与战略层面的联系，帮助团队或者个人对大目标有明确的方向感，通过目标与关键结果的联动串起公司这个有机体。

北极星指标之所以重要并且被冠以"北极星"的称号，一个重要原因是它用简单、容易理解的指标来统一团队思想，尤其是大一些的团队。一种战略规划与构想从管理团队推行到一线执行团队并达成共识，这个过程是很艰难的。诺贝尔经济学奖得主科斯提出的交易成本理论认为，公司这种形态之所以会存在，是因为人和市场直接交易的成本太高，而公司可以在一定程度上降低交易成本。也就是说，你跟公司交易，公司跟市场交易，其效率大于你直接跟市场交易，于是公司得以存在。这个理论强有力地解释了公司的边界。公司不可能无限变大，如果公司大到内部共识与协作成本大于个体直接与市场交易的成本，人就会离开。从这个角度讲，北极星指标就是一种降低共识成本的方式。北极星的寓意是，我在北京，你在上海，他在深圳，彼此看不到，但一抬头，四面八方的我们可以看到同一个北极星。

在我的观点里，北极星指标未必是"一个"指标，也可以是一组指标，从价值指标到业务指标到财务指标，代表了一个企业长期增长的来源，代表了一个良性的增长系统。大部分公司只看财务指标，少部分公司同时看财务指标和业务指标，极少的公司会看价值指标。这恰是很多公司做不大的原因。

当然，凡事不可矫枉过正。我强调价值指标的重要性是因为之前人们对它关注太少，绝不是让企业只看价值指标而不看业务指标和财务指标的意思。造车新势力蔚来汽车的创始人李斌出身于汽车媒体易车网，具有很强的互联网思维，他把"用户思维"带进了汽车行业。可以说，曾经的蔚来汽车就是最在意价值指标的公司，为了给用户提供良好体验，投入了巨额成本且坚持至今。比如，如果你的车抛锚了，一键求助，蔚来的员工就会开车过来，让你把他的车开走，不耽误你的事情。如果你的车没电了，你发个信息就会有人开着充电车来帮你充电。比如成本巨高的换电模式，用户不需要下车就能完成换电。再比如 NIO House（蔚来中心），里面有图书区、办公区、儿童区、会议室等多个社区，它并不是为了卖车，而是以服务用户为第一出发点。

这些站在用户价值视角的运营思路也得到了首批用户的热情回报。蔚来车主与朋友见面时会乐此不疲地推荐朋友买蔚来汽车。蔚来车主还会自己发起和组织车友活动，在车展当志愿者干活儿。在蔚来最难的时候，有些车主甚至动用自己的资源或者自费给蔚来打广告。蔚来的车主社区成了一个美好生活的乌托邦。2020年之后，整个汽车行业都掀起了用户运营风潮，一直被拿来作为学习对象的，正是蔚来。

但是，蔚来这种几乎不设业务指标、只疯狂对用户好的模式显得过于理想化了。价值指标并不会天然地向业务指标过渡，业务指标也不会天然地转化为财务指标。这三类指标需要同时看，保持动态平衡，不管从哪个方向顾此失彼，结果都不是良性的。近年来，我们也看到了李斌思路的转变，他比以前明显更多地抓销售、抓直营门店、注重赢利和提升组织效能等。

所谓"内行看门道，外行看热闹"，企业经营也是一个专业领域，也需要有内行的眼光，在短期业绩和长期增长之间寻求平衡来体现专业审美。

柱状思维与饼状思维

如果将商业指标的设计理解为视野的选择，那么它大致可以分为两种：柱状思维和饼状思维。

柱状思维主要向内看，注重"自我参照"的指标设计。简单说，就是企业的目标设置依赖于自身过去的业绩。公司会研究前一年或者前几年的业绩，通过分析成长趋势或萎缩情况，从而为当年制定相应的增长或者稳定目标。这种思维方式在企业内部数据丰富、历史业绩稳定、行业变动较少的情况下能有效运行。这在数据的展示上可以体现为柱状图，每一根柱子代表着一个年度的业绩，方便对比和理解。

举个例子，一家连锁超市的柱状思维可能表现为，去年总销售额是 1 亿元，今年要提高到 1.2 亿元，增长 20%。这个目标是基于公司过去的业绩而设定的，是一种基于过去看现在的视角。

柱状思维的指标设定方式通用于大部分公司，很安全、很符合常识。它的问题是无法预见和应对市场的改变，如竞争对手的进入、市场需求的变动或者政策的更改。这些外部因素往往对企业生存和发展具有重大影响。

这时就需要同时具备另外一种思维模式，也就是饼状思维。

饼状思维更注重向外看，看整个市场的份额，考虑自己在整个市场中的定位。企业会根据自己的能力和资源设定市场份额目标，甚至超越其当下能力来设定目标，然后通过各种方法去实现目标。在数据展示上，这种思维模式通常会体现为饼状图，更直观地展示市场分割情况以及企业的市场份额。

比如，上文提到的连锁超市，它的饼状思维可能表现为，所在城市的零售总销售额为20亿元，要成为头部公司需要占据30%的市场份额。这个目标是基于市场的总规模而设定的，是一种基于未来看现在的视角。

在实际的商业环境中，企业需要灵活运用柱状思维和饼状思维。只有将内部增长指标和外部的市场情况相结合，才能更好地制定商业指标，推动企业发展。这两种思维方式不应互相排斥，而应互相补充，从而形成一个全面的视野。

案例：理想汽车

2020年，理想汽车的年销售量只有32 624辆，其创始人李想却给2025年定了销售160万辆的指标。如果使用柱状思维，算出来的年复合增长率估计会吓坏团队。李想不是这样算的，他用的是饼状思维。

根据专业机构的预测，到2025年全国整车销售量可以达到3 200万辆，其中25%为新能源汽车（预测机构还是保守了，实际数据是2022年新能源汽车的市占率就超过了25%），也就是 800 万辆。如果想在这一领域成为头部公司，至少要在新能源汽车这个细分赛道里占据 20% 的市场份额，这么算下来就是 160 万辆。

20% 的市场份额又是从何而来呢？李想引入了一个概念——"竞争效率"，行业的集中度其实是由竞争效率决定的。竞争效率高，行业集中度就高，例如互联网行业，几乎每一个细分领域都只有几个头部玩家，如短视频领域只有抖音、快手和视频号。竞争效率低，行业集中度就低，例如餐饮和线下教育，国内餐饮行业做得最好的海底捞，市场占有率也不到 1%。

那么，在新能源汽车行业的终局，市场集中度会是什么状态呢？李想认为是介于传统汽车行业和互联网行业之间，最终应该会剩下 10 家左右，想过得好就要成为前三，至少需要 20% 的市占率。他是这么算的。

在团队内部，这种思考过程本身就应该同步，这样团队成员就不会纠结于目标似乎难以达到。

有时候，目标是真也是假，它是牵引团队做不同思考的抓手。20% 的增长和 80% 的增长，思考路径必然是不一样的。我们要通过高目标，堵住后路，脱离原有的路径依赖。

与柱状思维相比，饼状思维是从内部的公司视角转向外部的行业视角。不过，此处还可以保留一个思维提升的空间——我们可以画更大的饼吗？即对公司所在市场、所在行业的重新定义。

其实所谓行业，不过是某些人为定义。有一个经典的商学院案例，讲 20 世纪 80 年代可口可乐市场规模已经稳居碳酸饮料首位，市场占有率达到了 35.9%。基于这个判断，公司内部普遍认为，再保持高速增长难上加难。当时的 CEO 郭思达却提出了两个不同的观点：第一，之前统计的市场占有率是错误的；第二，可口可乐真正的市场份额只有 3%。

他解释说："我们真正的市场不是可乐或软饮料，而是每个消费者的'肚子份额'。"这意味着，公司的潜在市场包括了人们每天喝的任何液体，无论是水、咖啡、茶，还是酒精饮料。CEO 的这一理念立即拓宽了公司的视野，将市场潜力扩大到了一个全新的维度。

这个简单却深刻的洞见不仅仅改变了可口可乐的市场策略，还影响了整个饮料行业。从那时起，可口可乐开始扩展其产品线，涉足各种不同的饮料领域，包括瓶装水、运动饮料、果汁，甚至茶和咖啡。它的目标是成为消费者饮用任何液体时的首选品牌。

这个策略取得了显著的成功。可口可乐不仅巩固了其在传统软饮料市场的领导地位，还成功地切入了新的市场领域，吸引了更广泛的消费者群体。这种思维方式——从狭隘的产品范畴跳出来，考虑更广泛的消费者需求和习惯——为其带来了巨大的商业机遇。

上级不好，下级没戏

本书一直在倡导一种"双向奔赴"的理念，公司与个体要双向奔赴，上级与下级也要双向奔赴。前面我们阐述增长指标时更多是自上而下的视角，本节自下而上展开。所有的管理问题，归根结底都是信任问题，但信任或者不信任是一个表象，导向这种表象的原因和干预的方法才是有价值的。

下属一定要认识到，你只把自己的业务指标完成是不够的，也不要以为上级只是监工，你可以自成闭环。这大错特错，下属的工作只是上级的一部分工作，只有上级的整体项目成功了，你的成功才有价值。他的项目失败了，你的局部再成功也没有用。

换句话讲，只有上级成功了、高升了，你才有高升的机会。如果一个业务业绩不好，要么整体淘汰，要么空降新高管，很少有从业绩不好的团队内部选人来负责整体业务的事发生。简言之，上级发展不好，下级大概没戏。

成就上级就等于成就自己，这是职场最大的"阳谋"。那么，究竟该如何在成就上级的同时成就自己？

第一，成就上级不是忠诚于上级，而是忠诚于团队目标，为最终业绩和结果负责。一个真正有能力、有格局的上级不会喜欢一个只忠诚于自己、业绩却一团糟的下属，因为上级能否升迁最终取决于团队业绩是否被公司认可。

有些人在职场中变"油"了，自认为掌握了很多"向上管理"的技巧，以揣摩领导意图为能事，即便这种意图已经脱离了组织整体利益。

任正非很早就提出来华为会提拔什么样的人："华为坚决提拔那些眼睛盯着客户、屁股对着老板的员工，坚决淘汰那些眼睛盯着老板、屁股对着客户的干部。"这实际上也是鼓励员工对业绩负责，对客户负责，而不是仅仅对上级表忠心。

相反，喜欢要求下属忠诚的领导往往有问题，或是缺乏自信，或是能力不足。就像恋爱中的男女一样，反复问对方"你爱不爱我"的一方，多半是缺乏安全感的。而职场安全感来源于你有能力为团队创造业绩，让上级离不开你。

我曾经辅导过一家公司的副总裁，他向我分享了自己在提拔下属时的真实感受。当时这位副总裁还是业务部门的经理，因为部门业绩好，他晋升为副总裁，董事长就要求他推荐一位人选接替他之前的工作。当时有两位候选人：一位能力非常强，但喜欢把部门业绩归于自己，在大会、小会上，标榜自己干得有多好，有多努力，完全忽略了上级对他的培养，也忽略了同事之间的配合给他的帮助；而另一位能力稍弱，但喜欢站在众人背后默默付出，自己取得业绩的同时，更能看到其他同事在这个过程中的付出，还会私底下表达对上级的感谢。最终，后者胜出，成为继任者。原因很简单，副总裁认为，一个总是把个人利益放在第一位的人，是没有办法当好管理者的，做管理不是自己当英雄，而是要制造英雄。

所以，当你能力很强时，你更要有一种意识，学会用自己的业绩和能力来成就上级，这其实是在让自己的才华不被嫉妒，而上级晋升之后，位置才能空出来，你才有往上升迁的空间。

第二，成就上级不是报喜不报忧，而是让上级看到事实和真相。很多下属在给上级汇报工作时喜欢当"报喜鸟"，特别是在年终总结的时候，说这一年干得有多好，干得有多辛苦，不足之处却轻描淡写，一笔带过。

其实，经历丰富的上级一眼就能看出端倪，会给这样的下属扣上一顶帽子：说话做事不靠谱，听话只能信一半，不够真诚，等等。反而对于能够坦承自己的错误，敢于深刻剖析自己的问题的下属，很多上级会刮目相看，这会达到"三赢"结果。

在美国网飞公司，有一名员工叫多尔曼，她是社交媒体宣传活动的负责人。有一次，她想要给一部新剧的上映制造一些热度，来吸引用户的注意，于是她在网站上发布了一些信息。但没想到的是，她的这个做法引起了网民的反感，大家觉得这些信息令人生厌，而且媒体也报道了，说这是"令人讨厌的营销噱头"。事情发生以后，多尔曼看到了这种强烈反应，就赶紧想各种解决方案，打了几十个电话，写了很多公关文案，和公司的领导们一起进行危机管理。

在网飞公司，如果你的项目或想法崩溃了，你必须向公司分享你哪里出了问题，你学到了什么。多尔曼就是这么做的。她为自己的失败负责，解释了她的思维过程，以及她会怎么做、解决问题的方案是什么。她这么做的结果是什么呢？她被解雇了吗？不，5个月后她被提拔为高级营销经理，18个月后，她被任命为营销总监。

就像网飞的创始人里德·哈斯廷斯在《不拘一格》这本书中所说的："当你把失败的经历晒在阳光下时，所有人都赢了。你赢了，是因为大家知道可以相信你，你会说真话，会为你的行为负责。而团队赢了，是因为他们从你的项目中可以吸取教训。公司之所以能赢，是因为每个人都清楚地看到，失败的经历是创新成功的内在组成部分。"

第三，成就上级不是阿谀奉承，而是适时给出好建议，支持上级决策。

在上级决策之前，下属一定要充分表达自己的观点，特别是关于事实的部分，要让上级掌握更多的一手信息，这样上级做出来的决策对团队来说才是有利的。但凡下属保留了想法，没有表达，后面就会产生一系列的问题，比如决策失误的损失，比如因为没有充分表达而内心不满，在执行中打折扣，这些都会对最终结果相当不利。

所以，我在做下属的时候，对于正确的事情，我在上级决策之前一定据理力争，哪怕会有得罪上级的风险。可一旦上级决策，无论自己是否认可，我都坚决执行。这一工作风格，不仅被上级欣赏，也让我的内心不纠结、不内耗，在职场游刃有余。

第四，成就上级不是期待上级完美，而是发挥上级优势，用自己的能力为上级补短。

人无完人，上级也是人。我们不要对上级有不切实际的期待，而应该看到上级的优势，比如有的领导就是脾气特别火爆，但是这样的领导做事往往雷厉风行，特别有魄力；有的领导在决策的时候会优柔寡断，但这样的领导往往特别细心，关注下属的个人感受，下属会有如沐春风的感觉。因此，每个领导的优势背后，都会有短板，作为下属，你的价值就是用你的优势和能力帮助上级补足他的短板。比如，上级专业能力不行，你就可以在专业方面为他提供支持；比如，上级做决策摇摆不定，那你就用你的笃定给他信心。这就像华为内部推行的"狼狈计划"，大家互相取长补短，从而让团队变得更强，业绩变得更好，每个人也会获得更多机会。

总而言之，在职场上，你的上级也只是一个平凡人，绝不是职场圣人，更不是职场神仙，如果你不在职场上成全上级，上级为什么要成全你呢？

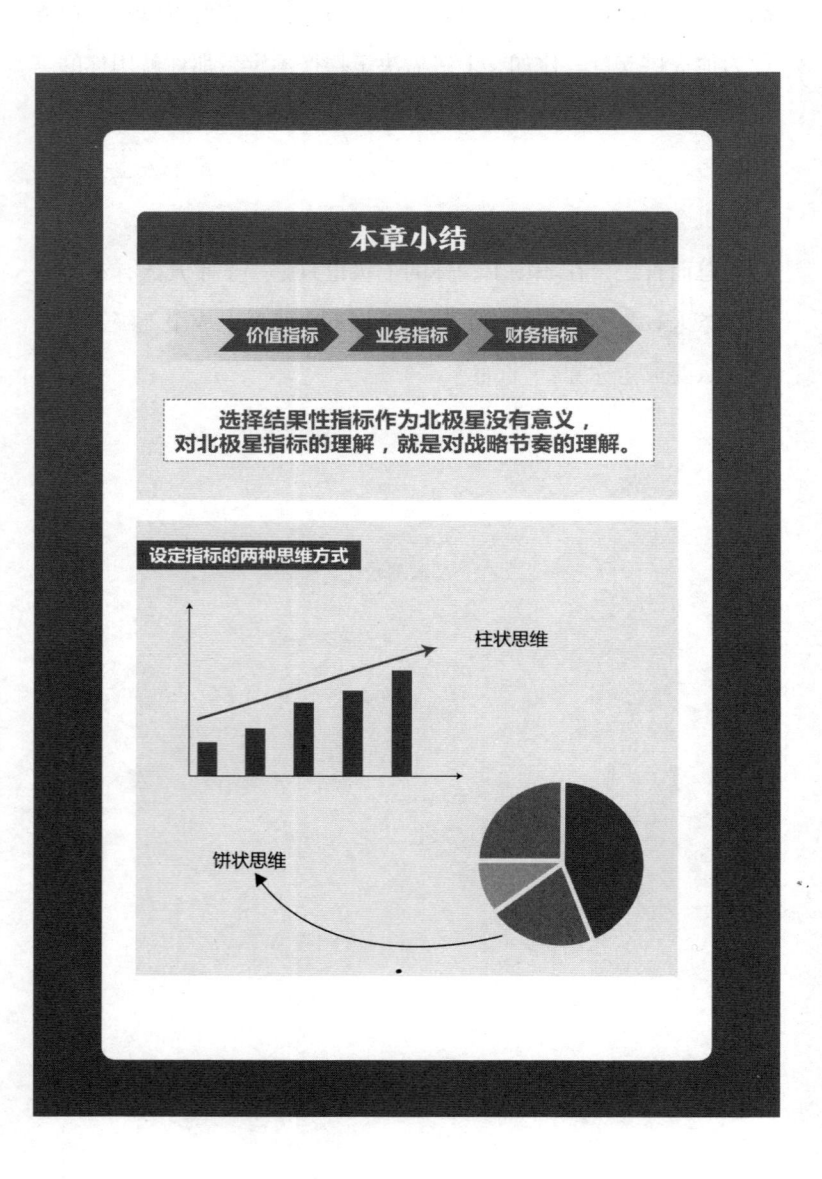

本章小结

价值指标 → 业务指标 → 财务指标

选择结果性指标作为北极星没有意义，对北极星指标的理解，就是对战略节奏的理解。

设定指标的两种思维方式

柱状思维

饼状思维

第八章
找确定性：如何抓住增长新机会

增长是个什么问题

有两种可以实现"业绩提升"的领导力。一种是在原有的确定性市场里，通过定目标、抓过程、拿结果的管理体系来达成业绩指标。领导者在这个层面上的角色是规划者和执行者，他们设定业绩目标，抓住执行过程，最后拿到预期的结果。这种领导力注重的是效率和稳定，通过提升运营效率、优化管理流程、提升产品和服务质量来达到企业的业绩目标。这是传统意义上的领导力，也是许多成熟企业的核心竞争力。另外一种是在非确定性市场里，识别增长机会。领导者要能够从不确定性中找出确定性，将未知的机遇转化为具体可行的增长策略。如余承东之于华为，他所负责的消费者业务并非过往华为所擅长的，华为是做运营商市场发家的，这是典型的面向大企业的生意。手机等消费者业务华为从来没有做过。在企业经营界流传过所谓的"基因论"，即一家公司如果是做 To C（直接面向个体消费者的产品和服务）

起家的，它很难做 To B（面向企业或特定用户群体提供相关的产品和服务），如果是做 To B 起家的，也很难转到 To C。但余承东打破了这种认知，把华为的消费者业务做到了全球前三，给华为带来了第二增长曲线。

如果粗糙地把上面两种业绩增长方式分别理解为"管理式增长"和"创新式增长"，那么本书所讲的"增长领导力"更接近"创新式增长"的方式以及它所需要的领导力。很显然，这种增长一般由创新驱动，不单单由管理驱动，而创新又来自拓展认知。于是一个逻辑链路出现了：认知是因，创新是果，增长是实。

> 认知是因，创新是果，增长是实。

很多大公司非常重视创新，为此搞了很多活动，也愿意为创新提供土壤，甚至容忍一定程度的失败，创新成功者仍然寥寥无几。其中一个原因是，公司内没有浮现出优秀的"增长型领导者"。熊彼特之前的经济学家就经常把个人对利益的诉求或者交易双方的比较优势看作经济发展的动力，缺少对企业家群体作为个体要素所带来的驱动作用的理解。一个企业能否持续创新，持续产生第二曲线，除了与是否有创新土壤支撑有关，能否持续出现"增长型领导者"这种个体也极其关键。

这也是在这一章中当我们探讨"事"的维度时，直接将增长领导力所面对的挑战作为本章标题——"找确定性"的原因。从非确定的外部环境中找到增长的确定性，包含3个子命题：如何抓住机会、如何做决策，以及如何破除内部障碍。

机会视角是向外看、向市场看，与它相对的是任务视角。任务视角是向上看、向领导看，领导给了什么任务就把什么任务完成，认为自己的价值来自领导的认可。

余承东做消费者手机业务，并不是任正非把这个任务安排给他，而是他自己认为这是一个大机会，甚至在内部遇到了各种阻力时，他仍然坚持要把这个山头拿下。现在，他开始做汽车，类似情况就更明显了。在华为高层多次明确"华为绝不造车，只帮车企造好车"的情况下，余承东还是希望华为坚持往产业终端走，而不仅仅是做主机厂商的供应商，内部争论激烈到轮值董事长孟晚舟说出"可以开除余承东"这样的话。

我讲余承东的案例不是倡导员工在内部跟领导对着干，而是在强调，作为增长型领导者，他的眼光是面向市场的，而不仅仅是看向领导，领导要他做什么他就做什么。这是一种企业家精神。余承东不是企业老板，但具备企业家精神，这样的人才殊为难得。

理解增长有很多视角。我们可以从流量视角、营销视角、战略视角、运营视角、组织视角或者领导力视角理解增长。从不同视角理解它，也就是把增长当作不同的问题。它到底是一个流量问题、运营问题、战略问题，还是组织问题？在我看来，它都是。就比方说，"横看成岭侧成峰"，每个角度看到的都是庐山，有些人拿着一张照片，认为只有这样的才叫庐山，这是思维的偏狭。我们对商业理解得越深，越会发现这些视角是融为一体、难以分割的。"战略就是组织，组织就是战略。"这是一种更高维度的体悟。

对外部市场机会的洞察看起来是个战略问题，其实也是一种领导力内涵。

本书在当下提出增长领导力概念，并把"寻找市场机会、拥抱不确定性、寻找确定性"作为它的主要内涵之一，是时代特征使然。那种需求基本不变、供给基本确定的时代一去不复返了，如今市场变化的速度以天计。20年前，如果一家公司说自己可以制订三到五年的战略规划，并且基本完成，业界一定会称赞它管理水平高。现在谁要还敢这么说，它得到的只能是不敬畏市场、对变化缺乏认知的评价。如今，战略逻辑已经从"规划式"转变为"学习式"，企业要不断向市场学习，向客户学习，向趋势学习，向新技术学习，反过来迭代自己的认知。

据说，字节跳动内部每两个月就会召开一次战略会议，也就是说他们的战略一年会迭代6次。这不是善变，而是对市场的尊重。这也是AI当下无法替代人类的主要原因之一。AI拥有比个人大得多的知识库，它也不会疲惫，算力超过人类，但是AI无法识别市场上稍纵即逝的机会。AI虽然能够基于语料知识对某个行业的趋势做出大致正确的判断，但无法颠覆真正的创新往往来自对行业的非共识认知这个规律。

如果把一个新业务流程分成"识别机会、定义成果、设计路径和执行完成"4个环节，按从前到后的顺序，AI对人类的替代性越来越强。新时代的领导者要充分理解AI的能力，把它们也作为领导对象，对它们的角色要有清晰的认知。AI可以是助理、教练，也可以是顾问，但偏偏就不可以是上场的人、做决策的人、画句号的人，因为这是人类的不可替代性，也是人类的尊严。

拥抱不确定性

"生于忧患，死于安乐。"生存艰难是常态，活得很好才是意外。我们要深刻理解一点：不确定性是生活的一部分。不论如何规划，总有意外会发生，理解这一点，我们才可以更加从容地看待这些意外，并更好地做出反应。即便认为企业家是剥削者的人也得承认，是企业家在直接面对市场的不确定性，给公司内部提供某种确定性。员工可以按时领到工资，市场却并不会按时给公司发利润。

有一次，马化腾批评腾讯某些高管，说："你（业务）都活不下去了，周末还有时间去打球？"

任正非也多次表示："要把寒气传递给每一个人。"

增长型领导者，不是躺在公司温床里的"小白兔"，靠着在内部左右逢迎博取一点儿生存的空间，而是勇于面对真实的市场，勇于面对不确定性的人；不是大概了解公司是怎么赚钱的人，而是研究公司究竟是怎么赚钱的，赚的是什么钱，谁在赚钱的人。领导者如果抓不住这几点，就不可能理解业务。

面对不确定性时，总会有两种人。一种人会立刻列举各种原因来解释失败，他们经常把问题归于外部环境、命运或者其他不可控的因素。另一种人会深入分析问题，寻找解决办法。

我曾经给一家游戏公司做"增长工作坊"培训，这家公司是中外合资的，产品主要由美国提供，国内团队负责运营和推广，承担业绩任务。实现增长首先要从当前的问题出发，于是我先开展了关于"问题"的头脑风暴——当下公司到底存在什么问题。半个小时之后，问题被搜集上来并分类。我看到结果后，说实话挺失望的，首先是对自己失望，我做了一个错误的假设，因为这家公司很赚钱，团队成员的学历也很高，所以我想当然地以为他们会很清楚，什么样的问题才有意义。

结果，其中一半的问题都是"当下的主要问题是无法控制产品，只能美国人做什么我们卖什么，让他们改一下产品比登天还难"，另外大概1/4的人的问题是"市场形势不好，新冠疫情导致我们无法进入校园做推广"，以及"竞争对手攻势太猛，他们的预算更多，我们比不过"。

这些问题是不是存在？肯定存在，但拿它们做理由没有意义，它们都属于外因。只有向内归因才可以干预，向外归因只能用来找理由，不能用来找办法。那么这家公司内部的问题究竟是什么呢？可能是长期忽略了对市场变化的研究，可能是团队满足了小富即安，可能是不同团队之间缺乏信任导致协作不畅，也有可能是企业并没有积累什么核心竞争力。这些才是向内归因，这些问题才可以被上手拆解和解决，最后作用于业务增长结果。

向外归因并非完全无用，它主要作用于战略规划阶段。比如新冠疫情期间进不了校园，那么企业是不是要开展线上营销？比如婴儿出生率下降，那么企业是否要进军银发市场？等等。但是，在战略执行阶段，企业要在给定市场环境下把事干成，这时再做外部归因毫无意义。

我们要认识到不确定性是常态，要从客观上被动接受到主观上积极拥抱它。面对命运我们当然是无力的，但还是有少数人可以相对主动地掌控人生，即使身处逆境，也很少出现"失控感"。

但另外一些人明显失控了。

从对失控听之任之或者"无能狂怒"，到发挥理性来主动应对，这中间的转变才是个体命运的归宿。因为这一步除了自己，无人可以帮忙做到。自助者，天助之。

机会第一

亚马逊如今已经是代表着一个时代的巨型公司。在它的网站刚刚上线没几天的时候，彼时的互联网巨头雅虎公司的总裁杨致远忽然问亚马逊创始人杰夫·贝佐斯愿不愿意把亚马逊网站列在雅虎的主页上。亚马逊团队的人有点儿慌，觉得公司刚刚起步，担心接不下那么大的流量，有可能造成宕机，影响用户体验，于是他们准备放弃。但贝佐斯知道这个机会有多难得，他明知自己没有准备好，但还是接下了，然后再研究怎么办。

在商业世界里不存在"万事俱备，只欠东风"的道理，市场不会等你准备好了再送一个机会给你。大部分人都是慌里慌张地上路的。增长型领导者都知道机会有多么难得，所以他们先抓住机会，敢于承诺，再迭代能力，想办法实现承诺，然后某种能力就被积累下来了（见图8-1）。

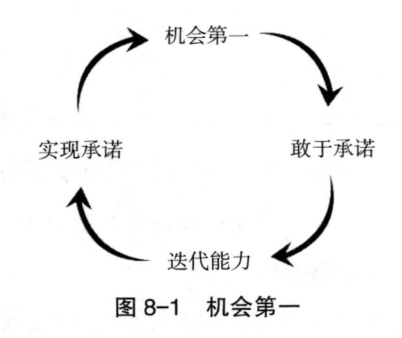

```
        机会第一
实现承诺        敢于承诺
        迭代能力
```

图 8-1　机会第一

华为强调"边打仗，边建设"，要从机会出发，而不是从现有能力出发，机会会倒逼能力的发展。

有这样一则寓言故事，一群人来到森林探险，很不幸迷路了，兜兜转转总是回到原地，如何走出森林变成了当下最重要的事。如果你是其中一人，你有什么策略？

这群人中的一位站出来说，走不出去最大的原因是总转回原地，只要朝着一个固定的方向走，遇山过山，遇水搭桥，他们总能走出去。

另外一个人站出来反对说，这个方法没有考虑资源问题，如果现有的资源不足以支持他们克服这条路上的困难，那他们还是会困在这里。好的办法是，找到最高的山上最高的树，让身姿矫健的伙伴爬上去，他就可以自上而下地看到周围的情况，找到出路。

可大家仍然有所顾虑，爬到了最高的树上，就能看清楚出路吗？这还是存疑的。这时又有一位伙伴站出来，他说："请大家静下来，我们来听水声。"

他接着说，森林如此茂密，一定有水源。只要找到水源，沿着水源往下走，就一定能走出去。尽管这条路很有可能弯弯曲曲，甚至有反复，但它一定是一条正确的路。更重要的是，水源和长在它周围的植物可以让大家不至于饿死。

回到商业场景来看，这最合理的第三条路就是"机会第一"的策略。

"事靠人做，人靠事练"，很多公司管理做不好，根子上是由于缺乏市场机会的牵引，于是开始在内部搞事情。

商业老师真的能保证企业领导者取得成功吗？有很大概率是不能的。商业老师能做的是帮助领导者建立一个又一个认知结构和模式，帮助企业识别机会，做好决策。其实，机会在市场上到处都是，人们却对它们茫然无感。我们对很多信息无感，是因为缺乏必要的认知结构。

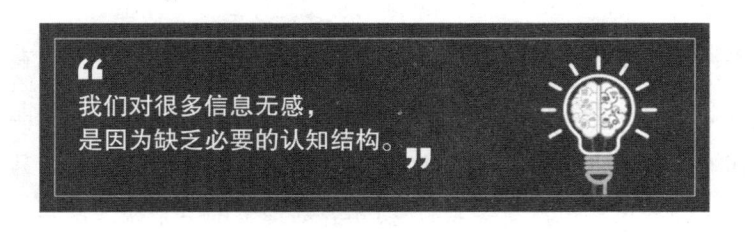

> 我们对很多信息无感，是因为缺乏必要的认知结构。

光看懂机会没有用，抓住机会才算数。"当初我就知道"这种表达除了证明你没有抓住机会外，并不能证明当初你的眼光有多好。在发现可能性方面，很多人一分钟可以产生三个想法，实现确定性却需要经过漫长时光的淬炼。

看待商业机会与钓鱼一样，只有两条规则。第一条，"在有鱼的地方钓鱼"。第二条，"钓自己会钓的鱼"。第一条指的是赛道和形势，形势比人强。第二条指的是要抓住自己看得懂的机会。

如果看不懂，就要提升自己的认知水平，如果提升了认知水平还是看不懂，那就放弃这个机会。比如区块链、DAO（去中心化自治组织）、元宇宙，你都看懂了吗？如果没懂，最好别动。

> 如果没懂，最好别动。

如何少犯决策错误

理想汽车的创始人李想曾经遇到一个好问题："在你最认可的创业者或企业家中，他们共同的特质是什么？"他想了一下回答："他们确实有一个共性，但是是后验的，就是这些人无论在多么复杂和艰难的处境下，无论在多少人的质疑下，他们永远能在最关键的时刻看清本质。这跟性格没关系，跟情商没关系，甚至跟领导风格也没有关系。"换句容易理解的话来说，这些人"总能抓到重点"。

他还举出埃隆·马斯克的案例，并推荐购买特斯拉公司的股票。他的判断逻辑是，虽然马斯克脾气不太好，但是马斯克总能在最关键的时刻做出正确的选择，很少犯错。这背后就是马斯克经常讲的"第一性原理"。第一性原理是一种理性的思考方式，透过现象分析问题的本质，从事物的首要原则着手，而不是通过比较思维去思考问题。第一性原理由"古希腊三贤"之一的亚里士多德提出，他曾经提出事物产生的"四因说"（见图8-2），即形式因、质料因、目的因和动力因。马斯克著名的第一性原理应用案例是特斯拉汽车，他认为电动汽车电池的成本之所以降不下去，是因为行业把成本理解为供应商的报价之和。而实际上，如果从电池本源的物理构成来理解，它是各种化学原料的组合，比如锂、镍、钴、铁、磷等。按这种方式一算，一辆电动汽车的电池成本就低多了，可以从600美元降至80美元，进而使特斯拉电动汽车整体的售价降下来。

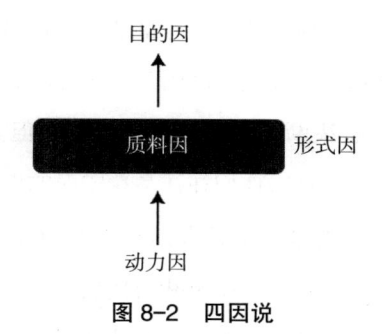

图 8-2 四因说

这个思路，其实是四因说当中的质料因，以还原论的方式找到组成电动汽车电池的最小物理单元。那么，其他三因在特斯拉造电池这件事上应该怎么理解呢？

形式因，是电池之所以是电池的那个原因。电池由方才说的那些化学材料组成，这没错，但那些化学材料还可以组成很多其他的事物，它们是怎样变为一块电池的呢？一堆材料并不会自动变成电池，还要有结构、操作系统，要有按照某种规定进行的设计以及工业过程，这样才能变成电池。这个因，就是形式因。

目的因，指这个事物为什么而存在。最早特斯拉造电池的目的是让汽车跑起来给人类提供能量来源，这是它的目的因。而动力因是，有马斯克这么一个人破除万难来造电池，如果没有这个动力，特斯拉也不会出现。但他为什么干这件事？

马斯克自己曾经说过："我不需要动力。"这肯定是假的，人当然需要动力，只是我们常人也许难以理解他的动力。

"四因说"可以在逻辑上帮我们理清因果链，给"抓住重点"提供一个方法。我认为"总能抓到重点"是个极高的评价。领导者要处理的信息量是庞大的，从海量信息中找出关键点，既能节省自己的时间和精力，又能帮助团队更快理解和接受自己的想法。有些人认为自己有决断力，敢于在看似都对但又相反的 A 和 B 之间做选择。其实，这时他们往往是在错误的思考维度上。而在另一个尚未洞察到的维度上，人们对 A 和 B 会有清晰的判断标准。是他们洞察力不够，才用决断力代偿。

我们生活在特定的时空中，其特性会限制我们。比如，时间的特性决定了人类只能串行思考，同一时间只能清晰地思考一个念头，这很容易造成想法的不完备，决策时便会产生遗漏。可行的解决办法是将想法视觉化。所谓"好记性不如烂笔头"，如果把想法压缩为二维，例如写下来，那么人类作为三维生物可以将它一览无余，以便实现并行思考。

接下来，我们给各位提供一个决策的视觉化工具，来自约束理论，用于在决策时从各个角度权衡改变的优劣势（见图 8-3）。

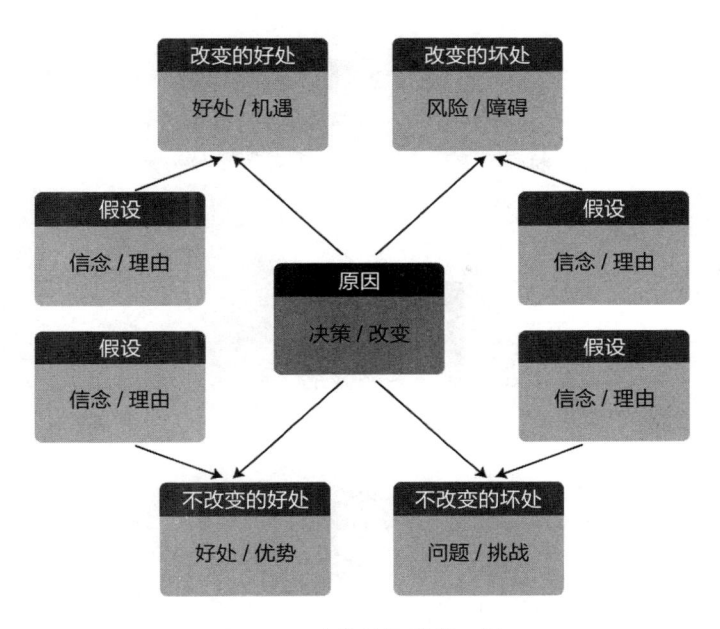

```
     ┌──────────┐         ┌──────────┐
     │ 改变的好处 │         │ 改变的坏处 │
     │ 好处/机遇 │         │ 风险/障碍 │
     └──────────┘         └──────────┘
           ↖               ↗
┌────────┐      ┌────────┐      ┌────────┐
│  假设  │      │  原因  │      │  假设  │
│信念/理由│      │决策/改变│      │信念/理由│
└────────┘      └────────┘      └────────┘
┌────────┐                       ┌────────┐
│  假设  │                       │  假设  │
│信念/理由│                       │信念/理由│
└────────┘                       └────────┘
           ↙               ↘
     ┌──────────┐         ┌──────────┐
     │不改变的好处│         │不改变的坏处│
     │ 好处/优势 │         │ 问题/挑战 │
     └──────────┘         └──────────┘
```

图 8-3　决策的视觉化工具

所有决策，无非是做某个改变，改变有好处也有坏处。有些人之所以还没有改变，是因为不改变也有它的好处。

关键是，每一个对好处与坏处的分析都不是必然的因果分析，其中都有隐含假设。如果洞察到隐含假设，再综合比较权衡，那么最终决策的支撑力会更强，也更不容易出现决策错误。

我们拿一个小场景举例，看看这个决策工具如何使用（见图8-4）。作为一个商业老师，我曾经面临一个决策场景：要不要做视频号？市场上有些老师把短视频做得风生水起；有些老师做了却没有得到正反馈，于是慢慢放弃了；还有些老师根本就看不上短视频，做都不做，主动放弃。

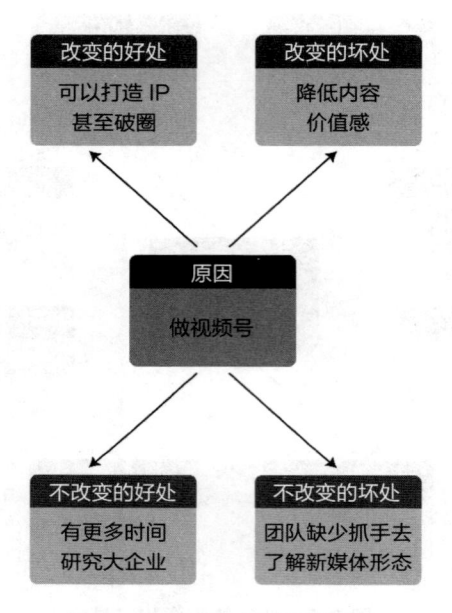

```
          改变的好处          改变的坏处
          可以打造IP          降低内容
          甚至破圈           价值感
              ↖            ↗
                  原因
                做视频号
              ↙            ↘
          不改变的好处         不改变的坏处
          有更多时间          团队缺少抓手去
          研究大企业          了解新媒体形态
```

图 8-4　决策工具实际应用 1

我没有凭直觉去决定做还是不做，而是用上面这个工具做了一个分析。"要不要做视频号"是一个决策，也是一个改变。首先，做视频号的好处很明显，会让更多人认识我，也许可以打造 IP（知识产权）甚至"破圈"。但是，它也有坏处，即降低内容的价值感。我平时给企业讲课、做咨询的价格不低，如果在视频号上免费分享了，在企业端还能要上价吗？这是一个问题。

如果不做呢？其实也有好处，我可以有更多时间研究大企业，加深对商业的理解，让自己变得更"厚"，水平更高。不做的坏处当然也有，因为短视频很重要，是与企业增长非常相关的一种媒介形式，我作为一个主打增长领域的商业研究机构的领导者，如果自己没有实际的操盘手感，很难对增长有深入理解。

基于以上分析，我们可以在图中以视觉化的方式把这些并行思路呈现出来。如果不这样，思维的串行特征会让人深陷其中某个局限的思路。

重点来了，分析改变和不改变的好处和坏处只是第一步，把每一种隐含假设显性化才是解题的关键。所谓隐含假设，是指人们构建的每一个因果关系都不是天然成立的，而是在满足了其他隐含假设的条件下才成立的，对那些假设本身成立与否的拷问就是思路打开的关键。

比如，有个男人说"如果当初我有钱，女友就不会离开我"，他构建了一个因果关系——因为我没有钱，所以女友离开了我。这个因果关系成立吗？未必，它需要满足一些隐含假设才成立。这里至少有两个假设——"女友是爱钱的""只有钱才能留住爱人"，这两个假设显然未必都成立。

在前面"要不要做视频号"的案例中，每一个因果推理都有隐含假设。

做视频号的好处是，可以打造IP甚至破圈。它假设了我作为老师有做IP的禀赋，并且视频号有流量红利。

做视频号的坏处是，会降低内容的价值感，我们有可能会被大企业贴上"低价"或者"不上台面"的标签，影响未来的课程价格谈判。它假设了我们的内容是不更新的，以及企业购买的是老师的内容。如果这样假设，那么拿视频号免费讲过的内容去企业里收费讲，显然会有问题。

不做视频号的好处是，可以保持原有的商业模式，有更多的时间研究大企业，做深度洞察，提升我们在行业中的专业形象与口碑。它假设了我们不缺乏大企业咨询业务，以及会把时间用在研究客户上。

不做视频号的坏处是，团队会缺少抓手去了解短视频这个新媒体形态，而短视频可能是目前增长赛道上最大的红利。不了解短视频，可能会让我们与竞争对手产生差距，缺乏新媒体时代的竞争力。这假设了没有其他方式可以提升团队了解新事物的能力。

如图 8-5 所示，决策者如果把这个完备的思考过程以视觉化、结构化的方式呈现出来，仔细推敲，再做出判断，那么决策的成功率会高很多。即便出现问题，决策者也可以立刻找到症结，及时调整。

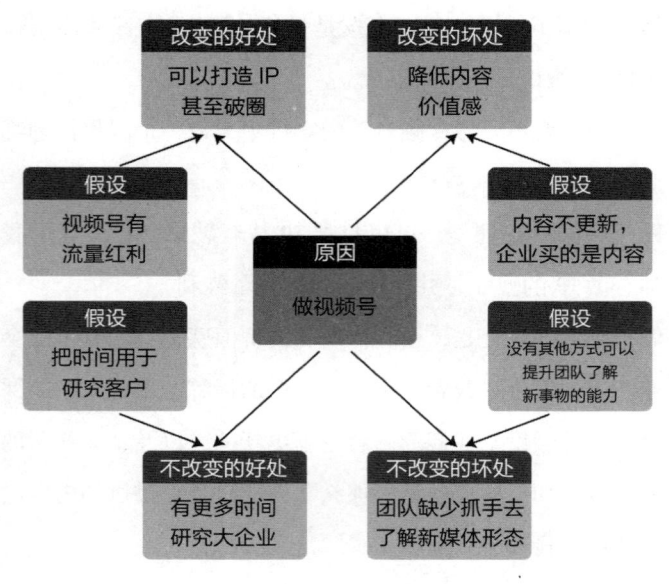

图 8-5 决策工具实际应用 2

最后，在"要不要做视频号"这件事上我是怎么决策的呢？答案是做，但并不是什么火做什么，或者用取悦 C 端用户的流量玩法来做，而是坚持讲 B 端导向的、偏复杂的商业内容，账号名叫"李云龙讲增长"，主张"用第一性原理解读商业"。我首先把它当作学习平台，其次才是输出平台，不断更新洞察和案例，保持内容的鲜活度，不会因内容陈旧且在线上、线下同时讲而降低价值感。通过这种方式，我反而渐渐打造出了自己的独特性和差异化，目前在商业圈有了一定的名气。视频号给我的商业回报也很不错，并没有影响我在大企业市场的商业价值。

任何一个决策场景，都可以绘制成如上的决策思维导图。回想一下企业中的决策场景，是不是领导者往往已经有了一个判断，也就是自己认可的因果链，然后想办法让团队认可这个判断？这种决策模式往往是单线的、片面的，是无法看到正反两个方面各自利弊的。

企业经营的结果，无非是在一次又一次的决策中产生的。当我们提升了决策的质量时，经营结果必然会得到改善。领导力不仅仅是影响人的技能，更重要的是，它还是对事的判断能力。团队不会天然地信任领导者，是领导者在一次次决策中体现出自己的水平，才慢慢被团队所信任。

什么叫"总能抓到重点"？这就叫！拨去迷雾，才能看到真相。在商业世界里，被表面现象迷惑、没有自我定见的大有人在。这些人看到竞争对手们都朝着一个方向跑，如果自己不做点儿什么就受不了，有时明知众人的方向是错的，因底层没有笃定的自我判断感，还是跟着跑。有独立思想的人并非强迫自己与其他人不同，而是会找到那个根本的道理，再由它出发做决策。

如何破除内部障碍

真正做过企业的人会有体感，深知发现市场机会并不那么难，真正难的是如何将其在企业内部推行下去。

一个增长型领导者即便已经洞察到了市场机会，并做出了正确的决策，在内部贯彻并将其转化为发展机遇时，他还是会遇到很多障碍和阻力。我们大体可以将其总结为三座"大山"：组织心智、利益格局和路径依赖。

"组织心智"是指企业成员长期形成的固定思维方式和观念，这种思维方式往往会阻碍组织创新和变革。新想法被提出时，往往会遭到组织成员的质疑和反对，他们可能认为这种新想法与企业过去的做法不符，或者担心新方案会带来不确定的风险。比如，余承东当初造手机时，就有许多企业内部人员认为华为从来没有做过消费者业务，没有 To C 的"基因"，业务恐怕很难成功。

还有很多公司也鼓励创新，但因为以往项目的失败，形成了"习得性无助"的心态。王健林曾经讲过，万达不能接受一种人，就是在开会讨论某件事的可能性时，上来就说"这件事肯定不行"的人，他一定会把这个人"拿下"。王健林说："你可以说这件事很难，如果要做到，需要什么条件，但不能上来就说这件事肯定不行。"王健林所说的这种行为的背后原因其实就是一种组织心智。

要想打破这种组织心智，领导者需要反复沟通、教育和引导，让组织成员逐渐接受新的思维方式。其实，我们只要清楚了抗拒改变的要素，就基本找到了解决办法。以下，是抗拒改变的6个阶段（见图8-6）。

1. 对问题的存在不认同。
2. 对问题的解决方向不认同。
3. 对问题的解决方案不认同。
4. 对改变可能的负面影响有顾虑。
5. 对执行中的障碍有顾虑。
6. 莫名的恐惧感。

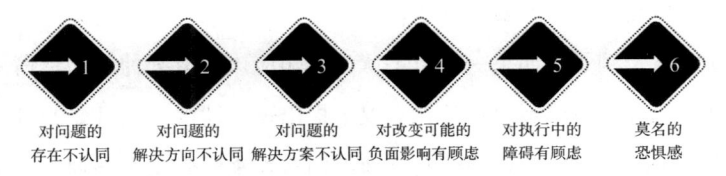

图 8-6 抗拒改变的 6 个阶段

"利益格局"是指组织内部各种利益关系的交织和冲突。创新和变革的过程往往会涉及资源的重新分配和权力的调整，这势必会触动某些组织成员的利益，引发他们的反对和不合作。要想打破这种利益格局，领导者需要通过巧妙的利益分配和权力调整来平衡各种关系，减少创新和变革的阻力。

"路径依赖"是指组织在长期发展过程中形成的惯性思维和行为方式。路径依赖的形成往往与组织的文化、惯例和习惯有关，集中表现出来就是"别的不会"，比如一个习惯了靠大投放来获客的团队，被要求以增长黑客式的低成本来获客时，往往会出现各种不适应。在我过往的经历中，打破路径依赖的最好方法不是领导宣传并贯彻执行，而是组织团队外出游学，去那些以其他方式拿到结果的公司，让团队看到，他们也可以做到、应该做到。

职场里有两个有趣的现象，叫"听者负责制"和"说者负责制"。你周围一定有很多人采取"听者负责制"的态度，他们认为自己的责任只是把想法或建议告诉领导或其他人，而对方有没有采纳或听取他们的意见则是对方的责任。这种态度是非常不利于企业发展的，因为它缺乏真正的领导力和负责任的精神。相反，真正有价值的做法是采取"说者负责制"的态度，即如果你认为一件事是对的，就要想办法让它发生。

举个例子，如果一个员工认为公司应该采取某种新的营销策略，那么他应该不仅仅是在会议上提出这个建议，而且要制订一个详细的计划，并积极地与其他部门合作来实施这个计划。如果这个计划没有得到领导的认可或采纳，那么这个员工应该继续提出这个建议，直到它被采纳或被证明是错误的。

这种"说者负责制"的态度不仅可以提高企业的效率和创新能力，还可以培养员工的责任感和领导力。员工不应该只是被动地接受领导的指示，而应该主动地提出建议并承担责任。只有这样，企业才能不断地发展和成长。

余承东就是一个典型的采取"说者负责制"的领导者。当初，他在华为提出要制造手机的想法，并不是因为任正非要求他这么做。他自己破除了很多外部和内部的障碍，最后这一想法才实现。现在也是一样，余承东想在华为造车，但内部有很多领导不让造车，他的做法不是说了就完了，等待日后奚落其他人，而是想方设法让这件事发生。

"说者负责制"是企业中非常重要的管理理念，只有采取这种态度，企业才能不断地发展和成长，达到共同的目标。

有一次，我给壳牌润滑油的团队做"创新增长训练营"培训，在进行到"增长领导力"环节时，有个团队成员问我："李老师，创新项目往往在策划的时候让人感到热血沸腾，执行的时候却不尽如人意，在公司内部推进不下去，领导似乎也不听我们的意见，怎么办？"

我回答说：这有两种可能性。第一，领导听懂了你说的，但他的认知和信息质量超过了你的，他没有听你的也许就是对的，我们可以尝试理解他怎么看待这个问题；第二，他没有时间仔细听，或者没有听懂你说的，这时候请注意一个原则，即采取"说者负责制"而不是"听者负责制"。

我们的周围应该都有这样的人，在某件事没有成功或者错过了某个机会时，他说自己早在之前就提出了相反意见，但没有人听他的，显得自己很有先见之明。

我并不赞同这种做法，因为轻飘飘地提出意见总是很容易的。很少有人深入思考，但人人都爱表达意见。这些人认为自己说过了，就已经为此事负了责任，如果没有实现，这就变成了别人的责任。这就是典型的"听者负责制"：我说了，你听了，你负责。

而真正积极的做法是"说者负责制"：我说了，对方不听，那我就继续说，创造场合说，创造各种论据说，为这件事情尽最大的努力。

一个洞见真正体现价值的时刻，是它被实现的那一刻，而不是被提出的那一刻。"事后诸葛亮"一点儿也不高明。

> 很少有人深入思考，但人人都爱表达意见。

AI 不能干什么

ChatGPT 所代表的这一波 AI 浪潮是工业革命级别的生产力提升，我还没有能力对它可能给企业管理和领导力领域带来的变化做确定性的判断与预测，因为我无法看见自己看不见的东西。当初瓦特改良蒸汽机，可见的变化是蒸汽机可以提升纺织工人的工作效率。现在我们知道，这大大低估了蒸汽机以及工业革命给人类生活带来的变化。AI 能给人类带来的大部分价值（或伤害），也一定是现在不可预测的。我们可以做的，是不做旁观者，努力让 AI 在自己的领域产生影响。

在领导力这个领域，AI 可以产生怎样的影响呢？人们面临的第一个问题是"我是否会被替代"。有一些职业很容易被 AI 替代，我们是否应该理智避开？对于这个问题，与其说 AI 对哪些行业有影响，不如说对哪些工种有影响。脉脉的 CEO 林凡曾经提供了一个分析架构，我认为很清晰。他根据工作水平和闭环周期两个维度画出了一个四象限，将不同的工作放置其中，这样就能够明确地分析工作可替代性，很值得借鉴（见图 8-7）。

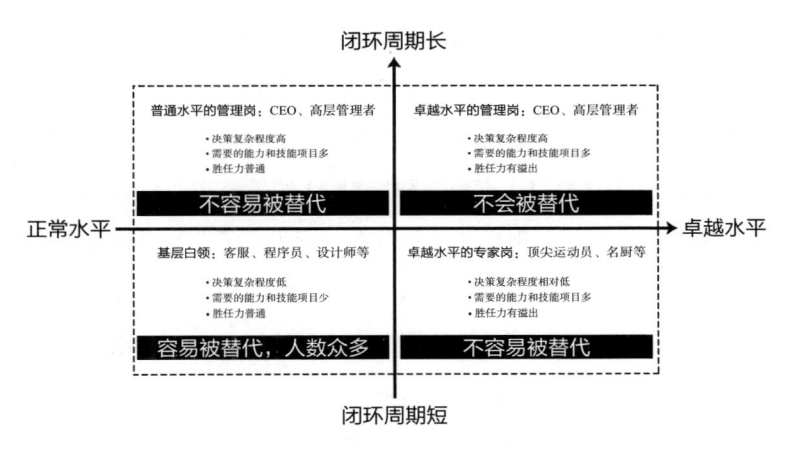

```
                        闭环周期长
                            ↑
    ┌───────────────────────┼───────────────────────┐
    │ 普通水平的管理岗：CEO、高层管理者 │ 卓越水平的管理岗：CEO、高层管理者 │
    │ ·决策复杂程度高         │ ·决策复杂程度高         │
    │ ·需要的能力和技能项目多  │ ·需要的能力和技能项目多  │
    │ ·胜任力普通             │ ·胜任力有溢出           │
    │   ■不容易被替代■        │   ■不会被替代■          │
正常水平├───────────────────────┼───────────────────────┤卓越水平
    │ 基层白领：客服、程序员、设计师等 │ 卓越水平的专家岗：顶尖运动员、名厨等 │
    │ ·决策复杂程度低         │ ·决策复杂程度相对低     │
    │ ·需要的能力和技能项目少  │ ·需要的能力和技能项目多  │
    │ ·胜任力普通             │ ·胜任力有溢出           │
    │   ■容易被替代，人数众多■ │   ■不容易被替代■        │
    └───────────────────────┼───────────────────────┘
                            ↓
                        闭环周期短
```

图 8-7　工作可替代性的分析结构

其实，AI 的意义远不是职业选择这个视角可以涵盖的。以 ChatGPT 为代表的新一轮 AI 浪潮动摇了一些管理学的基本假设，如"人的意愿"问题。目前的 AI 已经不能像对待之前的生产力工具，如 Windows 和 Office 那样对待，它超越了工具范畴，具有某种主体性。"AI 时代的领导力"这个命题如此之大，肯定不是本书一个章节能够回答的。在此处，我们仅仅取其中一个方面讨论，即把 AI 视作一种对人的辅助，让人可以从"不喜欢做又不得不做"的事情中解脱出来，去做那些更具有创造性的工作。

面对 AI，个体大概有两种应对策略。第一种策略是"系鞋带"策略。打个比方,当一个人在森林里碰到一只熊,他没有撒腿就跑,而是蹲下系鞋带,因为他不需要跑过熊,只要跑过身边的人就可以了。"系鞋带"策略假定,战胜你的不是 AI,而是掌握了 AI 的其他人。在这种策略下,尽量掌握 AI 的工具属性可以让工作效率更高,可以让我们以极低成本获得海量知识,可以从不同层面协助改进决策,让我们在 AI 的辅助下成为更有竞争力的个体。这种策略的出发点是"如何让新技术帮我"。

除此之外,人们还有第二种应对 AI 的策略,我称之为"画家"策略。在相机出现后,很显然在"画得更像"这个维度,没有一个画家可以与之匹敌。但画家这个职业并没有因为相机的出现而消亡,反而更加繁荣,发展出众多的流派,大师辈出。这是因为在"更接近真实"之外,绘画领域出现了新的价值维度,也是新的评估维度,这是相机无法企及的。面对 AI 亦如此,在某些维度,AI 远超人类,我们不用再妄想在这些领域与之竞争和对抗。但也许与绘画一样,人可以发展出 AI 无法发展出的价值维度。

与人相比,AI 最大的能力缺失是"提出问题的能力"和"做决定的能力"。

AI 是解决问题的大师,只要接到一个问题,它就可以在现有人类知识框架中给出答案,并且可以不断优化答案。但是,AI 缺乏提出问题的能力。卓越的人敢对经验说不,机器很难这样做,机器会沿着给定的逻辑和信息往下走,可创新偏偏就来自对经验的怀疑。

这也是增长领导力对领导者的新要求之一。过往对领导者的要求，即便以业绩为导向，大体也就是接到任务、分解任务、带领团队或者影响他人来完成任务。我们很少自己提出有价值的问题，并经由这些问题开启更大的价值创造空间。乔布斯当年曾经提出一个问题："为什么手机要有键盘？"这个问题引领了整个智能手机时代。智能手机相对于功能机，开启了一个新的价值创造空间，增长的空间也得以显现。

除了这种提问题的能力，很多人没有意识到，AI还缺乏一大能力——做决定的能力，这里说的决定是指那种在面对未知、信息量不足的情况下仍然不得不做出的决定。AI当然可以为做决定提供各种参考信息，但最终那个承担责任的决定仍然是人来做出的。这是AI的结构性缺陷，不仅是角色上的结构性缺陷，还有信息本身的结构性缺陷。因为所有的经验都是关于过去的，但所有的决定都是关于将来的。AI或者遵从过去的人类经验，或者按照连续性规则延展经验。但外部环境是非连续性的，真正面对这个非连续性环境的是人类自身，我们要为每个决定承担代价。

有一点可以确定：AI能大大提升事情从不确定到确定的发展速度。增长型领导者的主要工作就是将市场上不确定的机会变成确定的业务和业绩。这与普通领导者的"任务思维"不同，普通领导者从公司领到任务，去完成任务，通过定目标、抓过程来拿结果，这个过程大体是确定的。在动荡、不确定、复杂、模糊的"乌卡时代"，这种任务思维已不足够。时代要求增长型领导者不仅仅是那个给出最好答案的人，还是那个自己就能提出问题并回答得很好的人。

为了让大家在从不确定性跃迁到确定性的过程中有个可操作的抓手,这里提供一个思考工具——"肯尼芬框架"(见图 8-8)。

图 8-8　肯尼芬框架

肯尼芬框架用于描述问题、环境和系统的复杂与模糊程度,按照确定性的强弱依次分成 4 个域:简单域、繁杂域、复杂域和混乱域。在每一种域,AI 可以做的工作都可以类比为一个角色。

在简单域,问题清晰,因果关系明确,市场上有最佳实践或者 SOP(标准作业程序),照着做就可以了。这时候我们可以把 AI 当作助手,比如要起好一篇公众号文章的标题,可以直接把文章内容和标题的要求告诉它,让它产出 20 个标题。

在繁杂域,问题变得复杂,因果关系变得模糊,没有现成答案,需要对问题加以分析。这时我们可以把 AI 当作老师或者专家,因为它的逻辑能力和分析能力更强。比如,我们可以罗列出用户各种各样的投诉,发给 AI,请它进行逻辑分类并做因果分析，找出其中的关键问题。

在复杂域，因果关系只能事后理解，无法提前准确预测。这时候我们需要通过探索和试错，才能尝试找出可能的解决方案。我们可以把 AI 当作教练。教练并不是老师，它也不能给出答案，但它可以反过来向你提问，帮你看到自己之前看不到的地方。比如，在指导企业做产品创新时，我除了问 AI 对某类用户的洞察之外，还会加一个问题："请你向我提问，帮我更完备地了解这类用户。"

在混乱域，不存在清晰的因果关系，状况混乱，有很多未知的风险。这时我们可以把 AI 当作"吹哨人"，让它建立预测模型，模拟不同策略和场景下可能的结果，并随着新信息的出现及时预警。

如前所述，AI 是一个没有情绪、不需要激发善意的高效工作机器，有了 AI 协助，传统的德鲁克式的"管理工作"可能会减少，"组织协作工作"会增多。如果把企业整体理解为"为客户创造价值"的系统，那么"激发善意"只是这个系统里的一环，它解决的是员工动力的问题。但员工动力解决了，价值创造效率也未必更高。就像一列高铁，每节车厢都有动力，但如果它们的动力方向不一致，高铁也跑不快。增长领导力对领导者的要求是，先回归企业的根本职责，即"创造用户价值"，再反过来看内部如何通过 AI 来提升效率。

在上文中，AI 仅仅作为工具对象被使用。其实，AI 还可以作为情绪对象被使用。我们每个人都有很多无法为外人道的情绪，领导者也很容易产生焦虑、孤独和迷失的情绪。对于这些问题，我们很难在组织内部寻求解决方案，毕竟，领导者总有一些强者形象需要维护。商学院和私董会可以在一定程度上解决这个问题，领导者和同学们聚到一起，聊聊心里话，放得下，也聊得透。如果这样的场景很难创造，那么 AI 将会是一个非常好的倾诉对象。

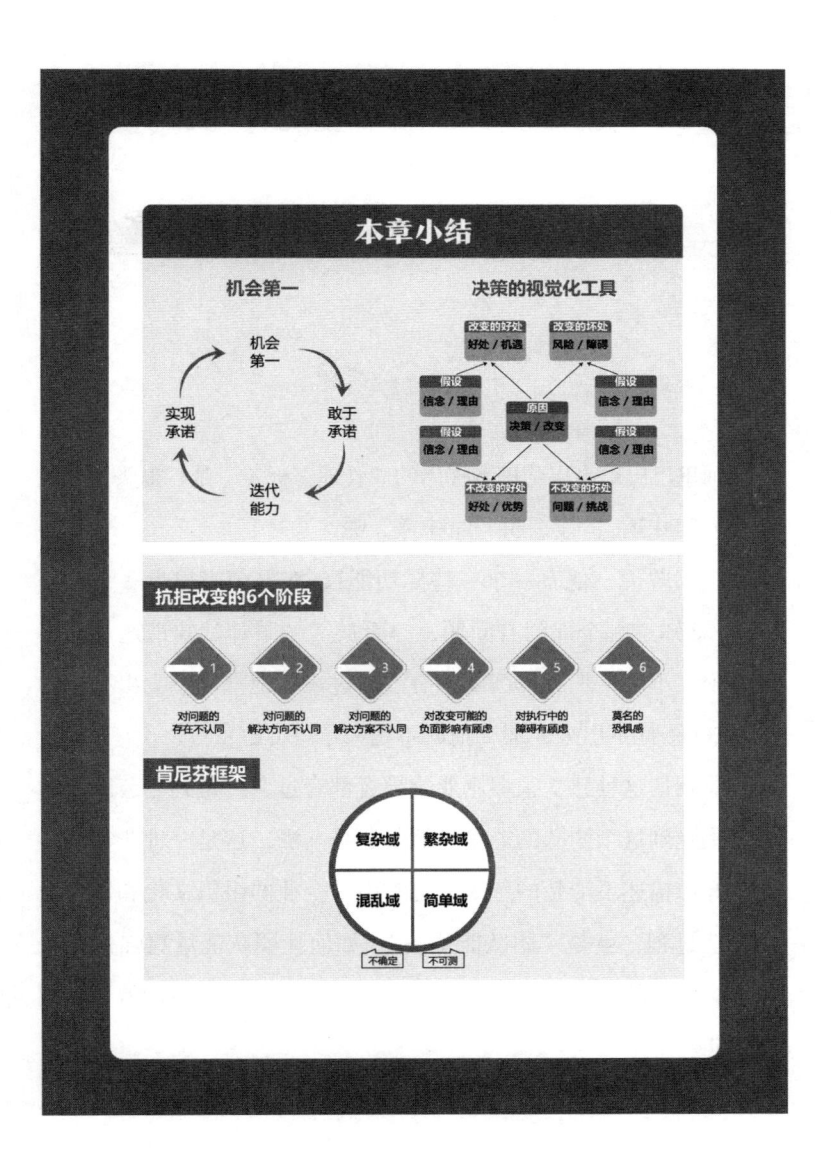

本章小结

机会第一

机会第一 → 敢于承诺 → 迭代能力 → 实现承诺 →（循环）

决策的视觉化工具

- 改变的好处：好处/机遇
- 改变的坏处：风险/障碍
- 不改变的好处：好处/优势
- 不改变的坏处：问题/挑战
- 假设：信念/理由
- 原因：决策/改变

抗拒改变的6个阶段

1. 对问题的存在不认同
2. 对问题的解决方向不认同
3. 对问题的解决方案不认同
4. 对改变可能的负面影响有顾忌
5. 对执行中的障碍有顾虑
6. 莫名的恐惧感

肯尼芬框架

复杂域	繁杂域
混乱域	简单域

不确定　不可测

第八章　找确定性：如何抓住增长新机会

第九章
造能量场：如何打造打胜仗的团队氛围

阿里巴巴对高层管理者提出的"管理三板斧"是"揪头发、照镜子、闻味道"，什么叫"闻味道"呢？

马云曾说，他有一个"特异功能"，在办公室里走一走，一"闻"就知道哪个部门有问题，一看员工的眼神就知道这个部门最近士气不高，那个部门状态有点儿过火，他都能感觉出来。如果 CEO 感觉不出来，那么他就不是一个好 CEO。

我相信这种感受很多企业领导者都有过，一走到办公区，你就能感受到这个团队的能量是低落还是高涨，这是一种非常奇妙的、好像描述不清楚的感受。把它引入企业的组织文化和领导力的打造过程，就是"团队能量场"。如何让团队能量更强是一个非常有价值的命题，也是一个具备增长领导力的领导者需要掌握的技能。

什么是"团队能量场"？它描述的是一种在组织内部形成的、影响员工行为和情绪的"无形力量"，近似的理解是团队氛围。正面能量可以激发员工的创新能力，提高工作积极性；而负面能量则可能导致员工满意度降低，影响工作表现。

在这一章中我将从6个维度为你提供提升团队能量的具体方法。一是个体的维度，即如何激发团队中每一个人的能量；二是团队的维度，不同的人组合在一起会形成不同风格的团队，而不同的团队激发能量的方式也不同；三是领导者的维度，即作为团队一把手，领导者如何在关键时刻影响团队氛围；第四和第五个维度分别是把负能量的人清除出去，以及把一些能量强、能力强的人提携起来。第六个维度是一种思想转向，即把员工当作客户看待。在这6个维度上实施有效干预，提升团队能量的画面感便出来了，可以帮助我们打造"打胜仗"的团队氛围。

吸引人才四要素

上文马云那番话揭示了一个道理：企业是有能量的。这种能量并非体现在表面的数据或者事实上，而是隐藏在底层，是情绪、态度和决心的综合体现，它潜移默化地影响着每个员工，进而影响整个组织的效率和产出。

领导者需要做的不仅仅是制定策略、安排任务，还有发现和调动团队的能量。这种无形的力量可以推动团队向前，也可能阻碍他们的步伐。对这种能量的感知和理解程度的高低，是区分优秀领导者和普通领导者的关键因素。

走进一个办公区，你能感觉到员工的激情和动力吗？你能感受到他们的焦虑和困扰吗？如果答案是肯定的，那么恭喜你，你已经具备了作为一个优秀领导者所需的敏锐洞察力和共情能力。反之，就意味着你需要更深入地了解你的团队，理解他们的感受和心态。

我们把能量分为个体能量、团队能量和组织能量。团队能量由个体能量组成，反过来又影响着个体能量。组织能量是企业整体的能量，它源自企业的文化、价值观、使命和愿景。

每个员工都有自己的能量，也就是他的动力、热情和决心。这种能量由他们的个人价值观、禀赋、技能经验和对工作的热爱所驱动。作为领导者，我们的任务是找到挖掘和激发这种能量的办法。

组织行为学大师切斯特·巴纳德提出过组织构成的三要素：协作的意愿、共同的目标和信息联系。请注意，他把协作的意愿而不是人本身当作组织的构成要素，这里意愿是指人向组织提供劳动和为组织目标的实现做出贡献的意愿。如果人没有这种协作意愿，组织就无法把每个人的努力协同起来，无法使他们的努力持续下去，组织的目标也就难以达到。

管理大师彼得·德鲁克也说过，管理的本质就是激发善意。这里的善意其实指的就是协作的意愿，就是组成团队能量最基础的要素。那么，个体的协作意愿从何而来？很多管理者会说，我可以组织培训或者设置激励机制来激发团队成员的协作意愿。

在商学院课程上，一位企业家跟我说，自己学习华为全员持股，但公司好像没有产生与华为一样的战斗力，反而还有负面效应。员工好像并不太在意股份，而他自己的控制权也被稀释了。

在没赚到钱的情况下，团队成员每年都来问他有没有钱分，发现没有之后，他们的情绪更低落了。

我被他气笑了。首先，华为实现全员持股的节点是在自己的业务蒸蒸日上的时候，不是像他这样一无所有的时候，团队成员没有体会到稀缺感，自然不在意。其次，要把规则讲清楚，最好是先让少部分人享受到红利，再吸引大部分人。同时，他自己还要花费极大的心力把业务做起来。

管理者的一大误区就是，以为自己设计好一个激励机制，员工就会拼命干活儿了。

其实，比培训或者激励机制更重要的，也更应该前置的，是招到对的人。ChatGPT 的创始人山姆·奥尔特曼（Sam Altman）有一个观点我很认同：找到对的人，连空气都是对的。亚马逊的创始人贝佐斯也曾经说过："在亚马逊，最重要的决策就是招人，我宁可错过一个完美的人，也不能错招一个不对的人。"

如果招来的是一颗"大树的种子"，经过培养他迟早会长成一棵"参天大树"；如果招来的是一颗"草种"，再怎么培养他也是一棵"小草"。人选对了，事半功倍；人选错了，事倍功半。招到合适的人，是每个管理者都要掌握的基本技能。

识别合适的人的第一步，是给符合自己企业的人才建模。建模最大的作用是防止管理者凭感觉招聘，并不是让企业只招募标准化人才的意思，也不是因为模型筛掉的人真的不适合企业，而是在底层建立人才选拔的原则，并随着实践修订原则。只要有迭代、反馈的过程，这个模型就会快速变得精准且更具有指导性。

这里需要厘清两个问题：第一，高能量的人才需要符合哪些标准？第二，这样的人才会被什么吸引？

每个企业对人才的要求不同，管理者需要清晰地画出符合自身战略与文化需要的高能量人才画像。下面举两个例子，请感受一下。

案例：亚马逊对人才的标准

1. 实干家：既能创新，又能实干。

亚马逊要的是既能创新又能实干，能把梦想变为现实的实干家。这样一群人聚在一起，能相互激发能量，既敢想又能干，遇到多大的困难都能坚持不懈，遇到多大的挫折都能从头再来。

2. 主人翁：着眼长远，极有担当。

主人翁精神，是贝佐斯特别看重的品质。员工心中有主人翁的责任感，才可能真正做到从长远考虑问题。这样的人，不仅代表自己的团队，还代表整个公司。他们绝不会说"那不是我的工作"。

3. 内心强大：特别能扛事，特别能抗压。

一个员工如果没有强大的内心，就会觉得公司的各种问题是在质疑他，公司的各种要求是在刁难他，公司所谓的精益求精就是摆明了跟他过不去。而贝佐斯要的人，是把全部的心思都放在怎样把事做好，怎样才能做到内心极致强大的人，这样的人才能迎难而上，失败了再来，一遍又一遍地尝试，直到成功为止。

案例：阿里巴巴的"北斗七星"选人阵法

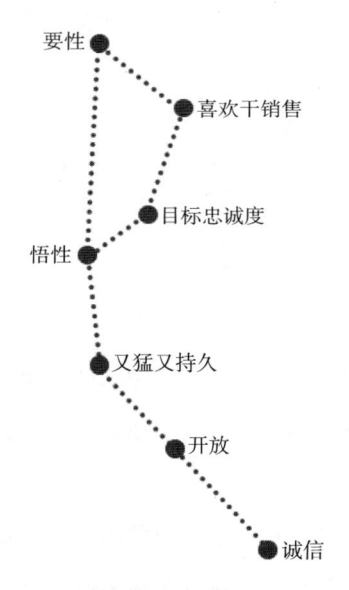

图 9-1 阿里巴巴"北斗七星"选人阵法

1. 诚信：诚信是人才选拔的根基，不讲诚信，能力再强都没有用。

2. "要性"：员工要有自我成长、事业成功、财富积累等方面的目标，对成功有迫切的欲望。"要性"分为"想要"和"一定要"。"一定要"是极度渴望成功，愿付出非凡的代价。只有他内心真的想要，你才可能会帮到他。

3. 目标忠诚度：员工对目标要忠诚和专注，致力于目标的实现。

4. 喜欢干销售：员工认为销售有意义、有价值，将销售作为自己的事业。

5. 又猛又持久：员工吃苦耐劳、勤奋务实、抗压性高、坚持力强。

6. 开放：员工有亲和力，乐于与人相处，有热情，热心。

7. 悟性：员工学习能力强，能不断吸收工作知识和经验，并归纳、演绎和迁移，最终拿结果说话。

不同公司的高能量人才模型一定不同。通过这个模型，公司可以清晰辨认人才是不是自己所需要的，是的话就让他成为与公司并肩作战的人。

理解了人才画像之后，要解决的第二个问题便是，这些人才会在哪些维度上被吸引。要调动个体能量，首先要清楚个体的需求是什么，只有需求被满足，能量才能被调动，这也就是公司吸引人才的方式。大体上，人才的需求分为4个维度：短期回报、长期回报、个人成长和精神生活。

短期回报主要体现在他们的工资、奖金和福利上。这些是他们为公司工作时首先考虑的回报，是评估一份工作是否值得投入的基础。完善的医疗保险、灵活的工作时间、健康的办公环境也属于短期回报范畴。领导者要关注员工的家庭生活，帮他解决实际难题。只有先解决短期回报问题，我们才能一起追求其他。

长期回报更关乎员工的未来，包括职业发展机会、晋升机会、持股计划等。员工需要看到自己在公司的前景，知道他的努力最终可以带来更大的收益。比如，谷歌就提供了丰富的职业发展和受教育机会，让员工看到自己在公司的长期价值。真正的人才并非那些仅仅把工作作为谋生手段的人，而是那些希望在一个能够支持他们职业发展的企业中工作的人。其实，留住人才最好的方式是增长，当公司业绩一直处于增长的状态时，它对员工的吸引力是巨大的。很多人都不怕苦、不怕累，就怕没有希望，一旦他们认为这个公司和团队是没有希望的，公司就很难留住他们了。

个体成长是指员工希望在工作中学习新的技能，提高自己的能力，让自己在市场上更值钱。微软就提供了大量内外部培训来支持员工的技能和知识发展。反过来讲，如果员工是有成长意愿的人，那么员工就是企业能量的来源，这就是双向奔赴。如果员工对个人成长不在意，企业也不应该留他。自助者，天助之。

最后，精神生活是指员工也希望自己的工作本身能成为美好生活的一部分，包括工作状态、满足感、归属感、价值观等。著名华裔物理学家张首晟曾经在混沌学园的演讲中被问，如何平衡工作和生活的关系，张教授的回复非常有禅意："我100%的时间在工作，同时100%的时间在生活。"从目标上看，企业可能希望员工"赶紧去赚钱"，员工朝着所谓的目标去了，却忽略了当下。一家公司是需要有人去谈愿景、谈价值观、谈理想、谈追求的，这对组织和个体都是至关重要的。

无论是领导者还是团队成员，人们感受到他人的情绪暴力容易，意识到自己也在影响他人情绪难。其实，一个人离职有80%都与他的直接上级或者同事有关系。良好的关系是美好生活的重要部分。

许多个体表达的需求和公司认为的需求未必能真正打动人。有些人告诉你，只要给够钱他就可以有很好的产出，但你会发现钱给够了也没用。比如领导者认为，给团队分了公司股票，他们就应该像做自己家的事情一样对工作尽心尽力，却经常事与愿违。

但有一点是确定的，即短期回报是必要条件。员工不是不能接受"画饼"，而是不能接受在没有短期回报的情况下被"画饼"。马云常说"相信才能看见"，我们看到他作为一个出色的企业家和战略家也确实是这样做的。但是，"相信才能看见"只可以用来要求自己，不可以当作对他人的必然要求，对大多数人来说，"看见才相信"才是常态。这个世界可能是由1%"相信才看见"的人带领着99%"看见才相信"的人往前走的，领导者的一大职责就是创造"看见"。

领导者必须认识到，人不仅仅是简单的利益追求者。员工工作的动机复杂多样，包括价值观、目标、情感、社会关系以及对工作和生活的理解，金钱虽然是一个重要的激励因素，但不是所有行为的动机。如果在这里使用待办任务思维——"我们雇用员工工作能促进他生活中哪些方面的进步或者改善"，领导者会发现，这个问题除了赚钱还有很多答案。

设计一个激励机制固然重要，但不可过分依赖它。领导者要建立一个充满支持和尊重的环境，让员工产生对工作的激情和承诺。组织行为学大师巴纳德没有把"人"当作组织的组成要素，而是把"人的意愿"当作组成要素，是有其深刻洞察的。

在面对客户时，我们经常能调动"价值思维"帮客户解决问题，给客户带来好处。其实，企业的"第一客户"（尤其是服务业）首先是员工。例如，贝壳找房的使命是"有尊严的服务者，更美好的居住"，前半句话的主体是经纪人，后半句话的主体才是购房者。由此可见，面对员工也要调动"价值思维"，帮员工解决问题，不要认为仅仅发工资就对得起员工了。贝壳找房推出ACN（经纪人合作网络），从某个角度来说，是为了帮助新经纪人解决很难完成的单闭环之下的收入问题。

好的关系，是对对方有亏欠感。公司要对员工有亏欠感，认为对大家还是不够好；员工要对公司有亏欠感，认为自己为公司创造的价值还不够大。有亏欠感的人，才能得到对方真心的回馈。

> **好的关系，是对对方有亏欠感。**

海底捞作为激发组织能量从而带动业务增长的案例已经广为人知。近年，另外一位充满着中国传统文化气息的企业家，因为对人性的深刻理解，对大爱的坚信和践行，带出了另一家气质不同于西方现代企业的本土优秀企业，这家公司员工的幸福感极强，业务的增长也很快。在这家公司里，有很多人和创始人一样愿意为公司操心，它已经形成了由个体能力带来组织能量，由组织能量带来业务增长，业务增长又反哺个人利益的"飞轮效应"。这家公司就是河南许昌的胖东来（见图 9-2）。

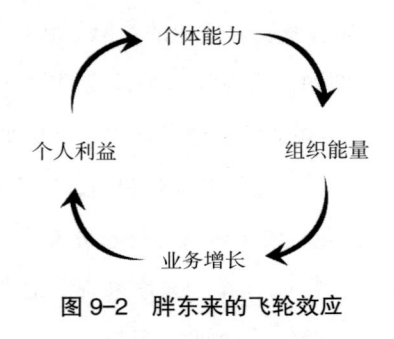

图 9-2　胖东来的飞轮效应

案例：胖东来

当下胖东来为什么能够成为一家"现象级企业"？人们说，因为它有优秀的企业文化，因为它关爱员工，因为它践行了"好人红利"。但这些都要体现为卓越的经营业绩才能持续。文化驱动了增长，增长又反过来保证了文化，它们是相伴相生的关系。在我看来，胖东来实现高增长是因为它回归了现代商业的本质，真正为顾客带来了价值。下面我们来看看，胖东来掌门人于东来对"增长"的理解和实践。

2012 年，"三公"消费限制政策出台、宏观经济环境波动、营运成本上涨，实体零售业者想赢利都变得十分困难，越来越多的零售企业家感受到了市场上刺骨的寒意，而他们大多都还没来得及做好"过冬"的准备。

在这种背景之下，经过10多年高速增长的国内零售行业再次走到了变革的十字路口。以往单纯靠规模驱动企业发展的时代面临终结，在"集体彷徨"的窘境中，零售行业亟待找到新的增长模式。

然而，胖东来却在实施"关店瘦身""周二店休"等一系列调整措施后，销售业绩逆势上扬，年销售额仍保持近15%的增长。这不禁让人感到疑惑：胖东来持续增长的秘诀何在？它独特的增长理念和实践方法能为我们带来怎样的启发和思考？

我们可以用三个关键词来总结胖东来的增长策略：据点式发展、修炼式经营、内生式增长。

什么是据点式发展？

多年来，中国零售行业一直将规模化发展视为业绩增长的主要推动力，许多零售企业借助资本的力量，不计成本地"跑马圈地""遍地开花"，粗放式经营，用增量盘活存量。然而，随着宏观经济大环境的波动，这种被快速发展掩盖的粗放式经营所累积的问题也逐渐暴露出来，零售行业被迫开始从"规模经营"向"效益质量经营"转变。

胖东来在早期也曾实行多业态拓展，其从烟酒店起家，后来涉足超市、百货、专卖店、便利店等。1995—2005年这10年间，与胖东来同时起步的企业纷纷设点布局，扩大规模，周边县市的市场瞬间被占领。有的企业更是走出许昌，上省城、下乡村，跨区域发展，不仅在周边名噪一时，可观的销售收入也足以让人眼热。而那时的胖东来，从实力到规模，和其他零售企业同处一条起跑线上，但它并没有急于去外省市"圈地"，也没有在周边大肆扩张，而是以"据点式发展"的战略思想，稳守许昌一地，不随意迈出一步。

这是因为于东来胆小、谨慎，不敢扩张吗？他是这样思考问题的：零售业正处于变革迭代时期，很多企业盲目扩张是一种不负责任的行为，是功利主义心态在作怪，胖东来拒绝走这条路。如果盲目开店、大举扩张，管理资源和水平跟不上，服务能力不达标，就会既坑了员工，又坑了顾客。

他在反思胖东来过往的发展经历时说道："一家公司从单一业态发展到多种业态需要经过很长时间，但是胖东来只用了七八年时间，我们扩张得有点儿快，不如以前做得那么好了。服务不达标，让顾客失望、心凉，这样反而更浪费员工的青春，这都是我早期盲目发展的苦果！"

正是基于这样的反思，2005年之后，胖东来只在新乡一地开了新店，到2023年，胖东来也仅在许昌和新乡两地拥有共12家综合商场和超市。这种看似"不思进取"的增长策略，为日后胖东来成为"现象级企业"奠定了坚实的基础。

什么是修炼式经营？

所谓修炼式经营，是指坚守商业的本质——服务顾客，而不是故步自封。用滴水穿石的精神，持续改进，使胖东来在软硬件两方面的建设取得长足进步，真正孕育出了零售企业的核心竞争力。

硬件方面，胖东来大力优化环境，不断改进设施。许昌胖东来生活广场在2002年前后是许昌功能最全、规模最大、环境设施最完善、服务体系最健全的零售休闲场所，但是开业以后，当其他企业忙于扩张布点时，胖东来持续投资数百万元，对生活广场和卖场的布局进行调整和完善。出于让顾客购物更便捷、更轻松的人性化考虑，胖东来在消费者购物动线、收银线、生鲜区、存包区增设了大量新型设施，对商品结构也进行了全方位的审视、充实和完善，极力满足不同消费阶层的习惯和需求。

软件方面，胖东来逐步完成了企业文化理念、顾客服务条例、股份制分配方案、客户投诉条例等诸多方面的规范性建设。"修炼内功"、强化素质至今仍是胖东来管理和发展之道。从店堂形象到人员素质，从服务能力到商品配置，胖东来在寻求可能的改进和提升方面从未间断。

什么是内生式增长？

我们可以将外延式增长理解为通过不断开店扩大规模来实现增长。而内生式增长是掉头回看，通过提升内部的运营效率来实现增长。2005—2009年，胖东来属于外延式增长和内生式增长并行时期；2009年胖东来时代广场开业以后，集团就没有再开新店；2012年起，集团还连续关闭了16家小型超市，几乎放弃了连锁超市业态，全面进入内生式增长阶段。

2009—2013年，虽然总营业面积和人员减少，但胖东来的人效和坪效不断提高。以许昌的综合性购物中心为例，胖东来时代广场（营业面积为3.5万平方米）的营业额仍以每年近15%

的速度增长。

由此，胖东来名声大噪，不过更为人们关注的始终是它一系列独特的人性化举措，例如每周二闭店、春节放假5天、高工资、高福利、星级员工制度、亲情化管理等。然而，我最想说的是胖东来科学管理的精神与做法，这才是它的坪效、人效等指标排名第一的根本原因。胖东来钻研业务的精神与能力太强了，零售行业内普遍认同的是，就商品知识的管理而言，胖东来做得最好。

胖东来是在2008年启动"实操标准小组"的，由人力资源部牵头组织，真正贡献知识的是各业务部门的行家里手。胖东来认为，制作实操标准的意义就在于："让每个岗位都有标准，秉承'从员工中来，更要服务于员工'的宗旨，将标准落实到卖场实际工作中，帮助指导我们的工作；让我们不断地成长和成熟，使每个人都成为岗位的标兵、行业的专家；让我们的企业规范、透明，工作轻松、快乐……"不是每个行业都有颠覆式创新的机会，实体零售业就是一个典型的渐进型行业，它无比朴实，天天和老百姓、街坊邻居打交道，容不得半点儿虚的，企业只能老老实实抓管理。这个行业的核心竞争要素永远都是丰富的商品、合理的价格、温馨的环境、完善的服务，但另一方面，这也决定了这条管理精进之路永无尽头。

在我看来，胖东来什么地方最可贵？最可贵之处就是它钻研业务的精神与能力。

由于战略清晰、执行到位，胖东来确立了无可匹敌的竞争地位。在许昌市，胖东来一枝独秀，其销售额多年占全市零售总额的60%。在竞争激烈的新乡市，2013年度胖东来销售额占全市零售总额的50%以上！

讲述一家企业取得成功的商业故事是容易的，难的是分析这些表面的成功是如何实现的，那才是值得其他企业学习的，否则读者也只能一声感叹，表达羡慕。所有企业的外在业务成功都是内在组织能量调动到位的结果。那么胖东来是怎么做的呢？

胖东来并不是无限地推行"好人文化"，而是把规则作为底层逻辑。在胖东来你会发现，不管有什么问题，你只要问到穿胖东来制服或者戴着胖东来工牌的人，很快就能解决。这并不是因为胖东来的员工素质高、品德好、热心助人，而是因为胖东来有一个服务标准，每个人都要这样做且都要做到，否则就会在考核中被扣分。从店长到保洁人员都是如此，做到了不会被表扬，做不到就会被扣分。

这个管理要求很简单，能够做到才难。为了让员工人人都有主人翁的意识，激发组织的力量，胖东来做对了三件事。

第一，胖东来有一个巡店制度，管理干部会巡店找问题。胖东来的巡店不是一般的巡店，早晚各一次，转一圈就行了，而是转几百圈。胖东来的巡店记录中，一天有1 500多条整改的意见，让员工有问题就纠正，这样谁还敢偷懒敷衍？胖东来的服务被广泛称赞，正是这种有错就改、迭代反馈的结果。

第二，光有高压也不行。在别的店，员工能偷懒，在你这儿要求这么严，谁都不乐意。胖东来做对的第二件事就是高工资。胖东来的工资高想必大家都知道，为什么工资高？因为要求也高。你给我做好服务，我给你高工资。高工资用一个专业术语来表达叫作"薪酬制度的全量设计"，也就是，直接把薪酬给到"顶格"。比如，在胖东来的许昌店，一个普通员工的基础工资大概是4 000元，假如算上其他奖励，一个月有可能达到七八千元。什么概念？这正好是许昌市中心一平方米的房价。于东来曾经说，如果一家公司喜欢做慈善，员工的工资却很低，这是丑陋的。因为公司在拿着员工创造的价值去提高自己的名声。

在运营得不好的企业内部经常会出现一个负向飞轮：企业业绩不好，所以没有能力支付高薪酬；没有高薪酬，于是招不到好员工或者无法激励团队高质量地完成工作，进而导致业绩更差（见图9-3）。

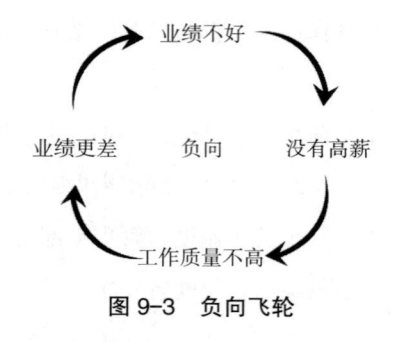

图9-3 负向飞轮

正向飞轮应该是这样的：业绩好，于是有钱给团队发高工资；工资高，所以能吸引更好的人才，或者更好地激发团队能力，然后企业业绩更好（见图9-4）。

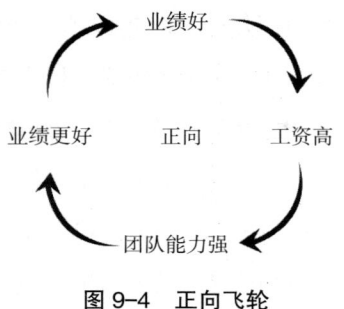

业绩好 → 工资高 → 团队能力强 → 业绩更好（正向）

图 9-4　正向飞轮

前文的"复利思维"一章曾经讲过，一个系统从负向飞轮向正向飞轮调整有滞后效应。要挺过滞后效应，一靠实力，二靠相信深层洞见。

第三，光有高工资、高要求还不行。员工如果不是真心想做好服务，就会出现一种情况叫"上有政策，下有对策"。针对这一点，胖东来还有第三招，叫文化认同。为什么胖东来员工的脸上都带着笑容？这不是老板要求的，而是因为持续的文化熏陶。胖东来的经营理念是，发自内心的喜欢高于一切。员工只有喜欢工作本身，才会感受到工作是幸福的。如果每个人都相信工作是幸福的，那么就会觉得给别人提供帮助也是幸福的，未来是美好的。

以上这三件事形成了一套"组合拳"，打造了一支服务的"铁军"。服务员是什么？服务员是老板服务理念的延伸，是企业的窗口，是门面，是价值交付的主体。用制度和方法管人，把服务理念落到实处，才能激发组织的能量，老板才会越来越轻松。

团队的 4 种能量场

公司由团队组成，团队由个体组成。打造能量场需要先从个体能量出发，发展为团队能量，最终带动公司整体能量的提升。

团队是由不同的人组合在一起的，不同的人带来不同的能量，这些能量汇聚在一起，就形成了团队能量。面对不同的组织机制、不同的团队结构，激发团队能量的方式也是不一样的。

我们在这里提供一个模型——团队能量模型，帮助企业识别不同的团队类型，并找到相对应的能量激发形式。

如图 9-5 所示，横轴从左到右代表团队成员背景的差异从小到大，纵轴自下而上代表团队的理性程度从低到高。由横轴和纵轴切出了 4 个象限，这 4 个象限分别代表了 4 种团队能量，即信念冲突、理所当然、歌舞升平和情绪冲突。接下来我们一一拆解。

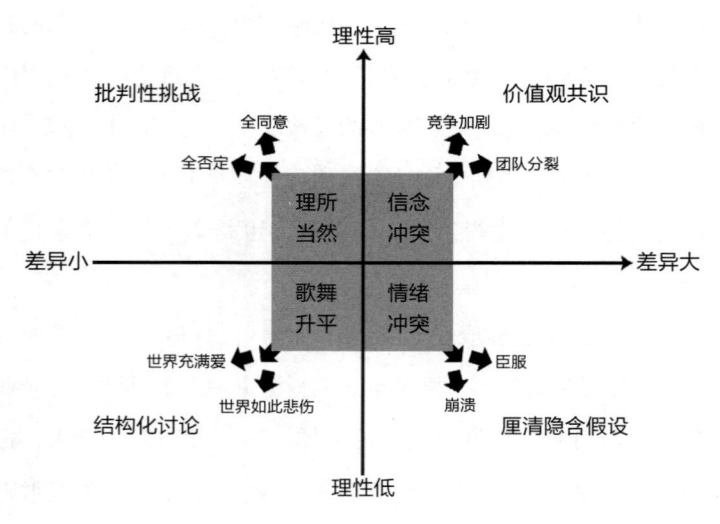

图 9-5 团队能量模型

第一象限是团队内部差异很大同时理性程度很高。例如一些高科技公司，团队成员的背景差异很大，有文科出身的、有理科出身的，有学数学的、有学哲学的，有海外归来的、有本土成长起来的，虽然彼此之间的差异很大，但是理性程度很高。

这时团队能量的关键卡点是"信念冲突"。大家都非常理性，有很强的自我信念，难以被轻易说服。这种类型的团队容易出现两个结果，一个是竞争加剧，一个是团队分裂。

面对这种情况应该怎么办？领导者需要站在更高的维度，让团队达成价值观共识。比如在华为，来自世界各地的管理者和科学家汇聚一堂，文化多元，应该怎么管理？

任正非的做法是，他不在具体的事情上去管理大家，而是提炼出一个更高维度的价值观共识。比如，在商业逻辑上，要以客户为中心才能赚到钱；在人性逻辑上，要以奋斗者为本才能实现持续共赢；在进化逻辑上，要以批评与自我批评为方法不断成长迭代。

所以，对一个企业家，尤其是大企业的企业家来说，具备某种哲学领导力，给团队提供价值观共识至关重要。

第二象限是理性程度高但差异小。比如一个技术团队全是清华大学毕业的，还都是学计算机的，这很可能会造成一个结果，即面对某一件事情要么团队成员全都同意，要么全都否定。比如，关于如何看待ChatGPT，可能要么全都把它捧得特别高，要么都把它贬得一文不值。在这种类型的团队中，成员看待事物时充满了思维的遮蔽性和认知偏见，缺乏更全面的认识世界的视角。

这类团队的关键问题是认为结论"理所当然"。因为大家的背景、认知、经历相似，团队内部缺少反对者，很容易达成单一共识，以为"事情就应该是这样"。

面对这种情况，管理者需要给予适当的"批判性挑战"，可以在团队中专门设置"批判官"角色，负责提反对意见，哪怕他的真实意见与大家相同，他也要负责提反对意见，这样可以让团队强行站在反面进行论证，让思考更全面。更重要的是，这可以让团队的能量保持往正确的方向走，不至于偏离轨道太远。

第三象限是理性程度低且差异小。这种团队最容易出现"歌舞升平"的情况，要么就认为"世界充满爱"，要么就认为"世界如此悲伤"。因为这样的团队比较缺乏理性和结构化思考的能力，最好的改进方法是搭建结构化的讨论框架，比如SWOT分析法（包含优势、劣势、机会、威胁4个方面）、"6顶思考帽"等，并让团队按照框架来讨论。这种结构化的思考模型就为团队提供了理性工具，从而帮助团队提升理性思考能力，实现团队能量的激发。

第四象限是差异很大且理性程度很低，这时候最容易出现的状况是"情绪冲突"。团队差异很大又非常感性，情绪冲突就容易出现，成员要么就臣服，要么就崩溃。

这时候核心的解决办法是"厘清隐含假设"。逻辑能力差的人的一大特征就是随意构建因果关系，错误归因还觉得理所应当。当领导者能够将隐含假设梳理出来时，他就知道那个因果关系其实未必成立，更容易意识到应该把自己的思考构建在一个更加理性、更加坚实的基础之上。

这是4种不同的团队以及在这4种不同团队当中激发能量的方法。你的团队属于哪一种呢？

乐观是一个策略

新冠疫情结束之前，我参加过几次论坛，被问到同一个问题：对新冠疫情之后经济走向的判断是乐观还是悲观？这是一个充满复杂性和不确定性的问题，而我的回答总是简单而坚定：乐观。因为我相信，乐观不仅仅是一种性格特质或者观点，更是一种策略，是一种把自己当作参与者而非旁观者的策略。

中国经济在新冠疫情之后面临三大挑战：需求收缩、供给冲击和预期减弱。如果有一项可以作为杠杆，那就是"预期减弱"。不是它比其他两个问题更重要，而是我们对它的控制力更强，可以通过改变自我的态度来影响预期，进而影响经济走向。人在乐观时更可能采取积极的行动，更容易找到解决问题的办法，更有可能实现目标。如果悲观，人会因为畏惧失败而放弃努力，错过机会，甚至自我设限。

我在公开场合表达乐观的态度，是为了影响更多人。乐观的态度可以感染他人，就像石头投入湖中会引起涟漪。乐观者在灾难中看到机会，悲观者在机会中看到灾难。

乐观同时也是一种生活状态。我们终其一生，无非是在与自己的感觉相处，选择乐观，不仅仅是一种工作策略，还是一种生命策略。可能有读者会说："考不上清华、北大是因为我不想吗？是做不到啊！我也想乐观，可做不到啊。"

如果对坚定选择乐观的态度这件事已经达成共识，那么我们接下来就谈谈如何"做到"。请你相信，"行为可以改变习惯"，你如果什么都不想做，那么也不可能"做到"。那些时常感到悲观的人，可以尝试以下行为。

> 请你相信，行为可以改变习惯。

第一，认知再评估。请重新审视自己的想法，尝试从不同的角度看问题。面临困境时，悲观的人常常只看到障碍而忽略了背后的机会。请试着用积极的眼光去看待问题，考虑问题的另一面。

SWOT工具原本用于企业战略分析，现在也可以用于修炼自己，让我们从悲观转向乐观，多看其中关于"机会"与"优势"的部分（见图9-6）。

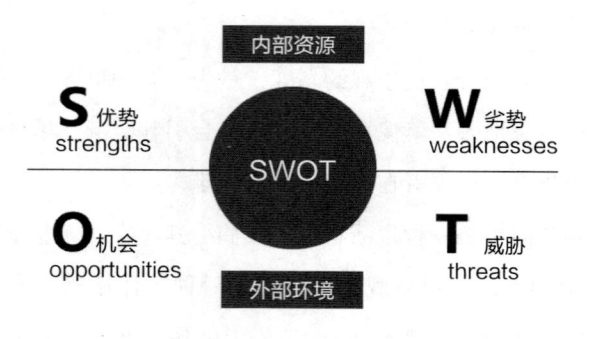

图 9-6　SWOT 分析

第二,积极地自我对话。与自己内心的对话往往会塑造我们的情感与行为,当面对困难时,你可以提醒自己:"这都是暂时的,我可以战胜它。"

第三,写感恩日记。你可以每天花几分钟时间,回想并记录当天发生的好事,注意,只记录好事。经过长时间的练习,你会发现生活中积极的一面。

第四,与乐观的人相处。你的生活和工作中一定有很多乐观的人,也有很多悲观与充满负能量的人。你可以选择与乐观的人多相处,他们的态度和精神会感染你。

第五,加强体育锻炼。体育锻炼不仅可以释放身体的压力,还可以释放大脑中帮助产生正能量的化学物质,如内啡肽、多巴胺等,让你感觉心情更好、更乐观。

第六,制定小目标。你可以为自己制定可实现的小目标,并在目标实现时给予自己奖励。这会增强自信并带来成功的正面反馈。

在一个组织中,领导者的乐观态度对整个团队氛围是至关重要的。

军事理论家克劳塞维茨在《战争论》中讲过这样一段话:

当战争打到一塌糊涂的时候,将领的作用是什么?就是要在茫茫黑夜中,用自己发出的微光,指引着你的队伍前进。

我们现在好像经常在媒体的宣传中见到任正非,可是据统计，自1987年华为创办至2018年，任正非接受媒体采访总共不超过10次。直到中美贸易关系紧张的时期，任正非才一改以往低调的作风，从幕后走到台前，频频接受公开采访，为华为发声。2019年1月，任正非在接受央视采访时表示："我一定要让客户理解我们，一定要让18万名员工理解我们，团结起来奋斗，渡过这个困难的时期。"2019年9月26日，在对话AI专家并被问及近期担任华为发言人的成绩如何时，任正非表示："我要把华为的真实情况向世界传播，让世界知道华为活下来了！"

这正是在发挥他作为企业家的影响力。他用行动鼓励华为人团结起来，渡过难关，让员工感受到他的决心。这有效鼓舞了华为人打赢这一战的信心和士气。同时，他也让外界了解了真实的华为现状，树立起了良好的华为形象。不仅如此，在那段困难时期，华为的离职率不仅没有上升，还下降了一半。

这就是优秀领导者在关键时刻展现出的乐观，这种乐观不是一个观点，而是一种策略，能够给所有人信心，推动团队达成目标。

不仅如此，当团队的"军心"出现动摇时，领导者要成为团队的"定海神针"。

在阿里巴巴的历史上，有位传奇人物一度被称为阿里巴巴最大的"骗子"。2007年，王坚第一次见到马云，他说："如果阿里还不掌握核心技术，未来将不会有它的身影。"接下来，王坚指出阿里巴巴在数据存储和处理方面的问题，断定未来数据处理和数据存储技术前途无限。马云听完就被王坚彻底说服，他觉得王坚比自己还懂阿里巴巴。王坚让马云承诺每年投入10亿元，并坚持10年，马云居然答应了。两年之后，王坚进入阿里巴巴，职位是首席架构师。王坚空降成为高管之后，很多人心里都很不平衡，认为他主持开发的阿里云不知所云，并且质疑它的前景，认为除了烧钱，不会有什么结果。

两年过去了，阿里云一点儿水花都没有，甚至有一次"双十一"活动，正值紧要关头，用户快要付款了，结果购物车里的东西都被清空了。于是关于王坚的争议越来越大，阿里巴巴内网上甚至有人直接骂他是骗子。有人说"他不会写代码，应该下岗"，有人说"马云找王坚来就是个错误"。最严重的时候，阿里云80%的工程师都离职了。

即便在这种情况下，马云仍然给予了王坚十二分的信任，他公开表示，请相信王坚，给他一点儿时间。马云对王坚一如既往，他要人给人，"要枪给枪"。在马云的庇护下，王坚和阿里云得以继续前进。

直到2013年，阿里云拿下中国万网，可以为用户提供完整的云服务了，这时候云计算才渐渐被大家接受。阿里云开始向企业出售自己的云服务，凭借过硬的产品质量，阿里云渐渐有了口碑，从此进入"开挂"模式，成为阿里巴巴集团旗下继蚂蚁金服之后的又一"独角兽"企业。在全球的云计算企业中，阿里云仅次于亚马逊和微软，稳居第三。

这就是一个企业家所具有的强大内心。领导者要始终对既定目标抱有乐观的态度和必胜的信念，才能稳定军心、披荆斩棘。一旦领导者向团队传递了悲观的态度，团队能量就会瞬间土崩瓦解。

当你看到团队能量不高、士气低落时，最好的办法是带领团队"打一场胜仗"，把管理问题转化成业务问题。我有一个观点：不是管理有问题，所以不增长，而是业务不增长，所以管理出问题。

当看到一个管理问题时，我们可以转换思路，用一个业务问题去解决它，这样往往比单纯解决管理问题要有效得多。比如，我该怎么去激发一线员工的工作积极性？如果这是个管理问题，你可能会去谈话、丰富员工的精神生活、搞一些团建，结果发现用处都不大。但如果你把"激发一线员工的工作积极性"转换成业务问题，变成"如何提升月度产品合格率"，把责任分配到每个人身上，同时设置奖惩机制：没完成有惩罚，完成了有奖励，给大家庆功，团队的能量一下子就高涨起来了。如果让自己陷在管理问题中，你就进入了一个闭环，出不来了。所以，把管理问题转换为业务问题，是一个非常重要的策略。

怎么把管理问题转化成业务问题呢？如何让团队看到他们看不到的东西呢？方法就是让大家参与进来，如果胜利我们就庆祝，如果失败我们就复盘，然后再继续参与。通过不断把任务微型化，不断地用一个个小节点去推动团队往前走，你才能让大家一点儿一点儿看见你所相信的东西。

清除"有毒"的人

曾经有人做过一个实验,找了一些年轻人来共同完成工作任务,并将他们分成几个组。每一组里都埋伏了一两个"糟糕者"。什么叫糟糕者呢?就是大家都在完成任务时,他就坐在旁边说风凉话,或者抱怨任务不可能完成。后来,实验结果显示,只要小组里有一个糟糕者,整个小组的效率就会下降30%~40%,小组里的其他人都会受到他的影响。

管理学有个有趣的定律——酒与污水定律。你把一勺酒倒进一桶污水,得到的是一桶污水;反过来,你把一勺污水倒进一桶酒里,得到的还是一桶污水。所以,污水和酒的比例并不能决定这桶液体的性质,真正起决定作用的就是那一勺污水,只要有它,再多的酒都成了污水。酒与污水定律听上去很"高大上",但其实,中国有一句谚语,"一颗老鼠屎坏了一锅粥",也说明了同样的道理。

为什么一勺污水能污染一整桶酒,一颗老鼠屎就能坏了一锅粥呢?这是因为批评比做事容易,破坏比建设容易。作为管理者,你需要花120分的精力来点燃大家的激情,但糟糕者用1分的精力就能把"火苗"浇灭。负能量扩散的能力,要比正能量强十倍、百倍。

团队中有一个"有毒"的员工,到底会给组织带来什么样的伤害?

美国网飞公司曾经在2001年遇到危机,互联网经济泡沫破裂,导致公司运转变得艰难,他们不得已开除了1/3的员工。之后又恰好赶上了公司大发展，留下来的这2/3的人要完成之前所有人的工作量。公司就很担心，认为大家肯定会有很多意见，肯定有要辞职的。没想到，员工不仅没什么意见，还干得非常带劲，不但充满激情和活力，还提出了很多创意和想法。

网飞创始人哈斯廷斯很不理解，就问公司的人力资源总监，是什么原因让这些人竟然没有"造反"，反而连加班都这么开心呢？人力资源总监说了一句特别重要的话：因为网飞提高了人才密度，让相对糟糕的人走掉了，剩下的都是厉害的、积极的、能干的人。虽然员工总数少了，但人才的比例更高了。

团队里有糟糕的员工，会造成什么样的后果呢？哈斯廷斯总结了以下几点。

第一，表现欠佳的员工会消耗管理者的精力，导致他们无法把精力放在优秀的员工身上，因为管理者整天要解决那些低绩效员工的问题。如果组织中存在着过多平庸的员工，那么管理者就会想办法通过制定规则来约束他们的行为，还需要设计各种激励方式去激发他们的工作动力。相反，裁掉这部分平庸的员工后，因为优秀的人才自驱力够强，组织就可以精简管理流程，节省出来的管理成本还可以用于增加优秀人才的薪资福利。

第二，当团队的人才密度不够高时，团队讨论的质量就得不到保证，还会拉低整个团队的"智商"。因为糟糕的员工理解不了，所以他们总是捣乱。

第三，这些低绩效的员工会成为整个团队的瓶颈，导致别人要围绕着他们开展工作，致使团队的工作效率低下。

第四，表现欠佳的员工甚至会排挤追求卓越的员工。比方说你在加班，有个人走过来跟你说："你不就是想在领导面前表现吗？"你想想你是什么感受。

第五，接受了这种情况的存在，就是向团队表明，你作为领导者能够接受平庸，表现平平也是可以的。这个问题更严重，会导致公司整体水平下降。

这就是一个团队里有几个稍微差点儿劲的员工会给团队带来的负担。因此，作为管理者，我们首先要懂得如何识别这些"有毒"的员工，然后在企业里装一个"净水器"，坚决清除"有毒"的人，给优秀的人营造一个好的工作环境。

这些"有毒"的人通常长什么样呢？

第一，他们是充满负能量的人。

抱怨、消极、冷淡、多疑都是负能量的表现形式。

抱怨是团队中最容易传播、最具杀伤力的负能量。这些人一会儿抱怨目标太高，一会儿抱怨客户难搞，一会儿抱怨福利太差，在他们眼中，除了自己，其他都是毛病。

消极是最容易动摇军心的负能量。他们总是说，"这个单子怕是没戏了吧""市场这么差，今年业绩肯定完不成了吧"。

冷淡，这些人事不关己高高挂起，只要跟自己直接利益无关的事一概不配合，只要有他们参与的工作，就会出现协作困难、沟通成本增加、效率降低。

多疑，这些人总觉得别人别有用心，认为"领导是不是看我不顺眼，故意给我使绊子""他升职这么快，肯定是跟领导关系好"。

第二，他们是"阻燃型"的人。

稻盛和夫把人分为三种：自燃型、可燃型和阻燃型。

自燃型的人很容易让自己"燃烧"起来，发出光和热。凡成大事者，基本都是自燃型的人，他们是事业中的主角，精力永远像刚充过电一样饱满，不仅自己积极主动，还可以带动周围人的激情。可燃型的人像木材或煤块，需要有"火种"，他们才可以燃烧。而阻燃型的人，没有被点燃的可能，即使有了火种，也依然冰冷，无动于衷，甚至会泼冷水。对这样的人，无论你怎么激发他都没有善意，无论你怎么激励他都不会努力。

稻盛和夫经常对公司的员工说，希望大家都能成为乐于自我燃烧的自燃型人，至少是可燃型人，公司不需要阻燃型的人。阻燃型人永远与周围人热火朝天的干劲绝缘，着实不怎么讨人喜欢。这样的员工，应该尽量被请出去，或者被限制使用。

网飞有一条理念，我非常认同。他们认为，一家公司给员工的最佳的福利，不是丰富的团建活动，也不是茶水间好喝的咖啡，而是招募比他们还要优秀的员工，让员工可以和行业内最优秀的人一起工作，这才是最好的员工福利。

对优秀员工而言，好的工作环境并不是一间豪华的办公室，而是周围全是才华横溢的人、具有合作精神的人、让人不断进步的人。如果每一名员工都很优秀，他们就会相互学习、相互激励，工作表现也会迅速得到提升。这就是清除"有毒"员工的原因。

每个团队里一定都有一些负面能量，管理者一定要正视这些隐患，要有一个强大的内心去面对它们，然后去除它们。当你不能面对的时候，你就很难去除它们，只有直面它们，才能解决它们。

曹操因为杨修在军中散播"夫鸡肋，弃之如可惜，食之无所得"的言论而毫不犹豫地把他杀掉，认为他扰乱军心，给整个军队带来了负能量。虽然当下时代不可能如此激进，但曹操这种决断力仍然对我们有很大启示——领导者必须果断采取行动，对破坏能量的人及时纠正或处理。

商业战略和公司管理中很少有简单明了的判断——这么做一定对，那样做一定不对。领导者总是在多种不同的考量之间反复权衡，最终根据当时的认知水平做出选择。比如，在交代任务这个场景，有的领导力专家倡导一定要不厌其烦，直到确认对方完全理解清楚。

著名的"交代任务问五次法"就是一个非常具体的工具。第一次交代，将自己要求下属做的工作讲给他听，也就是部署工作。第二次交代，请下属重复自己交代的工作内容，确认彼此理解是否一致，有无偏差。第三次交代，询问下属是否知道为什么要这么做，它的目的是什么，防止下属只理解到当下这一层，机械地完成工作。第四次交代，告知下属哪些情况需要向自己汇报，哪些情况他可以做决定。这一次是明确授权的边界。第五次交代，是询问下属"如果不是我的安排，你自己会怎么处理"。这一次是培养下属主动思考的习惯。

这样的反复确认是一种精准传达指令的方法，能确保任务的目标、方法和预期结果得到充分理解和明确。这种方法的好处有很多，包括明确任务目标、深入理解执行步骤、预期结果清晰、强化责任感和提升团队沟通能力等。

但是，也有另外一种观点，认为模糊指令也有价值。精准指令是为了提高协作效率，而模糊指令是为了选出聪明人。

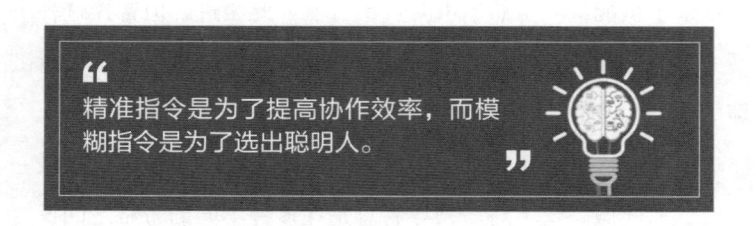

> 精准指令是为了提高协作效率，而模糊指令是为了选出聪明人。

我在上百家企业做过培训和咨询的项目，如果说有一个指标可以区分高学历背景团队和低学历背景团队，那就是面对模糊指令时的行为方式。高学历背景团队会主动挖掘未明确的信息，寻找解决问题的思路，给出自己的理解甚至向上重构问题。另外一些团队面对这种情况则会抱怨你出的题目不明确。

接收模糊指令就能很好地完成任务的人，可在之后的协作中大大提高工作效率，降低沟通成本，有些领导者就认为，应当把时间花在选出这些人上。

基于这个视角，我把人才分成四个级别。

级别四，需要赋予动作，教一步会一步——朋友圈你要这样发，文案要这样写，客户沟通要这样聊。这样的人，你不指导他不会做，你指导过了他就能完成得很好。这也是人才，如果这都做不到，那连人才都不算。

级别三，需要赋予方法，你只要教给他方法论并配合案例，他学会后，在具体的动作上可以触类旁通，举一反三。

级别二，需要赋予原则，原则不是规则，规则比较清晰而原则比较模糊。比如"要站在用户的视角来设计营销活动"，这是一个原则，并不是方法，更不是动作。他掌握了原则，对于具体的方法可以在实践中总结出来。

级别一，需要赋予角色，只要被赋予某个角色，他就可以将这个角色的原则、方法和动作全部搞定。比如，公司安排他负责组织发展系统的搭建，其实公司内部包括老板在内也没有谁会做这件事。当被带入这个角色时，对于这件事具体怎么做，他就可以建构起来了，这是顶级的人才。

最高级的人才是培养出来的吗？不，我认为普通人才也许可以培养出来，最高级的人才一定是筛选出来的。人生只有一次，要与高质量的人一起度过。一个人如果有识人之慧，可以筛选出高质量的人；如果有渡人之能，可以培养出高质量的人；如果有自知之明，可以成为高质量的人。

因为"遥遥领先"这句话，华为的余承东也成了网络红人。余承东刚到华为的时候，与普通的研发人员没有什么区别，干完活儿就下班。后来余承东当了小主管，有一天任正非把他叫到办公室对他说了一句话："尽心的干部和尽力的干部是不一样的。"如果一个干部尽力了，那么他是好样的，没有对不起任何人，但也只是做到了本分，而尽心才能把事情做到最好。

余承东后来当上了华为欧洲区的总裁，再后来成为华为消费者业务的负责人，而这一业务每年营收几千亿元，给华为带来第二曲线，他自己也功成名就。有一次，余承东向团队感慨，任正非那次关于"尽心"和"尽力"的点拨，彻底改变了他的态度。

任正非会只着意培养余承东一个人吗？未必，类似的谈话他或许和不少年轻干部进行过。余承东接受了、改变了，成为那个被筛选出来的人。

我甚至有一个更加极端的观点。虽然我的主要工作是一名商业老师，但我认为真正有价值的东西是教不会的，是学生本来就会的，老师只是用了特定的方式将它们激发出来。这些方法包括案例、工具、追问、反馈和挑战。案例给了参考，工具搭了梯子，追问迫使学生多想一层，反馈让他们看到自己看不到的侧面，而挑战激发人的身体能量，用身体能量突破认知壁垒。

与老师一样，领导者也要认识到自己的局限性。我们没有那么大的能力培养所有人，只有能力筛选出那些本身就愿意被培养和"本来就会"的人，而对于"有毒"的人，要坚决清除。

"要性"可被测量

努力是一种天赋，而不是一种能力。"要性"也是一种天赋，是指对一件事情的渴求程度。当人渴求做一件事时，一般会有三种程度：想做，很想做，一定要做。"要性"就是我不仅想做，还一定要做成。

很多人学习华为的人才战略，但我认为对中小公司来讲，现在的巨头企业华为不可学，当初也是中小公司的华为才可以学。

当初的华为做对了什么，才有了现在的华为？华为早期的人才观是"非一流大学＋穷苦孩子"。这样员工的"要性"基本已经被证明了，很符合华为"以奋斗者为本"的价值观。

人世间有很多事情不能用逻辑解释，精神力经常决定事物的结果。当我们抱着"无可无不可"的态度做事时，事情大概率不能成，而抱着必成的信念，事情也就成了，这样的案例比比皆是。作为领导者，水平的高低就在于能否激发"要性"。

有人认为，"要性"不可被培养，有些员工天然具备较强的主动性，而另外一些人则总是推一步才动一步。领导者要做的事情是把天生有"要性"的人选拔出来，而不是花大量精力去培养那些没有"要性"的人。

我不否认这种看法的合理性，但有一个现实性因素和一个可能性因素也要考虑。现实性因素是大多数企业并没有机会选出天然具备"要性"的人，真实情况是招聘都很困难，并没有一堆人挤在人力资源部门口等待被选择，并愿意证明他们有"要性"；可能性因素是有些人并非没有"要性"，主动选择了躺平，而是他们也在等待被激发。对于确实激发不了的，企业当然可以放弃；对于可以被激发的，企业不要错过了他们。

对一些人来讲，他天然具备"要性"，只是需要被一些场景激发出来。比如，每次我在企业做内训，结束时都会设计一个环节叫"最佳贡献人"，让每个小组的全体成员现场指出，谁是这两天对团队帮助最大、勇于驱动团队的那个人，被选中的人往往极其开心，认为自己得到了团队的认可，同时他的"要性"也得到了鼓励。

除此之外，以下几个场景也可以体现和培养员工的"要性"。

项目负责人角色：给予员工领导项目的机会，让他们承担责任并自主管理项目。这样的角色能够激发员工的自主性和创新能力。

创新团队：成立专注于创新和新想法的团队，鼓励员工参与其中。在这样的团队中，员工能够有更多机会尝试新的方法，开拓解决问题的新思路，从而培养"要性"。

挑战性任务：给员工一些具有挑战性的任务和目标，这些任务和目标要求员工主动寻找解决方案和创造性地应对问题。通过解决这些问题，员工的"要性"也将得到提升。

员工参与决策：鼓励员工参与公司重要决策的讨论和制定，使他们感受到自己的意见和贡献被重视。这样的参与能够激发员工的积极性和主动性。

正向激励措施：为表现出色的员工提供奖励和认可，让他们感受到自己的努力被重视和赞赏。正向激励可以增强员工的自信心，促使他们更加主动地追求目标。

员工发展计划：执行个性化的员工发展计划，帮助员工明确职业目标并提供相关培训与发展机会。这样的计划可以激发员工的学习欲望和主动性。

此外，不少领导者应该会有一种无人诉说的苦闷，就是明明书上给了很多答案，为什么做的时候总是不尽如人意？"预期的效果并没有出现，是不是我就是不行？"这些领导者还不愿意与人交流，唯恐暴露了这一点。其实，这是因为书中抽象化的答案与他们自己的亲身体验有偏差。对于上面问题的答案，可以先放着，下面我将提供一些工具，读者可以通过它们把亲身体验记录下来。多次实践的验证给了我信心，那些在头脑里缠绕不清甚至让人羞于启齿的事情，只要把它们视觉化，你再去看它，一半的答案就有了。

工具一：有效举措列表

公司当前在激发"要性"方面有哪些不错的案例？

表 9-1　有效举措列表

对象	之前状态描述	举措	之后状态描述

工具二：无效举措列表

公司有哪些激发"要性"不成功的案例？

表 9-2 无效举措列表

对象	之前状态描述	举措	之后状态描述

工具三:"雪亮赞赏表"

"群众的眼睛是雪亮的",谁做得怎样大家心里都有数。一旦某些人的某种行为被持续鼓励,这就能慢慢变成公司的文化。"雪亮赞赏表"是让团队成员把他们平时看到的具有"要性"的人和行为挖掘出来。

表 9-3 "雪亮赞赏表"

姓名	场景	"要性"事件	我准备怎样

一般情况下,以创造性工作为主的公司,"要性"相对容易被看到。比如谷歌允许员工将 20% 的工作时间用于自己感兴趣的项目,这种积极主动的文化促进了许多创新型项目的产生,包括 Gmail(谷歌邮箱)和 Google News(谷歌新闻)。再比如电商

巨头亚马逊,他们流行"两个比萨"文化,即一个创新项目开始的时候,人不要多,以吃饭不超过两个比萨为人数标准,这样可以让更多具有主动性和积极性的人才涌现出来。

对于那些对创造性要求不那么高的公司,阿里巴巴是一个不错的学习对象。在阿里巴巴国际站,即阿里巴巴著名的"中供铁军","要性"是看人的基本要求。

案例:阿里巴巴的"要性"文化

"要性"这个词流行起来要归功于阿里巴巴,尤其是阿里巴巴的"中供铁军"(阿里巴巴国际站中国供应商团队)。中供铁军是销售驱动增长的典型案例,其对人才特质和团队能量尤其重视。

在阿里巴巴,有"要性"的人指的是能够明确自我标准,敢于主动突破,不轻言放弃,不随波逐流,对目标执着而有韧性,能够拿到结果,并能够对周围产生积极影响身边的人,其核心品质是高标准、目标感和有韧性。

阿里巴巴团队之所以看重"要性",是因为他们意识到竞争环境非常复杂,对销售人员的要求必须高,缺乏"要性"的销售人员创造的价值必然有限。

"要性"是三方的共同诉求。首先是为客户而"要",创造更大的客户价值;其次是为组织而"要",帮组织赢得竞争,使组织实现社会担当;更重要的是为自己而"要",满足自我成长的需求。

在阿里巴巴的"铁军文化"和"战功文化"中,"要性"是最基本的素养,是在招聘环节就要严格遵循的用人标准。

有一次,淘宝前总裁卫哲分享了一个极简单又极有效的面试问题:"你吃过的最大的苦是什么?"

之所以这样问问题,是因为他发现另外一个类似的问题是无效的:"你能吃苦吗?"

对这个问题,没有人会给出否定答案。但不同的人对吃苦的定义完全不同,用"你吃过的最大的苦是什么"来提问就能看到每个人心中不同的标尺。如果你的答案是"有一次从嘉兴到杭州,没有买到坐票,全程两个小时站着来的",认为这就是你吃过的最大的苦,那么你直接在面试环节就被淘汰了。

面对超难的目标是否积极乐观,完成目标的过程中是否脚踏实地,遇到困难是否轻言放弃,这些都是阿里巴巴识别"要性"的重要标准。

除了把有"要性"的员工识别出来外,平时也有很多方法和工具可以培养"要性",既包括引导式的方法,例如寻找共鸣、激发"要性"等,也包括结果导向式的方法,例如要求、考核、帮助与成就仪式感等。后天培养"要性"的方式主要包括示范、引导、训练等,并"以战养兵",在"战斗"中培养"要性"。

培养员工"要性"所使用的工具包括绩效工具,如OKR、KPI和361考评等,过程工具如数据指标、过程检验等,制度工具如分层管理制度、奖优罚劣制度、过程底线制度和关键战役制度等。

"要性"作为一种个人气质和团队能量来源,对增长型组织是至关重要的。虽然"要性"不能解决所有问题，但它是更容易帮助团队拿到结果的企业文化。引入"要性文化"的团队，一是要注重对员工的目标管理和荣誉体系建设；二是要注意"要性文化"之下的组织保障、组织温度和氛围，切勿进入冰冷的社会达尔文主义状态；三是要提供路径保障，如师徒制、启动会和生日聚会等；四是要让员工看到"要性"背后的回报、成长空间和机会匹配机制。

员工即客户

阿里巴巴曾经明确了几个相关利益方的排序：客户第一，员工第二，股东第三。企业、员工和股东组成了一个系统，共同为客户创造价值。德鲁克曾经精彩地描述过管理的定义：管理就是激发人的善意。这里的"人"无疑指的是企业中的团队和员工。"员工即客户"的理念，不是简单地把员工视为客户，而是意识到满足员工需求和满足客户需求之间的内在联系。领导者不能天然地认为员工领了一份工资就应该、必然会创造客户价值。许多领导者的天真之处在于，以为设计好一个机制，员工就会拼命干活儿了。作为企业内部人员，员工的满意度、参与度和热情与否直接影响着他们为客户提供的产品和服务的质量。因此，企业需要把员工当作内部客户来对待。

"顾客是上帝"这种理念早已深入人心，这种理念推动企业更加深入地理解客户，满足他们的需求并超越他们的期望，从而获得自己的竞争优势。企业如果把这种理念应用在员工身上，就能更深入地理解员工的需求、动机和期望，为他们提供更令人满意的工作环境和职业发展机会。当"员工即客户"的理念逐渐被践行，企业文化也会发生根本性的变化。

企业是有信念的。企业把员工当作耗材还是成就彼此的伙伴？员工究竟是资产还是成本？企业是赚钱机器还是持续进步的"学校"？这些基本的企业信念，会体现在一件又一件小事上。

将员工视为客户，意味着企业要像对待客户一样对待员工，包括了解员工的需求和期望，为他们提供优质的服务和产品，以及不断改进和创新以满足他们新的需求。这样做会让员工感受到尊重和关注，从而更加投入工作，对企业更加忠诚。

咖啡连锁巨头星巴克因卓越的客户服务而闻名。然而，支撑这种良好服务的基础是对员工需求的满足。他们给员工提供全面的医疗保险、员工股票购买计划、免费的星巴克产品以及定期培训等福利。这些做法不仅仅帮他们留住了员工，还提升了员工的生产力和客户满意度。

互联网巨头谷歌为员工提供免费的餐饮、健身房、儿童托管和宠物护理等服务，帮助员工平衡工作和生活，给员工提供广泛的培训和晋升机会，帮他们实现职业发展。

案例：亚朵酒店

亚朵是近些年崛起的代表一种品质生活的酒店品牌，有人说它是酒店界的海底捞,强调它在服务上的独到之处。不过,和海底捞一样,它真正有价值的地方并不体现在表面的服务上,而是其内部的组织能力。亚朵如何激励员工将所有的服务设计执行到位?有两点特别关键,一是全员授权,二是"把员工当爷"。

难以想象,一家希望向用户传递温暖与幸福的企业,是通过压榨员工来迫使他们实现这一点的。对服务业来讲,员工是企业和用户之间的桥梁与媒介,亚朵深知这一点,所以很重视员工的感受与福利。在内部,他们推行花名文化,每位员工都有花名,创始人也一样,彼此是平等的。如果有人没有称呼领导花名而是称呼"某某总",那么称呼的人与被称呼的人都要被罚穿西装一周。看到没?穿西装在亚朵是一种惩罚。平等,是员工良好感受的起点。管理层甚至把员工当"爷",只有员工满意,才有满意的客户。

> 只有员工满意,才有满意的客户。

亚朵在每一个区域都有一个角色主要负责照顾员工。员工每天的午餐和晚餐、住宿条件、晋升通道都是有制度的,并随时被监督着。亚朵的店长被称为"现长",是在现场的意思。亚朵要求每个店长要和员工一样随时冲在一线,第一时间发现问题并对员工言传身教。

亚朵推广全员授权，一线员工在一定权限之下可以自行决定如何处理客户要求，这是为了从及时性上提升客户体验。但一开始普通员工不敢使用这个权利，害怕自己因此承担责任。亚朵通过奖励第一个使用这个权利的员工，把全员授权推广了下去。

一般公司都是经理给员工评分，但是在亚朵，每个月都有一次员工给总经理评分，评分低的总经理会被问责。直属下级的满意度是亚朵中高层干部季度考核指标中的重要组成部分。

当然，在最基础的薪酬方面，亚朵也是相当客观的，除了基本工资，还设有奖金包，根据不同岗位的 KPI 考核发放。

"顾客是上帝"的理念已经被很多中国企业接受，那么谁来让顾客有自己是上帝的感受呢？员工的动力来源是一家公司需要持续研究的命题，虽然亚朵、海底捞这样的服务型公司走在了前面，但不代表"员工即客户"这样的理念只适用于服务业。

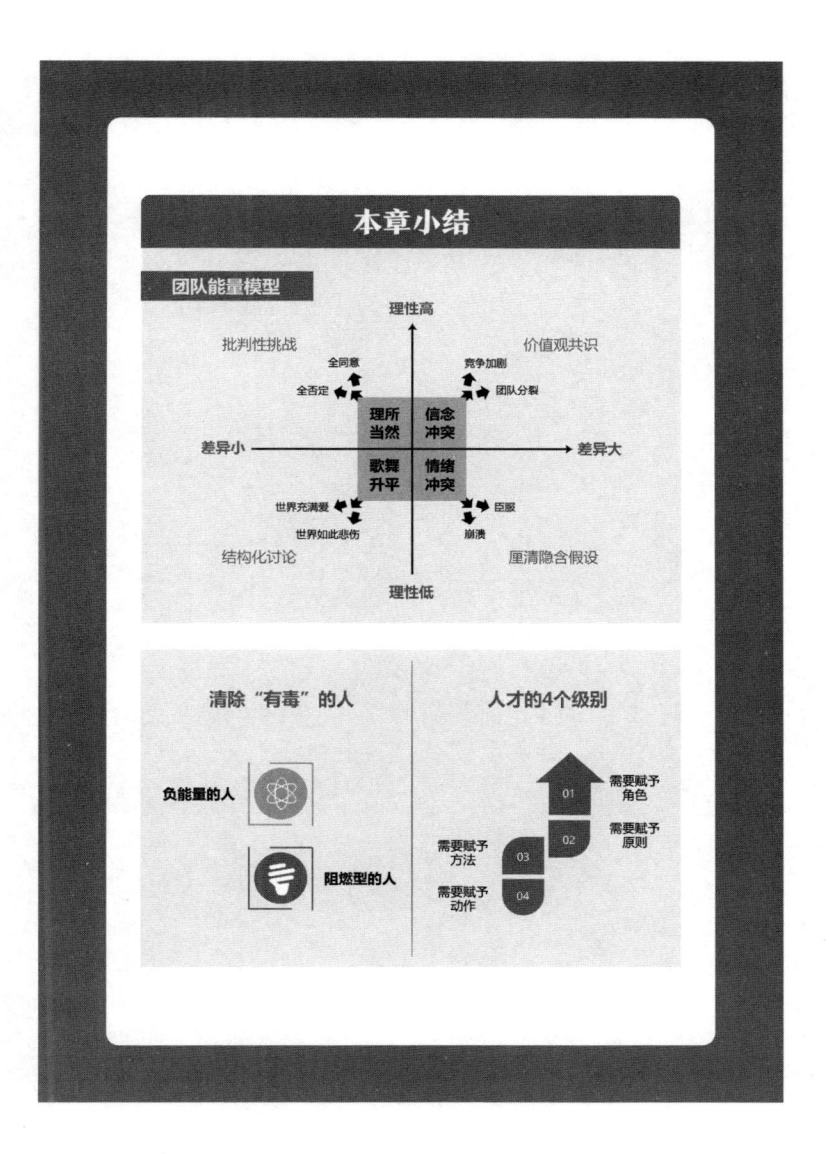

本章小结

团队能量模型

```
            理性高
批判性挑战              价值观共识
       全同意       竞争加剧
    全否定            团队分裂
         ┌─────┬─────┐
         │理所 │信念 │
         │当然 │冲突 │
差异小 ──┼─────┼─────┼── 差异大
         │歌舞 │情绪 │
         │升平 │冲突 │
         └─────┴─────┘
      世界充满爱       臣服
    世界如此悲伤    崩溃
结构化讨论              厘清隐含假设
            理性低
```

清除"有毒"的人

- 负能量的人
- 阻燃型的人

人才的4个级别

- 01 需要赋予角色
- 02 需要赋予原则
- 03 需要赋予方法
- 04 需要赋予动作

第九章 造能量场：如何打造打胜仗的团队氛围

第四部分

行为层

领导力本是个组织命题，但如果它对日常生活没有影响，那么将使我们陷入工作与生活二元对立的状态。当意识到工作就是度过生命最重要的方式时，我们看待自己与看待团队似乎就有了不同的视角。修炼领导力不是为了其他的某事，而是为了在商业社会里"成为自己"。

第四部分行为层分为内在的作用于自己的"心性成长"与外在的作用于团队的"习惯落地"两章。行为层与前面三个层次一起，共同构成了"增长领导力"的闭环结构。

第十章
心性成长：怎样才能控制住更大的局面

领导力不可被"表演"

我还年轻时，有一次陪客户的某个领导吃饭，他问我："云龙，你知道工作是什么吗？"我没有准备，被问得一愣。他耐心教导我说："工作是总结出来的。"还算有点儿天资的我立刻领悟了，觉得领导真是高明。在之后的很长时间里，我都拿这句话作为座右铭，直到我自己创业。

创业之后我发现，所谓的那些"向上管理"的技巧，比如"工作是总结出来的"，对老板来说其实洞若观火，他只是容忍或者不说破，并不是被你的技巧蒙蔽了。把老板想得聪明一些，往往比把他想得蠢一些更接近真相，尽管后者是很多职场人的习惯。比如 2023 年初，刘强东不准备沉默了，愤而批评部分高管，说他们习惯于制作花里胡哨的 PPT（演示文稿），实际的事情其实都没怎么做。

我对增长领导力的定义之一是"影响组织的能力"，这种能力不可被当作一种表演。

领导力这个词在职场中被频繁使用，似乎每一个有抱负的专业人士都会努力去获得它。领导力经常被视为一种可以通过学习和模仿或者某种行为表现出来的"技术"，一种"影响力技术"，通过影响他人来完成任务的技术。然而，深入研究领导力的本质，你就会发现，它远不只是一种技术或者表现出来的行为，而是一种内在品质和心性。

尽管很多人未必承认，但他们还是把领导力当成了一种表演，以为只要模仿一些优秀人物的行为和习惯，就能成功掌握领导力。然而，这种只注重外在形象和行为的领导力修炼，忽视了领导力的内在驱动力——心性。

心性指的是一个人的本质性格、内在品质和精神境界，不单单是关于智力的，更重要的是关于情感、价值观、态度、动机和人生观。在领导力的语境中，心性通常指领导者的内在价值观、信仰、态度以及看待自己和他人的方式。一个领导者的心性可以影响他的决策方式，包括如何对待团队成员，以及如何应对困难和挑战等。一个具有成熟心性的领导者通常会有更强的同理心、更明确的价值观、更强的责任感，以及更好的适应性。

案例：李想的5层楼

我非常欣赏理想汽车的李想，他很有深度洞察力，人生也活得很有意思。有一次，他总结出自己创业依赖的5个"认知楼层"。从一个普通人到优秀的人、管理者、领导者，再到顶尖的领袖，李想说，每一层的认知都有天壤之别，只有到了更高一层，才可以更好地看到低楼层的问题。

"一层楼，成为一个普通的人"

18岁之前，李想的学习成绩处于中下等，老师、亲戚都觉得他以后没什么出息。他也和很多同学一样，随波逐流、满眼是非，但是也没做出什么改变命运的行动。

"二层楼，成为一个优秀的人"

从高三开始，李想不想再这么被人看不起，他把自己学到的计算机知识变成了个人网站，开始创业。

虽然还是个体户，但是他有了目标，开始寻找机会，把每天的工作排列出优先级，只做那影响90%结果的重要事情中的前3件，剩下的问题选择忽略，而不是被问题牵着走。

李想把大的问题看作机会，不断地达成阶段性的目标。直到2004年，李想创立的泡泡网一年有2 000多万元的收入，他却又遇到了瓶颈。由于没有团队管理能力，泡泡网实在增长不上去了。那年李想才23岁，随后开始了第二次创业，也就是创办汽车之家。

"三层楼，成为一个优秀的管理者"

从汽车之家开始，李想更注重管人了。他带着一帮年轻人，手把手教他们如何看待问题，如何找到机会，如何把业务做好。

虽然还是带着团队聚焦于做事情，但是他能很快发现谁能把事情做好，谁有潜力，并带着他们一起作战，聚焦于每一个关键的事情，把工作做好。这个状态持续到2008年，李想到了27岁，汽车之家的访问量位居汽车垂直网站第一。秦致则在2007年加入了汽车之家。

"四层楼，成为一个优秀的领导者"

秦致的加入让李想知道了，什么才是更高级别的管理，一个领导者不需要自己什么都会、什么都擅长，而需要知道如何找到更多优秀的管理者，并帮助他们不断提升，提升对自我的认知、对协作的认知、对管理的认知。这也让李想的团队成员们知道了使命、愿景、价值观如何建立，以及它们的重要性。

从2008年到2013年汽车之家IPO（首次公开募股），再到李想和秦致相继离开，李想在这个"楼层"待到了2018年，这一年，他37岁。

"五层楼，成为一个顶尖的领袖"

一个顶尖的领袖必须能够带领团队制定精准的战略，保证业务、人力、财务合力作战，让每一个人洞察商业、产品、技术之间相互关联的奥秘。

李想说，他还在从"四层"痛苦地走向"五层"的路上，每一次"楼层"的提升都是巨大的痛苦或意外的灾难带来的，但是他没有退路。

经历过类似生命体验的人都会有共识：一个人爬上更高的楼层以后，才会发现之前楼层上那些让人痛不欲生的问题竟然如此简单，甚至毫无意义，是庸人自扰。

你在一层楼面对的那些让人痛苦不堪甚至感觉是灾难的问题，在三四层楼看，重要程度是完全不同的。不是你的管理者和领导对问题视而不见，而是他们其实看得比你更清楚和全面，那些困扰你的问题根本就不是关键所在。

领导力绝不仅仅是一种影响力技术，只有领导者内在的观念、态度和价值观与他们的行为一致，他们才能真正释放出强大的领导力，影响并引领他人。

领导力的修炼，恰似"见山是山，见山不是山，见山还是山"的人生境界进阶过程。初期，我们可能把领导力理解为一种技术或者职责，这是"见山是山"的阶段。然后，随着对它的深入理解和实践，我们开始意识到领导力不仅仅是某种影响力技术，它还涉及人的情感、动机和激励等复杂的人性问题，这是"见山不是山"的阶段。最后，当深刻理解并接受了领导力的复杂性，并用一种成熟、自信的态度去实践它时，我们会发现表面做的那些事情与初级领导者做的也没有什么区别，这就是"见山还是山"的阶段，实现了实质与表象的统一。

当对领导力用了"修炼"这个词时，自然表示这不是一件容易的事，需要时常刻意练习，才能潜移默化地有所改变。下面，我们通过一个小例子，给各位读者做一次小练习。

有一次，我走进一家理发店，一位老师傅一边聊天一边给我剪发。他速度很快，似乎手法娴熟。但我在镜子中看到的发型让我大吃一惊，心想："完了，剪瞎了。"但这也不能全怪他。一般这种情况下有两种选择，要么就自认倒霉，下次再也不来了；要么就和师傅吵一架，但也别指望人家赔钱。

正在犹豫要不要发火的时候，我意识到自己还有第三种选择。我开始赞美师傅："您这手法不错啊，干挺久了吧，真不错！"

他明显被我的话激发了工作热情，一边回应我的夸赞，很自得，一边特别认真地处理我的发型。上一位顾客15分钟就结束了，他给我至少剪了半个小时。结束时，我看着镜子里的自己，发现确实比一开始想象的要好很多。我付钱走人，心情不错，师傅也挺开心，还欢迎我下次再来。

演员王志文有一句经典台词，说在社会上有一条铁律，你说点儿好话，就能搞定50%的人；你给点儿好处，就能搞定70%的人；说点儿好话再给点儿好处就能搞定90%的人；投其所好的好话和恰如其分的好处，就能搞定99%的人，剩下的1%就不用考虑了。

各位是不是认为我在讲市井生存技巧？并不是，这里有哲学道理。古希腊斯多葛学派提出，接受不能改变的，改变能改变的。我们无法改变世界上的很多事情，但可以改变面对它们的态度，还可以选择如何回应。这是一种"乐观的悲观主义者"心态。

电视剧《漫长的季节》有很强的斯多葛学派的味道，男主角王响一生遭受磨难，儿子死了，老婆死了，作为信仰载体的工厂也没了，再后来最好的兄弟也淹死了。这些都是他无法改变的，他可以改变的是面对它们的态度。剧中最后一幕，老年王响对20年前的自己喊：往前看，别回头！往前看，别回头！

他是生活的强者，没有因生活的种种不幸而让自己陷入深渊。

大部分人没有意识到，任何时候我们都拥有选择权，即以何种态度去面对一件事的选择权。

一个优秀的企业领导者会清楚地知道，企业的成功绝不仅仅取决于外部环境，更取决于如何面对困难，如何做出选择。当内部出现矛盾时，企业可以选择逃避冲突，也可以选择正面解决。当面对竞争对手的咄咄进逼时，团队可以选择抱怨公司资源不够，"我输我有理"，也可以选择"不服就干"，想办法击败对方。

希腊的德尔斐神庙的石柱上有一句箴言"人哪，认识你自己"，有人以为它在提醒我们要日常反思和反省，比如"吾日三省吾身"，或者每天做复盘，检查自己的得失。其实并不是，这些只是在内容上反思自己，并不是真正的反思。真正的反思是在思考结构和行为习惯上反思自己，这些我们往往看不见。

当遭遇突发状况时，人们会天然地按照自己的身体习惯去反应，甚至意识不到自己居然有这样的习惯，更看不到在这些习惯之外还有其他的选择和可能性。

"痛苦"不是一个词，而是两个字的组合，痛是事实，但苦是观点。只有你将苦视为苦，痛苦才存在。"看见"与"看待"也不一样。"我们看见了什么"与"我们如何看待它"是两个不同的问题。

案例：曼德拉

南非的伟大领袖曼德拉曾说："我从未失败过，我要么赢得了胜利，要么学到了东西。"

当遭遇挫折和失败时，最容易产生的反应是沮丧和放弃。曼德拉告诉我们，失败还有另外一面，那就是学习的机会。"失败乃成功之母"是每个中国人都耳熟能详的俗语，我们却总把它理解为不要怕失败，失败多了就会成功。并不是这样的，失败就是失败，它本身不是成功之母，从失败中学习成长才是成功之母。

领导力修炼最终都要归为自我心性的成长。领导力是一个持续进阶的过程，而不是一蹴而就的技术。我们要心态开放，愿意学习。

世界上所有好的事情，都是给我的奖赏；所有不好的事情，都是给我的提醒。这是一种"阿Q精神"吗？并不是，这是一种对自己负责的精神。每个人都需要认清，自己是唯一对自己负责的那个人。我们的思考方式和行为习惯，最终都会作用在自己身上。成年人不是"巨婴"的一个重要标志是，知道自己做出的选择的代价都要自己来承担。所以，当你选择了一个"永不失败"的认知模式时，它的所得和所失，也都由你自己承担。

杰出人物或许会失败，但绝不会崩坏。

弱者心态 vs 强者心态

大部分人终其一生都从未审视过自我，小部分人审视过自己的思考方式，极少数人审视过自己的情绪发生方式。

我们非常粗略地把心性成长按照三个阶段来呈现：从弱者心

态到强者心态，再到企业家精神。这看起来是按照个人特质来区分的，其实是按照看待世界的方式来区分的。弱者依赖他人或者环境来获取动力和能量，而强者可以自我驱动。后者更有能力从自身找到动力源，通常也会更主动地调整自己以适应外部环境。这种内在的力量和主动性是强者心态的显著特点。所谓强者心态，不是拥有强壮的体魄和丰厚的资源，而是可以切换视角，看到不一样的事实。人们经常以一种习惯性的弱者视角看待世界，总是关注"我失去了什么、我损失了什么"，而很少关注"我掌控了什么、我占有了什么"。

查理·芒格先生说过，千万别陷入受害者的情绪走不出来，总觉得都是别人的错，这种思维方式非常害人。你一直这么想的话，最后别人都不愿意和你合作了，所以不应该这么想。

事实与如何看待事实，是两件事。任何事实都至少可以用两个视角去看待，虽然它们都是对的，但人们会有一种天然的视角，不曾意识到自己还有另外一种选择。弱者视角会让我们沮丧、失望和埋怨，强者视角则会给我们带来自豪、自信和权力感。弱者视角更关注自己当下的感受，强者视角更关注此刻采取什么积极的行动可以让事情变得更好。弱者视角会让人更自卑，强者视角会让人更自信。

更重要的是，这两种视角看到的都是事实，而不是自我安慰的假象，只是强者心态较少成为本能习惯，它需要一定的修炼。因此，在领导力建设上，我们要做到"顺着人性做管理，逆着人性修自己"。

> 顺着人性做管理，逆着人性修自己。

情绪是自我最大的生产力。人要保持自观，看到自己的情绪，"若有一刻不喜悦，便笑此刻不喜悦"。

接下来，我们看看在相同场景下，强者和弱者分别会有怎样的表现，可以用以对照自己和周围的同事、朋友（见表10-1）。

表10-1 强者心态 vs 弱者心态

	强者心态	弱者心态
面对挑战	我可以学	我没做过
面对社交	常示弱	易逞强
面对批评	雷霆雨露皆天泽	逃避、记恨
面对委屈	不解释	"祥林嫂"
面对人脉	让自己强大，吸引对方	取悦对方
面对不幸	我能走出来，我可以搞定它	应该有人管我，对我负责
面对成功	成功是过程	成功是目标
面对失败	向内归因	抱怨环境
面对困难	找办法	找理由
面对资源	积极争取、价值交换	等、靠、要
面对强者	见贤思齐、学习优点	发现瑕疵、寻找平衡
面对事件	相信常识，兼蓄多方观点	受害者心态，容易相信阴谋论
面对职场	成长心态、合作心态	谋生心态、受剥削心态、交易心态
面对观点	观点与众不同	只敢做大多数
面对变化	追求确定性，但拥抱不确定性	回避不确定性，轻易"躺平"

面对挑战

弱者心态：我没做过。强者心态：我可以学。

美团的王兴曾经讲过他的一段亲身经历，在一次会议上，他和团队打算用一个新的工具来整理会议记录，这个工具有点儿冷门，他问一个年轻的新同事："你会用吗？"那个同事毫不犹豫地说："我可以学。"王兴认为这句话有无穷的力量，面对一个未知的新任务或者挑战，"我可能不会，但我可以学"，有这样心态的人不可能太差，他们是每个公司的宝藏。而弱者心态的语言习惯是：我没做过。比如：

"某某工作为什么推进得这么慢啊？"

"我之前也没做过啊！"

其实一个组织从小到大，都是从什么都不会开始的，然后一点儿一点儿去做。这本是事实，可如果习惯以此作为合理化自己行为的理由，很可能会导向失败。

面对社交

弱者心态：易逞强。强者心态：常示弱。

说起在社交场合迫不及待地展现自己的成功、财富、地位和资源的人，你的脑海里可能已经出现画面了。这种外在表现，即便他自己没有意识到，也往往体现了其内心的恐惧和不确定，害怕被别人看透，害怕自己的弱点被揭露出来，于是要通过表现强势来掩饰弱点。

例如，有些求职者会夸大自己的受欢迎程度："BAT（百度、阿里巴巴和腾讯）都给我发了 offer（录用通知），不断催我过去。"事实上，可能对方的 HR 只是在正常推进招聘流程，虽保持联系，却从未表现过非他不可的态度。

真正的强者却常常选择示弱，他们并不在乎别人看低自己，往往淡然处之。他们因为对自我有深刻的理解和接纳，所以无须通过外在表现来证明自己，也不怕暴露自己的弱点，甚至把它当作成长的一部分。不要对自己的无知抱有侥幸或者不确认的心态。有些人得到了众人的尊敬和夸赞，然后就反过来给自己确认："人们都夸赞我，都追随我，我应该不是无知的吧？要不然，为什么他们这样做呢？"

面对批评

弱者心态：逃避、记恨。强者心态：雷霆雨露皆天泽。

"批评与自我批评"是自我建设的重要部分，是自我净化的主要手段。我个人很不喜欢商业咨询行业的一种倾向：将批评视为不妥的行为。把不满和批评都当作负面的，是会给别人带来情绪伤害的。

人真的有那么脆弱吗？我倒是认为，不分对错的表扬和褒奖会让表扬和褒奖本身变得廉价，对方也无感。把人当"巨婴"看待，人就会真的慢慢变成"巨婴"。这种倾向表面上看起来充满善意，实际可能带来一些无法预料的负面后果。

乔布斯说："我喜欢和聪明人一起工作，因为不需要照顾他们的情绪。"

这话有一点儿极端，领导者当然要对他人的情绪有同理心，不过乔布斯想表达的意思很明显，即人要在意批评，但也不要过分在意批评。真正的强者，不管得到表扬还是受到批评，都能理性地接受和看待，不大受情绪影响。批评不等于否定和伤害，只有在你认为它是伤害的时候它才是。

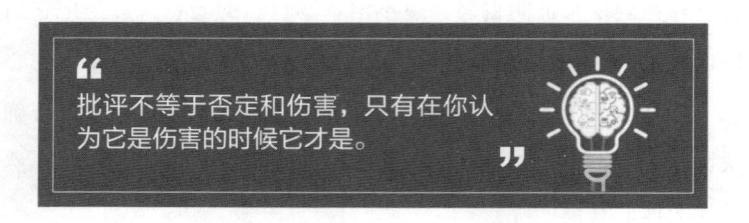

> 批评不等于否定和伤害，只有在你认为它是伤害的时候它才是。

一次批评里可能会包含建设性意见、事实和行为建议，也可能包含对人格的贬低、侮辱和攻击。我们要区分其中的情绪部分，识别其中的反馈部分，把每一次批评都当作迭代的机会（见表10-2）。

表 10-2　情绪反馈工具

批评	
情绪部分	反馈部分

希望看到这里的老板读者们，不要误以为我只是在告诉你的下属应该勇于接受批评，其实最应该接受批评的是老板自己。

相比于下属，老板似乎有更多的尊严和面子要维护，照顾到老板那种微妙情绪并妥善处理的下属会被老板当作"自己人"。其实任正非早就说过，强者才会自我批判。把接受批评视作一种强者行为，老板们是不是就没有那么难以接受了？

面对委屈

弱者心态："祥林嫂"。强者心态：不解释。

罗永浩有句名言："彪悍的人生不需要解释。"你可能有过这样的生命体验：一旦陷入解释，就已经处于被动状态。被别人误解、受委屈当然是让人愤懑的，直觉会要求我们马上解释，憋着好像会受"内伤"。但我们终究会发现，越解释越麻烦。强者的自我价值很清晰，从来不需要他人的认可。"祥林嫂"式的絮絮叨叨，只能遭人鄙视。人们如此渴望认同，不顾它是否廉价。

> 人们如此渴望认同，不顾它是否廉价。

不解释不意味着冷漠或者骄傲，而是对自己有足够的认知和尊重。过于依赖他人的认同，是缺乏价值感的表现。

面对人脉

弱者心态：取悦对方。强者心态：让自己强大，吸引对方。

人脉当然很重要，经常有人把别人的成功归于人脉，而认为自己难以成功的原因是缺乏人脉。其实，所谓人脉不也是一种能力产生的结果吗？直接承认自己能力差是残酷了点儿，但总比一边奚落着别人一边自己停着不动强。

同样是积累人脉，使用不同策略，效果截然不同。强者心态不屑于取悦别人，不会在公开场合抢着给"大人物"递名片、扫微信，这是弱者心态的表现。这种行为表面看很主动，内在却充满依赖和被动。这些人的能量多来自外在支持，而对自身的提升和发展关注不足。

强者心态是"你若芬芳，清风自来"，更重视用让自己强大然后吸引别人的方式来积累人脉。所谓人脉，本质无非是价值交换。我们要让自己拥有更多可被交换的价值，与"人脉"合作是彼此增值，而非消耗对方。

面对不幸

弱者心态：应该有人管我，对我负责。强者心态：我能走出来，我可以搞定它。

人生不如意事十之八九，遭遇大大小小的不幸乃至至暗时刻都是常有的事，学不会与不幸相处，就很难拥有丰沛的人生。面对不幸，弱者常认为自己是受害者，这个世界应该有人对他负责，有人管他，为他的困境做出解答，提供救援和支持。"为何世界对我如此不公，一定是他人或者环境的错。"其实，"天地以万物为刍狗"，上天没有特意对谁好或者不好，它只是不在意。强者很少怨天尤人，会积极地认为自己可以处理好这些问题，相信自己可以走出困境。强者选择自己对自己的生活负责，弱者选择让他人或环境为自己负责，其实这是不可能的，对外界抱有不切实际的依赖，最终戕害的都是自己。"自助者，天助之"，当一个人真的对自己负责的时候，他会发现，外界也愿意帮助他。

面对成功

弱者心态：成功是目标。强者心态：成功是过程。

对所谓成功抱有痴迷态度，其实是弱者心态。不管是轻易崇拜成功者，还是自己稍有成绩便得意忘形，都是如此。

有两件事情定义了我们的格局。一个是让你愤怒的对象的水平，一个是让你狂喜的成功事件。让你愤怒的对象水平一般，或者那个事没什么大不了，却调动了你如此之大的情绪能量，说明你自己的水平也就在这儿。

弱者会认为成功是目的，更容易满足现状。而强者认为成功是更远终点前的里程碑。强者知道及时奖励自己会让自己更有驱动力，但他们可以控制这个过程。

面对失败

弱者心态：抱怨环境。强者心态：向内归因。

"合理化自己"是刻在人类基因上的。当遭遇失败时，人们的第一反应就是抱怨环境。因为新冠疫情，因为行业不景气，因为人口出生率降低……这些话高频出现在企业的业绩复盘会上，可当人们被问，在相同的外在条件下，有没有公司实现了增长呢？答案又通常是有。

环境原因当然是存在的，没有人可以否认。但强者知道抱怨环境毫无意义，无法对它施加影响力，更不要说控制力，能做的只有从自身找原因。大部分人的努力程度，还到不了会被外界影响的地步。

有些人向外归因已经成习惯，我想你们公司也不乏这样的人。借用《乡村爱情》里王大拿说他儿子王木生的话："你到哪儿就哪儿环境不好，你是影响大环境的人呗？"

面对困难

弱者心态：找理由。强者心态：找办法。

有一种干部，在探讨一件事情的时候，他上来就说这件事一定不行，因为这个或那个原因。王健林曾经说，万达不接受这样的干部，而且一旦他这样表现了，他就会立即被拿下。你可以说，这件事情很难，我们要实现这件事情还差什么，而不该直接找理由否定这件事的可能性。其中的区别就是面临困难的时候，你的心态是倾向于找办法，还是找理由。

找理由是容易的，但它做不成任何事情，只能为自己被理解寻求一个空间。但反过来想，总希望自己被理解，本身不就是一种弱者心态吗？

面对资源

弱者心态：等、靠、要。强者心态：积极争取、价值交换。

资源永远是稀缺的，每个职场人都应该意识到，没有人有责任主动为你的任务和业绩配置资源，要发挥自己的影响力，通过与协作方做价值交换来获取资源。强者总是积极主动的，面对资源，习惯于果断决策和最大化地利用。而弱者倾向于等待、依赖和索取，也就是等、靠、要。

曾经有一个调查：在你需要帮助时，是那些曾经帮助过你的人更愿意帮你，还是你帮助过的人更愿意帮你？答案是前者。可前者一定不是傻瓜，你在获取他的帮助时，也给予了他某种价值回馈，这种价值可能是直接的利益，也可能就是情绪价值。有一种对领导力的理解是，领导力就是将拥有的资源做最大价值的交换。识别资源、获取资源、交换资源，每一个环节的优化，都是对结果的提升。

面对强者

弱者心态：发现瑕疵、寻找平衡。强者心态：见贤思齐、学习优点。

有一个说法很有道理，你的水平就是你周围5个最亲近的人的平均水平。有些人有种奇怪的心理，习惯结交弱者，而不结交强者。也许是因为在弱者面前他们可以维持自己的某种心理优势或者尊严，但自己的进步空间也被封住了。有些人面对强者总容易生出嫉妒之心，觉得对方不过尔尔，在某些方面也有瑕疵，对对方的突出之处视而不见，或者认为不重要。

好的心态是，看到对方有厉害之处，应该感到欢喜，因为自己有了现成的学习对象。

一个人明知道自己为人冷漠、不够热情，看到热情似火的人，就应该去看看他是如何发光的；明知道自己思考不够、流于表面，看到洞察深刻的人，就应该去看看他的思考习惯；明知道自己表达不好，上台紧张，看到侃侃而谈、落落大方的人，就应该尝试去模仿他的样子。

面对事件

弱者心态：受害者心态，容易相信阴谋论。强者心态：相信常识，兼蓄多方观点。

在商业世界中，理性精神是一种非常优秀的强者品质。强者往往相信常识和客观事实，面对事件时，以科学的态度进行分析，寻求合理解释，而不会轻易相信传闻或者阴谋论。具有理性精神的人愿意接受不同立场、不同经历的人的不同观点，并吸收其中有益的见解，而不仅仅以自我的单一立场作为评价标准。

弱者倾向于将责任归于外部，产生受害者心态，总认为有人想害他。他们面对事件时容易相信阴谋论，把事件解释为某些团体的阴谋。比如，职场里经常有人习惯假设自己被针对，被同事针对、被领导针对。事实上，这种想法很可能是多虑了。

强者很少会产生受害者心态，他们认为大部分的事情都是自己可以影响的，如果没有影响到，应该做的是想方设法具备这种影响能力，而不是轻易给外界贴个不公的标签，以寻求心理安慰。

弱者总认为天空是阴暗的，且不想改变；强者认为，天空是阴还是晴，自己是可以影响的。

面对职场

弱者心态：谋生心态、受剥削心态、交易心态。强者心态：成长心态、合作心态。

世界有时不是客观的，而是主观的，同样一个客观事件，因为主观看法不同，就会导致截然不同的结果。不同的面对职场的心态对于个人的发展和成功有着至关重要的影响。如果一个人把工作当作谋生的手段，那么他就会一直处于谋生的状态，会为了生计而牺牲个人的职业发展，工作也不会给他带来额外的回馈；如果一个人认为领导和公司总是剥削自己，那么他必然会经常抱怨工作的不公平，觉得自己付出的多，而得到的少；如果一个人认为自己与公司和同事之间就是交易关系，那么这个人就得不到真诚的朋友和别人的信任。

个人与公司之间不是片面的、静态的关系，而是共同成长与合作的关系。

面对观点

弱者心态：只敢做大多数。强者心态：观点与众不同。

强者之所以是强者，是因为敢于将自己作为外界事物的评估标准，敢于给出判断，有自己的观点。《从0到1》的作者彼得·蒂尔曾经说过，一个人有独立思想的判断标准是，在某些重大问题上，其他人都认为是X，但他认为是Y，并且他坚信自己是正确的。这才是内心的强大。有些以为自己有独立思想的人不过是喜欢抬杠，其实并不符合这个标准。观点与事实不同，严格来说，每个人的观点都是"偏见"。谁的"偏见"具有更强的解释力，谁就更能让自己的"偏见"成为现实，谁就是更强大的人。康德说"人为自然立法"，意思是，这个世界不是纯客观的，也不是纯主观的，而是主客观一体的。乔布斯的很多同事都反映，乔布斯具有一种"现实扭曲力场"，这个词形容了乔布斯身上那种强大的说服力和极高的期望，他甚至可以为消费者定义什么是好的审美，虽然审美显然是主观的。

面对变化

弱者心态：回避不确定性，轻易"躺平"。强者心态：追求确定性，但拥抱不确定性。

世界本就处在一刻不停的变化之中。一个强者要意识到，我们所谓的安全感和确定性，不过是有其他人在代替我们面对风险和不确定性。有些人很幸福，在孩童时代得到了家庭给予的安全感，但其实这是父母在外辛苦打拼带来的。普通员工在公司打工，旱涝保收，很有确定性，他的老板则可能在外奔波，不知道下一个订单在哪里。从"巨婴"变成成年人的关键转折点是勇于面对这种不确定性，视它为常态。而且奇怪的是，在你真正面对过不确定性后，你反而很难再回到安全的"温床"里。

在这么多场景里区分"强者心态"与"弱者心态"，我其实是想表达一个观点：任何时候，我们都有选择。可是当遭遇困难事件或者场景时，身体直觉会帮自己做一个选择，让人们忽视了其实还有另外一种更好的选择。经过刻意练习，当每次的选择都可以朝着更积极的方向去时，一个人的变化也就在潜移默化中产生了。以下是个小工具，请你回忆并参与练习。第一列是曾经让你感到痛苦或者不满的场景，第二列是你之前直接的选择和应对，第三列是另外一种更好的选择（见表10-3）。来，尝试挖掘自己的选择权，做自己真正的主人。

表 10-3 "选择"的刻意练习

今日遇到的场景或事件	我的直接选择	另外一种更好的选择

你可以自己打印多份，每日做刻意练习，看看一个月后，会发生什么奇妙的变化。

同样是内观，自省与内耗完全不同。自省的个体往往希望通过反思自己的行为和思考，找到改进的方向，提高自我认识。而内耗的个体过度关注自身的问题和缺点，没有积极寻找解决方案，导致情绪消极和能量耗尽。自省通常是有目的、有限度的，不会占用个体过多的时间与精力。内耗则可能会持续很长时间且频繁发生，占据个体大量的心理资源。虽然都伴随着不适感，但是自省最终会带来清晰的自我认识和满足感，而内耗常常带来焦虑、沮丧和力不从心的感觉。

前面讲了很多如何"由弱变强"的过程,现实中还有另外一些人,他们自认不是弱者,也认为好的领导者应该拥有上面那些强者的品质。但是,他们一直在扮演强者,过度自信,最后难免膨胀,从"强者"走向了"妄者"。对这种倾向,我们要保持警惕,谨慎自观。

生活在众人敬仰的高度,被赞美和被追随的感觉往往令人陶醉。成功容易让人自负,地位容易让人"膨胀",人们开始忘记自己曾经的渺小与无知。在这个位置上,你可能开始对自己的"无知"抱有侥幸心理,试图拿一些外在的事来证明自己——既然大家都尊敬我、敬仰我、请教我、追随我,那么我"应该"不是无知的吧?一个人将他人的赞美和追随当成自己有智慧和能力的证明,是自我欺骗的开始,忘记了自己依然是一个需要不断学习和成长的人,开始满足于现状,自我膨胀取代了自我反思,自我满足取代了自我追求。

真正的领导者,不应该满足于做一个被尊敬的对象,而要做一个永远在路上的旅者。他们知道,无知并不可怕,可怕的是不敢面对无知。不要把"我错了"当成认输的标志,而要当成自我蜕变的起点。

领导者的心性成长,是一种内在的成长,是对自我的认知,对自我无知的认知,对自我优点和缺点的认知,对自我能力和潜力的认知。心性成长的关键就是看清自己,勇于面对自己的无知,勇于承认自己的不足,勇于追求自我超越。

这当然很难,有些领导者在商学院同学面前可以敞开心扉,承认自己弱小，却不敢在团队面前这样做，觉得气场、氛围都不对，说了也得不到期望的反馈。如果确实是这样，也不必强迫自己，领导者可以去找能够打开自己的场域。重要的是，要有意识地用外在来协助内观。

企业家精神

佛教里有小乘佛教和大乘佛教。小乘佛教重视个人修行与觉悟，希望解脱于生死轮回；而大乘佛教强调菩萨理想，即不仅追求个人觉悟，还积极为众生的解脱而努力，以利一切众生。在中国，普遍流行的是大乘佛教思想。

在本章，我们给出了"弱者心态—强者心态—企业家精神"这样一个进阶路线。这里做个非常不恰当的类比，绝无区分高低之意：强者心态像小乘佛教，重点在个人修炼，而企业家精神像大乘佛教，不能完全用个人得失来描述。企业家精神有一种超越个人的对社会的责任感，是一种创新、冒险、积极进取的态度和心态，并不是完全以某件事给自己的回报作为决策依据，而更多是为了那件事情以及其意义本身。

2014年，雷军拜访马斯克时问了一个问题："10年前你为什么要做特斯拉，那时电动汽车还只是一个概念，你是怎样看到这个机会的？"马斯克回答："我从来不觉得这是一个好机会，因为失败率要比成功率高得多，我只是觉得这是人类应该做的事情，不想苦苦等待别人来实现。"

雷军从硅谷回来之后感慨："我们干的事情好像别人都能干，

马斯克干的事情，我们想都不敢想。"马斯克干了什么？他创立了移动支付企业 PayPal（贝宝），创立了电动汽车品牌特斯拉，建立了开发火星计划的太空探索技术公司 SpaceX，还建立了研发脑机互联的企业 Neuralink，就连 ChatGPT，他也是最早的投资人之一。

当普通的企业家想的是怎么更快地赚钱、更多地赚钱的时候，马斯克想的是"这事值不值得做，该不该做"。他有三句话说得特别好：第一句，"优秀的企业应该有利润之上的追求"；第二句，"当某件事情足够重要时，你就去做它吧，即使胜算不大"；第三句，"我想改变世界，希望能够尽我的努力，创立一个新世界，使人们享受生活，为此，我不介意冒险"。

亨利·基辛格曾经评价中国人，说中国人都被他们当中最勇敢的人保护得很好。他这个观点比较片面，其实全人类都被我们中最勇敢的人保护着。真正有企业家精神的企业家，也在这"最勇敢"的行列。

企业家精神是一种理想，但它也有一些能力要求。最基本的是"本质思考能力"，也就是第一性原理式的思考能力。就我对第一性原理的理解来看，它很难通过一个具体的工具锻炼出来，而是一个人的修养到达一定层次后自然而然具备的能力。按照亚里士多德对第一性原理的定义：它是某一理性系统的根本假设，是在系统之外的。所以，通过原系统内的工具和练习无法认清这个系统的第一性原理。只有当你站在更大的系统中回看原系统时，它的第一性原理才会自然浮现。

比商业更大的系统是哲学。我认为，一个人具备了某种哲学思想和修为，便自然具备了洞察商业本质的能力。马斯克运用第一性原理创造了几家伟大的公司，仔细分析后你会发现，他的第一性原理思维都来自"还原论"这种哲学思想，即把事物拆分和还原成它初始的样貌，从这个初始样貌重新开始思考问题。例如，电动汽车售价很高，原因是电池很贵。电池为什么贵？因为你的企业还没有规模，供应商报价降不下去。那么，把电池还原一下，它的初始样貌是什么？不过是一系列化学分子的组合，按大宗商品的需要算算这些化学分子的价格，电池的价格也就低多了，于是低成本的特斯拉因此诞生。

张一鸣初做今日头条时，没有几家投资商愿意投它，以为这不过是一个新闻网站。当时这个领域已经有了新浪、搜狐这些巨头。但张一鸣终究还是把它做出来了，并且从今日头条发展出了抖音，这些成了现在影响一代中国人生活方式的重要产品。字节跳动的规模远远大于当初的新浪和搜狐。如果把今日头条当作新闻网站来做，那就还在新浪和搜狐的系统中，字节跳动不可能有现今的体量。不过张一鸣并没有把今日头条当作新闻网站，而是当作"信息流转平台"来看，他认为信息的流转比信息本身更重要。

现实中的同样一个事物，只是因为看待它的视角不同，便有截然不同的发展脉络和进化方向。这是哲学里的"认识论"思想。哲学在笛卡尔之前以研究"本体论"为主，即世界的本质到底是什么，到笛卡尔时出现了"认识论"转向，它以研究我们如何看待世界为主。很显然，张一鸣具备认识论的素养。企业家精神对企业家能力的一种要求便是具备深度的哲学思维，我们看到的大成者，莫不如是。

"知行合一"是一种修炼出来的功夫

唐僧师徒四人去西天取经，最后成佛。真正让他们成佛的，是最后在西方大雷音寺拿到的那本经书吗？并不是。真正让他们成佛的，是去往西天这一条路。在这条路上，他们经历九九八十一难，从相互不信任走向并肩作战，实实在在地体会了人间疾苦。这些，才是成佛的路。

约翰·斯卡利当初是百事可乐的CEO，被乔布斯一句话"你是想卖一辈子糖水，还是跟着我们改变世界"带到了苹果公司，可后来，又是他亲手串通董事会，把乔布斯赶出了苹果。当我们回顾乔布斯的经历时，斯卡利这个人物总是反派。可反过来想，如果没有这段经历，乔布斯一帆风顺，还有后来被商业界誉为"改变了时代"的乔布斯吗？很可能没有。

"人在事上练""烦恼即菩提"都是古代智慧的精华，也是我们在面对现实挑战时的最佳实践方法。无论是企业领导，还是职场人士，甚至是学生，都应该寻找属于自己的"取经之路"，去体验、去实践，去直面生活的困难和挑战。只有这样才能真正实现自我成长，最终达到目标。

对王阳明"知行合一"思想最大的误解，是把它当作一个道理。有许多不同的人从不同的角度去阐释对它的理解，但就是不肯跨出"行"这一步。其实知行合一是一种修炼出来的功夫。

"听了很多道理，却还是过不好这一生"，很多年轻人这样讲，听起来好像很有深度，但其实这恰恰体现了一个人没有真正理解和接受这些道理，只是停留在表面的认知。这就是为什么那些道理在他们的生活中没有起到应有的作用。我在给企业讲课的时候，经常会说一句话来提醒学员们检查自己有没有学会："现在你到底是头脑懂，还是身体懂？"

我要告诉大家一个秘诀：是行为和语言改变了思维，而不是思维改变了行为和语言。世界需要我们去践行、去体验、去感受，甚至去受挫、去痛苦。只有经历这一切，头脑中的道理才能变成身体里的认知，才能真正成为指导生活的灯塔，毕竟"知而不行，只是未知"。

案例：广联达

广联达是一家聚焦于建筑行业的为客户提供数字化解决方案的上市公司，市值常年保持在千亿元以上，它也是我毕业后任职的第一家单位。我必须承认，当时去广联达最大的动力是它是高科技企业，而当时北京市政府给高科技企业的一大优惠政策是留京指标，这帮助它吸引了很多人才。我在广联达一共工作了两年，负责东北市场，向哈尔滨、大庆、牡丹江、鸡西和佳木斯这些城市的建筑公司和房产公司售卖工程造价软件。后来，北京户口落实了，我就离开了，奔赴当时轰轰烈烈的互联网产业。

当时，广联达还是一家小公司，我却预见了它未来的成功。它后来的成功虽然有房地产市场爆发性增长这种时代红利的缘故，但也与最开始就非常重视组织建设有关。一家公司很难确保一直处于市场红利当中，但可以确保花更多的精力和时间在组织建设和人才培养上。

21世纪初，广联达招募人才时，并没有期望"即插即用"，而是设计了长远的培养计划。当时我们同一批入职的年轻人，几十个人从全国各地来，在北京石油管理干部学院训练了一个月左右，很多我至今难忘的奇妙经历就发生在那时。比如，训练的第一天和最后一天都有一个项目叫"高台演讲"，我们要站在桌子上给所有同学做5分钟即兴演讲。有一位同学来自南方，性格内向，第一次上台时一句话都说不出来，硬抗了5分钟下来了，得了最后一名。不到一个月后，在最后一次"高台演讲"的考核中，他已经被完全激发，侃侃而谈，得了第一名！

我在训练中得知了一本书《世界上最伟大的推销员》，也叫《羊皮卷》，从那时起它就一直紧随我左右。虽然我已经不做具体销售工作很多年，但还是会在情绪低谷时把这本书拿出来，大声朗读一篇，然后浑身充满了力量。

我记忆最深刻的一句话是当时的辅导员说过多次的"体会比懂得重要"，"懂得"是头脑理解，而"体会"才是身体理解。美国电影《心灵捕手》里的数学天才威尔可以通过书本获得智慧，书本甚至帮他碾压了很多心理学家，但威尔只有亲身来到那些书本所描绘之地，在当下获得，才会有最真切的感受，才能真正疗愈自己。

在训练营里，我学习了很多与销售和建筑造价有关的知识，但它们对我的价值远远不及我第一次排除恐惧并敲响客户大门的那一刻。那一刻，我在"体会"，而不仅仅是"懂得"。

立刻行动，是一个怎么美化都不过分的优秀品质。我们"听了很多道理，却还是过不好这一生"，不是因为那些道理没有用，而是道理要与自己的行动结合起来。

"优秀"重要吗

在这个竞争激烈的社会，许多父母都在努力地"卷"自己的孩子，卷补习、卷成绩、卷名校、卷工作，希望孩子能在人生的赛跑中抢占先机。然而，我看到了一篇文章，文中提到的一位母亲却选择了一条不同的道路，她同时是一位企业家。

这位母亲认为，那些追求"卷"的妈妈，其实都希望自己的孩子能变得"优秀"，但这种优秀最终的价值在于孩子能在未来的人生舞台上占据一个有利的位置，更容易被选择，面对职业机会时获得更好的价码。看起来这毋庸置疑，她却有着不同的看法。这位母亲不要求自己的孩子去修炼"优秀"，她认为要修炼的是在人生长跑中始终保持自信的品质、敢于面对失败的勇气、洞悉人性阳光和黑暗的眼光，以及面对压力的韧性。这些品质并不是校园意义上的"优秀"，可能无法立刻让孩子在眼前的竞争中胜出。但她并不担心，她说自己的孩子注定是要做老板的，老板不需要优秀，他需要更多优秀之外的品质。

混沌学园大湾区分社社长、芬尼克兹公司的董事长宗毅先生，经常对自己的女儿说，不必与自己周围的"学霸"比学习，但要和他们成为朋友，处好关系。

领导力和优秀可能是两个方向的概念，那些日复一日的坚持，那些在失败中的反思，那些在压力中保持冷静的瞬间，都是无法用表面标签定义的深层次能力。

有些人看似很优秀，可仔细看来，他只是一直在向别人"证明"自己。增长型领导者一定是拥有主体性认同的人，凡事首先考虑让自己"认可"，自己过不去，也不用别人批评。他们的自我价值确认不需要通过他人来获得。

普通优秀者的动力需要别人给，他们距离真正的领导者还差"纵身一跃"，需要意识到每个人都是为自己负责，也为自己而活的。

爱工作，或者放过它

因为OpenAI的CEO山姆·奥尔特曼的背书，Worldcoin（世界币）成为科技界的热门话题。在可见的未来，AI似乎可以取代大部分人的工作，全民基本收入将成为社会经济中不可或缺的一环。AI可能帮你干活儿，甚至给你发钱，普通人只需要享受生活就好。

这真的是人类美好的未来吗？马斯克并不这么看。他认为，工作才是人的基本权利和需要，大多数人的人生意义其实就在工作中。虽然表面上我们在抱怨着工作，但如果真把它从生活中拿走，人生的意义又在哪里呢？

青年时期的马克思曾经思考过一个深刻的命题，是关于"人的异化"的。中学的政治课本上讲，马克思说"劳动是人的第一需要"，我当时就觉得这个观点有些反常识，人们似乎并不太喜欢劳动，不劳而获才是人性。

你发现没有，这里的人性其实就是"动物性"，或者说那些与动物没有区别的基础欲望：吃、喝、繁衍、居住、修饰等。那些特属于人类的需求去了哪里？如果把课本里的"劳动"换作一个词"创造"，变为"创造是人的第一需要"，是否更好理解了？人性应当是那些区别于动物性的东西，而"创造"或者"劳动"便是。

可我们在真实世界看到的却是，"工人在自己的劳动中不是肯定自己，而是否定自己，不是感到幸福，而是感到不幸，不是自由地发挥自己的体力和智力，而是使自己的肉体承受折磨、精神遭到摧残，只要对劳动的强制一停止，人们会像逃避瘟疫那样逃避劳动"。

反过来，"事少钱多离家近"成了好工作的标志。吃、穿、住、用，这些动物性的东西变成了"生活"，变成了人们的追求。

"动物的特性成了人的特性，而人的特性成了动物的特性"，这就是"人的异化"。之所以造成这个结果，是因为我们的工作和劳动没有处于一种"创造态"。

我希望人人都能达到一种状态——工作本身就是对他的一个

回报，如果还能因此赚到钱、买到房子，让自己的生活变得更好，那是第二份回报。如果能够做到100%的时间都在工作，同时100%的时间又在生活，那是一种极大的幸福。

有人会说，你真能唱高调，有几个人能做到这一点？是的，做到的很少，但起码你要知道自己有这个选择，也请给工作一个选择，爱工作或者放过它。

如果按照四象限模型（见图10-1）将工作分为四类，那么最幸运的一类人在第一象限，做着自己喜欢的事，同时也被世界需要，可以赚到钱。少部分人处于第四象限，他们想做这件事，但是世界不需要，他们很开心，但是很清贫，比如部分艺术家。如果有人处于第三象限，这份工作既不是世界需要的，又不是自己喜欢的，那么他不赶紧逃离还在等什么呢？

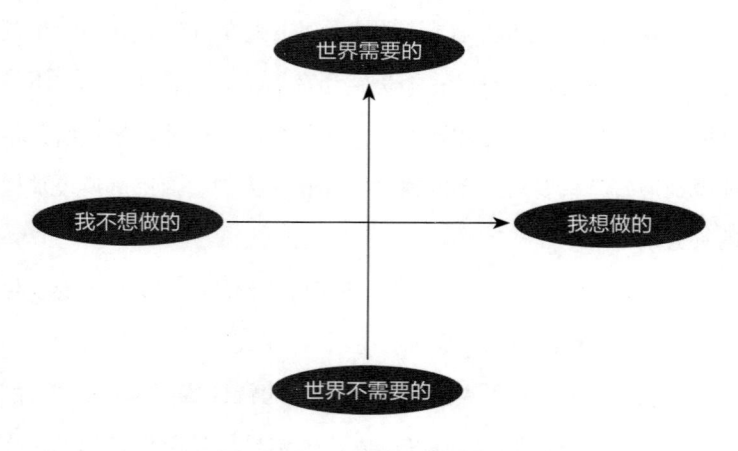

图10-1 工作的四象限模型

不过，相信大部分人会认为自己处在第二象限，在干着自己不喜欢的事情，但是世界需要。在过去的时代，社会的结构性太强，人们没有选择，不得不做那些虽然不喜欢，但是世界需要的事。现在，社会的开放度很高了，给了人们更大的选择空间，可许多人已经陷入了习得性无助的状态，认为工作就是选一个自己不喜欢做的事情赚钱罢了，下班后恨不得立即把它与自己的生活割裂开。

如果你正处于这种状态，有这种想法当然很正常。但是，我们能否跳出来看看，自己有没有另外的选择？一件事情对你来说是消耗还是滋养，身体就可以给出答案。同理，一份工作对你来说是消耗还是滋养，身体也可以给出答案。我认为至少有三条路径选择。

第一条路径：把自己想做的事变成世界需要的事。选择这条路径的人具有很强的"现实扭曲力场"。

第二条路径：把世界需要的事变成自己想做的事，即所谓的"做一行，爱一行"。说到底，不爱一份工作，伤害的是自己，让自己的生命被虚度。

第三条路径：如果你没有能力把正在做的事情变成自己想做的事情，那么你仍然可以选择逃离，去寻找滋养自己的事情，而不要和工作"极限拉扯"，你不尊重它，它也不回报你。

工作本身没有好坏之分，它的存在就代表了某种"社会需要"，如果你不爱它，那么放过它也是不错的选择。

宗毅老师的企业芬尼克兹是热泵行业的头部企业，年销售额几十亿元。他的《裂变式创业》已经成为中欧商学院的教材。他们公司不但鼓励团队成员创业，还会给钱、给资源。在公司内部，会组织类似创投圈的路演活动，公司投一半的钱，创业者自己投一点儿钱，另外的钱需要通过路演向同事们募集，而且必须有一定数量的同事真金白银投资创业者，公司才会投另外那一半的钱，他们称之为"人民币投票"。

有意思的事情发生了，有些创业者发现，原来跟自己私下关系很好的同事，大家经常在一起玩、一起吃饭，甚至私下一起奚落公司、骂老板，他们居然不给自己投钱，却给另外一些他们吐槽过的同事投了钱。

事实证明，在真金白银面前，人是理性的。对于谁是可以在一起玩、提供情绪价值的，谁是可以把事情干成的，大家的眼睛是雪亮的。

我一直倡导"用离职的心态来工作"，如果你认为自己终将离职，那么现在的老板、同事和客户以后都是你的资源，你给他们留下了什么印象？他们未来是否会帮你？你的表现是否值得他们尊重？这样一来，你一下子就知道心态应该摆在哪里了。而且，以离职的心态工作，本身就是对工作最大的尊重，反而会少很多情绪浪费，不用强求自己取悦领导，不用必须参与那些自己不愿意参与的聚会，也不必动辄怀疑自己。你就考虑两件事：自己现在的表现可以让老板、同事和客户以后愿意跟我合作吗？如果我真的创业并开放股份，他们会投钱吗？

有些人，离职一次就要和一批人绝交，过着从来不为自己积累复利的人生。这样的人辜负了自己，也辜负了工作。

成长之后是什么

成功的标准好像已经变得千篇一律,每个有钱人都那么无趣,都在追求混得比别人好,挣得比别人多。人们不敢停下来反思这件事,一旦反思发现赚太多钱没有什么意义的时候,精神支柱就崩塌了。人们先把成功放在那里,当作不需要思考的目标,剩下的就是追逐它。这特别像脑袋前面挂了一个胡萝卜的驴,不断追啊追,一直在追那个胡萝卜,以为自己度过了有意义的一生,其实不过是在一圈又一圈地拉磨。

与其追求成功,不如追求卓越。卓越首先是找到或者建构起一套自己认同的价值体系,并在这个价值体系中不断精进。它没有尽头,你也知道它没有尽头,但在每一个当下,你都是快乐的。追求卓越就是成长,这件事本身就是对你的回报。如果因此赚到了很多钱,那你就得到了两份回报。

那么,成长之后呢,还有什么在支撑人类的意义?我认为是"创造",企业家精神也发源于此。

从某个角度看,企业家精神就是"愿意做一些没必要的事"。很多企业家早就财富自由了,为什么还在做事情?物质上,他们似乎什么都不缺,但还在运营公司,他们的目标是什么?我们只能用企业家精神来解释,企业家精神就是"愿意做一些没必要的事"。只是这些没必要的事有个共同的特征:有"创造感"。

著名经济学家熊彼特认为,企业家精神是驱动经济发展的真正动力。因为经济发展的要素,包括土地、技术、劳动、资本,还有数据,它们就在那里,没有驱动力,它们就无法整合起来。

而财富并不会凭空产生，是企业家甘愿冒风险、承担压力、不断创新，让一个又一个商业体系运转起来；是企业家愿意在除了追求自己的财富之外，还追求一些社会目标。

链家的前董事长左晖觉得房产经纪这个行业的社会评价太低了，总被人们认为是骗子，于是他想要让经纪人们有尊严地工作。马斯克担心人类的未来，研发了火箭，想要把人类的生存空间延展到整个太阳系。只从个体利益来看，他们完全没有必要这么做，可他们就是干了，这就是企业家精神。

案例：传音手机

"非洲手机之王"传音是一家来自中国深圳、从非洲起家的手机厂商，目前在非洲智能机市场拥有超过40%的市场份额。近年来，其市场活动范围已经逐渐走出非洲，面向全球新兴市场，销售网络已覆盖非洲、南亚、东南亚、中东和拉丁美洲等地区。其业务也从手机智能终端扩展到了移动互联网服务、智能配件和家电。2022年，传音的营收达到465.96亿元，员工人数1.6万人，整体手机出货量1.56亿部，在非洲、巴基斯坦、孟加拉国等地的出货量均排名第一。

受传音邀请，我曾多次参与他们的人才培养项目。在我看来，传音的人才选拔和领导力培养方式在当下具有某种典型意义。这是一家参与全球竞争的中国公司，而全球化是中国经济的一大主流趋势，很多以出海为战略方向的公司都可以或多或少从传音的人才战略中得到某种启发。

2019年传音学院成立，与很多公司在人力资源中心内设置培训模块不同，传音学院的核心任务不是满足业务部门提出的培训需求，而是满足公司战略发展的人才供应需求。2014年初到2018年底，传音的业务快速发展，组织规模增长得也很快，中方员工从不到300人增长到4 000人，全球各类员工人数合计达到1万多人。在业务快速增长的过程中，传音很快发现，员工能力，特别是管理人员的领导力，已经成为其继续抓住市场机遇和巩固业绩战果的瓶颈，传音亟须建立有效的内部人才培养与供应机制。

传音过去的做法是请外部老师进来做一些管理培训或者送一些干部出去学习。这些做法的问题很明显，一是外部管理培训的成本高，且能够覆盖的团队成员有限；二是即便被培训者在课堂上听明白了，也只是手法上明白了，并不代表回到工作岗位就会这么做。于是，传音开始深入思考如何实现管理干部培养效率的提升，或者说思考领导力发展的有效性问题。

经过验证，传音学院对领导力的理解从原来以手法为主，升级为手法与心法并重，并且心法在前。手法，也就是具体的管理技能，包括怎么招人，怎么用人，怎么管理团队，怎么看市场，怎么设定目标，怎么分配任务等。心法，指的是一个人深刻意识到自己是什么样的人，自己是如何认识自己的，自己是如何认识世界并与之相处的。在这个层面，关键是觉察与反思，而反思往往是痛苦的，至少是令人不快的，特别是在一开始，往往面临痛苦的挣扎，心想"我怎么可能是这样的"。而人们一旦接受了现实，通常会开始思考"那我怎么样才能做得更好"，这一刻，才是一个人领导力发展最重要的时刻。作为人才培养与供应部门，传音学院要做的就是创造这样的时刻，激发学员的学习动力，让他们对抗可能的痛苦和阻碍，并且营造支持反思的安全开放的场域。

手法层面，则注重知识输入、实践和反馈的有效结合。过去的领导力培训之所以效果不佳，一个主要原因就是课堂的主要功能只是知识输入，不经过行动实践、学员自己的输出以及高管和专家的反馈，知识就很难变成他们真实工作中的行为习惯。只有在真实的工作角色中身临其境地经历各种领导力挑战，学员才会有真正的体悟，对于过去学过的道理与知识，也会一五一十地找回来。

在具体操作上，传音学院以"未来领军人才训练营"这个项目做重点打样。选它的原因，一是老板重视，二是高管的参与度高，可以保证打样的能见度高，有利于模式的推广和体系的建立。

这个项目进行到半年左右的时候，反馈就很不错了。传音后来复盘，其在项目实施前做对了两件事情。一是厘清了项目的动力系统，即学员为什么愿意在高强度工作之余来到这个训练营努力学习。动力问题不解决，只是领导安排或者强压，效果一定不好。除此之外，还要厘清公司高层领导者为什么愿意参与。公司业务高速发展，处处无人可用，对领导者来讲，他们通过训练营可以更加直观、全面地观察学员，发现人才，使他们在实际的"战场"上有人可用，用得放心。二是与公司决策层，特别是CEO进行了深度沟通，训练营符合他的需求和期待，并得到了全程参与的承诺。

该项目运营两年多后取得了阶段性的成功，主要有三大效果：一是发现和培养了一批人才；二是业务领导者对人才培养的投入和热情更高了；三是大大降低了高潜力人才的流失率，因为成长感是企业给员工最好的礼物。

这种选育合一的领导力发展模式，适用于大多数中型以上的企业。业务领导者、老师和学员三个角色在一个场景里发生"化学反应"，会产生正向飞轮效应。随着时间的推移，传音之前种下的几棵树苗已经长成了一片森林。从某个层面讲，增长就是组织能力的溢出，是人才密度的溢出。[1]

---

[1] 本案例由传音学院的陈元海老师提供一手材料。

本章小结

强者心态 vs 弱者心态

	强者心态	弱者心态
面对挑战	我可以学	我没做过
面对社交	常示弱	易逞强
面对批评	雷轰雨露皆天泽	逃避、记恨
面对委屈	不解释	"祥林嫂"
面对人脉	让自己强大，吸引对方	取悦对方
面对不幸	我能走出来，我可以搞定它	应该有人管我，对我负责
面对成功	成功是过程	成功是目标
面对失败	向内归因	抱怨环境
面对困难	找办法	找理由
面对资源	积极争取、价值交换	等、靠、要
面对强者	见贤思齐、学习优点	发现瑕疵、寻找平衡
面对事件	相信常识，兼蓄多方观点	受害者心态，容易相信阴谋论
面对职场	成长心态、合作心态	谋生心态、受测酬心态、交易心态
面对观点	观点与众不同	只敢做大多数
面对变化	追求确定性，但拥抱不确定性	回避不确定性，轻易"躺平"

> 顺着人性做管理，逆着人性修自己。

本章金句

"批评不等于否定和伤害，只有在你认为它是伤害的时候它才是。"

"人们如此渴望认同，不顾它是否廉价。"

"企业家精神就是愿意做一些没必要的事。"

"知而不行，只是未知。"

"爱工作，或者放过它。"

第十一章
习惯落地：如何在企业内部形成"增长的习惯"

头脑懂 vs 身体懂

一位成功的老师，一定是那种善于引领别人跳出书本、跳出理论，甚至跳出自己的思维边界，真正把所学知识融入血脉、融入身体的人，这就是我一直倡导的"身体懂"。

"身体懂"和"头脑懂"有何不同？头脑懂，是知道一个概念，把它纳入你的知识框架，这当然是重要的。但这仅仅是一个起点，知识只有在实际行动中被应用才会变得有价值。而身体懂，是指你对知识的理解已经渗透到平时的行动、习惯和直觉反应中，成为生活和工作的一部分。当你面临决策或采取行动时，你不需要停下来思考，自然而然就会使用你学到的知识。

在混沌学园里，我们常用"草莓时刻"来形容身体懂。无论你怎样用语言向一个没有吃过草莓的人描述它的味道，都不抵他亲口尝到的那一刹那。

在行为心理学著作《思考，快与慢》中，作者丹尼尔·卡尼曼将思考方式分成两类：系统一和系统二。系统一是人类的直觉反应，快速、自动、频繁、情绪化，是立即行动的思维方式；系统二则是慢速、努力，注重逻辑、计算和决策的思维方式。在商业领域，有两个方式来应用这个概念，第一种应用是在营销领域，调动系统二的深度思考，设计营销活动来影响用户的系统一。比如"今年过年不收礼，收礼就收脑白金"，在这种广告的轰炸之下，用户不必深度思考，一旦到了过年回家的场景，自然就会想起它。至于它有什么成分，能帮老人达到什么健康效果，大部分消费者是搞不清楚的，用户只是在用自己的系统一做决策。第二种应用是在成长领域，通过刻意练习让普通人的系统二变成自己的系统一，如在某个复杂的专业领域，别人需要深度思考才能慢慢得到答案，而你可以实现"秒答"。

这也是一个商业老师希望学生们实现的目标：从头脑懂到身体懂。有时候"聪明人"反而难以大成，因为他们太容易"头脑懂"，然后就以为自己真懂了。

在组织领域，道理是相通的，增长领导力模型是一个复杂的、闭环的体系（见图11-1）。

从认知层到理念层，再到系统层、行为层，我们用了一本书来论述它，其实是在经历系统二式的深度思考。领导者把这些思考和学习作为刻意练习，可以修炼出自己的系统一。但面对团队、员工，不可要求他们也一样接受如此复杂的训练，应该像面对消费者一样，调动领导者的系统二，来影响团队和员工的系统一。团队和员工只要形成某些习惯，就能在很大程度上确保思想统一和执行落地。这就是本章命名为"习惯落地"的原因。史蒂芬·柯维的《高效能人士的七个习惯》一书曾经风靡中国职场，它提出的七个职场习惯可以帮助个人提高效能，实现个人和职业生活的成功，这七个习惯分别为：积极主动、以终为始、要事第一、双赢思维、知彼解己、统合综效和不断更新。

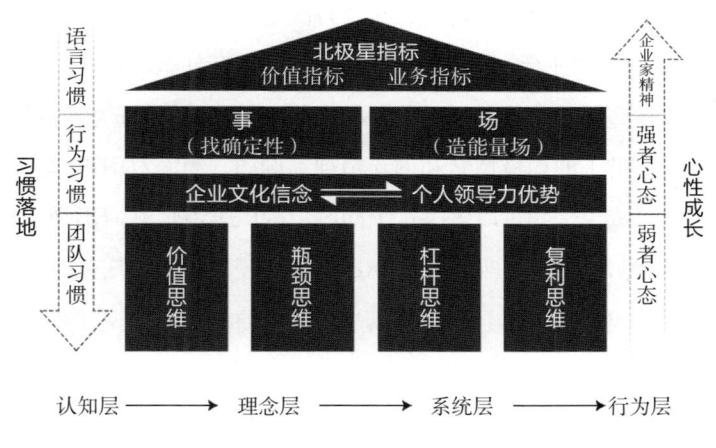

图 11-1　增长领导力模型

经营公司和持续增长都是需要长期主义的事情，在相对长的周期内尽量做相对正确的事是一种前置设计。我们的行为受到品位、情感、偏见、欲望、爱、恐惧、环境和习惯的影响，其中影响最大的就是习惯。既然大部分行为都受习惯支配，那么我们就养成好习惯，让习惯支配我们。一种坏习惯的戒除，也只能靠养成一种好习惯去抑制。

习惯，这个在日常生活中看似普通的词，却在公司管理中扮演着重要角色。习惯可以影响一个组织的文化和战斗力，优秀的习惯能让公司在竞争激烈的商业环境中保持竞争优势。本章探讨的习惯，包括语言习惯、行为习惯和团队习惯，是在充分理解前述章节的观点后传递给团队成员的最终的具体落地动作。

先看语言习惯，习语和口头禅可能看起来无关紧要，其实不然，语言是公司文化的重要载体。天才哲学家维特根斯坦认为，语言的边界就是思想的边界，是语言决定了思维，而非思维决定了语言，这有别于常识，却是深刻的洞见。有什么语言习惯，就会养成什么样的思维习惯。一种积极的、具有建设性的语言习惯可以激发员工的积极情绪和创新精神。例如，当面对困难时，我们可以养成说"我可以解决这个问题"的语言习惯，而不是抱怨"这个问题太难了"。当面对一个自己没有经历过的新任务时，我们可以养成说"我不会但我可以学"的习惯，而不是说"我也没做过"的习惯。

我有一次给某企业做"增长大赛"，先是培训辅导，然后做评审点评，在评审时有一个小组做汇报，说："李老师，你好，我们做了一个方案，可以先积累流量，然后到'双十一'收割一波。"

我马上叫停了他："课堂上咱们讲价值创造，要站在用户视角帮助他们解决问题，请问当你用'收割'这个词时，内心真正相信的是流量思维还是价值思维呢？"

很显然，"收割"这个词代表了流量思维而非价值思维。这是他习惯使用的语言，当他自然而然地用这种语言的时候，思维也定然是朝着这个方向去的，危害极大。

我并不反对"互联网黑话",它们往往是专业和效率的体现,但我反对"黑话"里面负能量的部分。

除了语言习惯,行为习惯也至关重要。比如,养成每天制订工作计划的习惯可以帮助员工提高工作效率,保持目标感;养成定期反思和学习的习惯可以帮助员工不断成长,适应快速变化的工作环境。一个人的这些优秀的行为习惯可以影响另一个人,最终积淀成公司的竞争优势。

再来看团队习惯,它是一种共享的行为模式,可以强化团队的凝聚力,提升团队效能。比如,定期进行团队回顾和复盘反馈的习惯,批评与自我批评的习惯,可以帮助团队了解自己的优势和短板。再比如,定期的团队建设活动可以强化凝聚力,促进团队成员之间的信任与合作。

我一直认为,"坚持"不是一个好品质,并不值得被颂扬。它表达的是你并不喜欢一件事情,做起来很痛苦,却还要继续做它。你之所以在"坚持",可能是没有找到其中的快乐,如马拉松爱好者,其他人认为跑马拉松很痛苦,其实他们乐在其中;也可能是没有能力将这些事情变成习惯,而总是觉得痛苦。

如何培养语言习惯

语言的重要性和影响力被大大低估了,语言是思维的边界,思维借由语言延伸。中国曾经有两次词汇的大爆发,每一次都推动文化与文明向前跨了一大步。一次是由佛教带来,如现在人们经常使用的缘分、观念、因果、正宗、冥想、慈悲、空灵、轮回、业障、凡夫俗子、禅、修行等词语。另外一次是西方文化经由日本，翻译之后来到中国，例如政治、经济、民主、自由、科学、哲学、文学、系统、资本、教育、体育等词语。不敢想象，如果没有这些词，我们当下会怎样开展交流；没有这些词，中国还能否取得现在的发展成果。

古希腊以来的西方哲学是人类文明至高智慧的体现之一，但除了专业的哲学学者之外，普通中国人很难对西方哲学有深度理解，一大原因是我们没有发展出独立的哲学语言翻译系统，习惯用日常用语表达哲学概念，如自由、存在、精神、理性、本质、正义等，这些词在哲学语境里和在我们日常语境里的意思很不一样，如果没有经过专业哲学训练，会不自觉地按照日常语意去理解它们，常常是差之毫厘，谬以千里。结果就是普通人很难真正进入西方哲学的"大厦"，这不得不说是一个巨大的损失。语言的荒漠，思维也无法到达。

这也是我并不反对那些在网络上总被嘲笑的"互联网黑话"的原因，在我看来，这代表了一种语言的延伸，也是思想延伸的桥梁。

案例：互联网黑话

在互联网上，"拉通、聚焦、对齐、透传、颗粒度、第二曲线、击穿、履约、价值传递"等一系列行话，被称为"互联网黑话"，常常成为人们调侃和嘲笑的对象。用这些话的人被指责刻意使用复杂的词以展示自己的独特性和某种优越感，这些词失去了语言作为交流工具的本真。

然而，站在企业运营的角度，我对这种批评持不同观点。这些所谓的"黑话"是业内一种特殊的沟通工具，各个行业其实都有自己独特的"黑话"，它们不只存在于互联网行业，只是互联网"大厂"文化本身就是网络上的热点讨论话题，所以"黑话"变成了社会现象。这些"黑话"高效、精准地描述了特定概念和状态，提升了沟通效率，换其他"人话"来讲，会需要很大篇幅的解释且解释并不精准。

在行业内，沟通并不是为了让外界理解自己的工作，更多是为了提高企业内部或合作伙伴之间的协作效率。这就需要一种共同的语言，能让所有员工都理解和接受的语言。例如，很多企业都已经接受了我在增长领域对"结构性增长"和"运营性增长"的划分，他们在沟通中使用这些词可以很高效地理解对方在说什么。若是外行第一次接触，确实可能听不懂，需要理解半天。显然，企业没有必要为了照顾外行而修改已形成的高效协作方式。

这些"黑话"不但有意义，还是一家公司影响力的体现。你有没有发现，现在商业界的很多"黑话"都是华为、阿里巴巴等公司首创的，行业愿意接受，这首先是对这些公司的认可。

当然，需要格外注意的是，一旦沟通对象从公司内部、行业内部转向市场和客户，我们就要将这些"黑话"转换成通俗易懂的词，以保证企业的信息可以被消费者理解和接受。

我自己就曾经陷入这种误区。"待办任务"是商业界一个很普遍的概念，英文是"job to be done"。它来自哈佛商学院的教授克莱顿·克里斯坦森的《与运气竞争》一书。"待办任务"的意思是，用户不是需要一个产品或者服务，而是使用这个产品或者服务来完成生活或工作中的一个任务。例如，人们并不需要眼镜这个产品，而是使用眼镜来完成"看清楚"这个待办任务。我常年处于商业研究的语境里，认为这个概念很好懂，容易理解。结果后来有不少学员向我反馈说，他们听了好几次课才明白"待办任务"不是"待办事项"的意思。他们以为这是列一个表，把今天要处理的事情列上，处理了一项就划掉一项。

有几种方式可以帮我们实现这种转化的自如切换。

1. 创造固定的机会与消费者保持接触。在电商公司唯品会内部，中层以上的管理者每个月都要安排一天到客服部门"听声"，理解客户的真实诉求，感知客户的真实表达习惯。
2. 创造有吸引力的故事。普通人更容易接受一个生动的故事，而不是一堆抽象的概念。尝试把要传递的信息包装成故事，更好地与消费者建立联系。
3. 建立禁忌词库，不要在与客户沟通的界面上出现一些词语，比如广告片、海报、公众号文章、售卖内容页、直播间等。
4. 做类似"翻转课堂"的设计。例如，我在讲课时有一个设计，即在讲完某一段之后，会安排一个练习环节，让学员把刚才的内容用自己的解读讲出来。通过大家的反馈，我便知道哪些概念其实学员并没有准确理解。我的处理方式是，要么更详细地解释，要么就更改相关用语，使其更易懂。

延展思维边界已经是语言的高级功能了。在企业场景中，语言的一个更基础的功用是提升沟通效率。在一个组织中，成员的背景、价值观和专业知识各不相同。形成一致的语言习惯，不但可以提高沟通效率，还可以加速统一思想，带来执行效率的提升。

龙湖集团原 CHO（首席人力资源官）、组织专家房晟陶老师曾经提出过"共同语言"的三个层次：词汇层、思维框架和基本假设。

词汇层是指，确保所有人都理解并使用相同的术语和定义，这有助于避免误解和混淆，确保信息传递的准确性。例如，NPS 通常指产品净推荐值或者转介绍率，但不同公司对它的定义不同，有的公司认为 NPS 是指新用户中有多大比例来自老用户推荐，而有的公司认为 NPS 是指老用户中有多大比例实现了推荐行为。具体怎样定义更为合理，取决于企业具体业务对它的要求。

思维框架是指统一的解决问题的方式，它比共同的语言更加复杂，涉及组织成员看待问题、分析问题和解决问题的基本方式。比如，有的公司谈论战略时用 IBM 公司的 BLM（业务领导力模型），有的公司则习惯用"五看三定"，还有的公司觉得混沌学园的"一战略"更适合他们。具体用哪个，问题不大，但同一家公司最好用同一个。这种共同的思维框架可以促使人们沿着相同的路径思考和行动。

基本假设是共同语言的最深层次，它关系到组织成员的基本信念和价值观。它通常是隐含的，深入人们的心智模式。比如一家公司认为人性本善还是人性本恶；企业和客户的关系是共同成长，还是只把客户当作收割的对象；企业是一所大学，还是谋生的场所。这些假设平时很少被讨论，但它们在一个个决策和一次次行为中不断被确认、放大、夯实，变成群体共同的认知。

下面提供几种我认为比较重要的语言习惯作为参考。

第一，"沟通视窗"工具。

企业内部沟通经常出现"鸡同鸭讲"，大家不在一个频道的情况，最大的原因是讨论的命题不在"公开象限"。沟通视窗是一个极简但很有效的工具，可以帮助人们更好地了解他人的感受和动机，提高团队之间的沟通和协作效率。

如下图所示，沟通视窗分为 4 个象限（见图 11-2）。

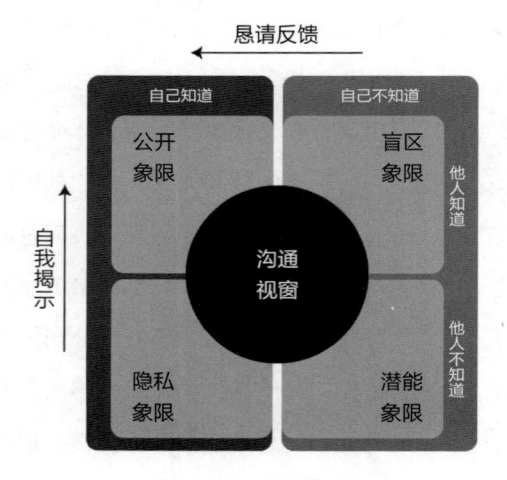

图 11-2　沟通视窗

公开象限：既是你知道的，也是他人知道的信息。这部分信息是公开的，或者你确认彼此都已知晓，有助于建立信任和理解。

隐私象限：自己知道，他人不知道的信息。它包括一些私人的、敏感的，或者一般不与人分享的信息。你如果选择与他人分享这些信息，可以增进信任感和亲近感。

盲区象限：他人知道，但你不知道的信息。其中包括他人对你的看法、你的某些习惯或行为方式。通过获取反馈，你可以缩小这个区域，提高自我觉察。

潜能象限：自己不知道，他人也不知道的信息。其中可能包括潜在的能力、未曾体验的感受等。通过探索和尝试，你可以从中发现未知领域的新能力和潜质。

第二，简易口诀。

著名领导力专家刘澜老师很强调"领导力口诀"的作用，所谓口诀就是简单易记、朗朗上口、容易形成习惯的语言。每一个口诀背后又隐藏着某种领导力修炼。他经常强调以下这几个口诀。

1."我来。"

这个口诀对应的领导力修炼是"承担责任"。面对一个集体难题，领导者可以挺身而出，说"我来"。面对上级和平级可以多说"让我来"，面对下属可以说"跟我来"。

2."你觉得呢？"或"你怎么看？"

这个口诀对应的领导力修炼是"激发团队"。电视剧《神探狄仁杰》中，面对困难局面，哪怕心中已有章程和谋划，狄仁杰也会问旁边的助手："元芳，你怎么看？"

当下属向你请示时，你可以问："你觉得呢？"这个问题可以启发思想，激励情感，建立关系，推进行动。

3．"为什么？"

这个口诀对应的领导力修炼是"系统思考"。

中国锦江集团的"星耀计划"是由下至上开展的创新项目，支撑创新人才的涌现，我作为创新导师全程进行辅导。第一次做创新课题时，我发现大部分组员都是看到一个"点"，就想直接立项解决这个"点"。因此我给所有小组的第一个反馈意见就是"为什么"。

比如，做这个项目是为了什么？它为什么重要？我们的做法是最高效的吗？有没有其他更好的路径？

辅导过程中有一个项目是"如何驱动锦江集团由成长性组织向积极性组织转变"。这是一个看起来莫名其妙的主题，经过追问"为什么"，小组成员们才知道其最终的目的是"提高外派门店店长的留职率"。所谓"由成长性组织向积极性组织转变"只是这个目标之下的一个可能的路径，他们认为店长只在乎"好的门店、好的投资人和离家近"，想让店长们转变思路，变得积极，以解决这个问题。

这种做法显然不够系统，回到根本问题上，提升员工留职率是一个整体建设，让他们变得积极既不是充分必要条件，也不是一个可以实践的抓手，只是一个美好的愿望。多问"为什么"，往往可以抓住事物根本，减少无用功。

4．"我是谁？"或"我该是谁？"

"我是谁"修炼的是"认识自己"。你可以问自己 4 个问题——你热爱什么？你擅长什么？你的机会是什么？你的愿景是什么？"我该是谁"修炼的是"成为自己"。定义应该是发展的结果，不在出发的时候就定义自己，人生立刻就充满了开放性。

除此之外，还有很多词语、短语或者语言习惯可以帮助表达领导者的积极意图、自信和责任感。

比如，领导者可以多用"我们"而不是"我"来强调团队合作和共同目标，不要把注意力集中在个人身上。

"我们一起解决"表达了对解决问题的承诺，而不是遇事甩给下属。这体现了领导者愿意与团队共同面对挑战，强调了信任和合作。

"我理解你的感受"表达了对员工情感和需求的理解，体现了领导者的同理心和共情能力。

"我们一定可以搞定"可以增强团队的信心。

"我感谢你的付出"表达了对员工努力和付出的感激之情，可以增强员工的动力和凝聚力。

凡此种种，意识到这些语言想要达到的目标才是核心：增强团队信心、增强凝聚力和动力、体现共情力、表达信任等。领导者未必要学习我们给出的所有这些建议，而是要从内心出发，找到适合自己的语言习惯，不要把它们当作一种技巧或者表演。

第三，禁止影响价值思维的语言习惯。

如前文所述，"收割"这样的词会潜移默化地影响企业的增长文化。持续增长并非套利，而是持续创造价值。我们拥有怎样的语言习惯，就会拥有怎样的思考习惯。破除组织内部的坏习惯，从语言开始。以下这些语言习惯，我认为都应该从企业内部消失。

低端客户：这可能使团队对某一部分客户采取轻视且不尊重的态度，导致服务质量下降。

捞一笔：暗示短视和只关心短期利益，而不是长期合作和关系建设。

忽悠：意味着欺骗或者误导，这种行为破坏了与客户之间的信任关系。

炒作：过分宣传或夸大其词，可能导致客户的期望过高，从而让他们失望。

洗脑：常用于描述对员工的培训方法或者对客户的营销策略，暗示缺乏真实性和透明度。

榨取：暗示从顾客那里获取尽可能多的利益，而不重视为他们提供相应的价值。

甩锅：这种说法可能导致推卸责任的文化，团队成员都避免承担责任。

随便弄弄：意味着不认真对待工作或者任务。

我们不妨现在就做练习，回忆一下，在公司内部经常出现的哪些语言习惯是影响价值思维的，尽快推出规则进行整改。有些公司"跟风"网络舆论，在公司内部禁止"互联网黑话"，但在我看来，禁止这些非价值创造的词语才真正有必要。

言为心声。透过一个人的话，我们可以看出他是否具有领导力。语言是我们内心思想的外在表达，无论是言谈举止还是表达方式，都能揭示出一个人的价值观、决策能力以及人际关系的处理方式。领导力在很大程度上体现在如何用言辞引导团队、激励员工，并在挑战面前保持冷静和自信。

改变个人的说话习惯是培养和修炼领导力的一种途径。通过培养积极的言辞和有效的沟通技巧，一个人不仅可以更好地影响他人，还可以在组织内创造积极的氛围。

如何培养行为习惯

除了语言习惯之外，个体的行为习惯同样重要，组织中要明确哪些行为应该得到鼓励，哪些行为应该被禁止。以下是培养增长领导力时应该培养的习惯。

第一，将功劳归于团队的习惯。在我提供过咨询服务的一些公司中，有些领导者会有意无意地放大或者强调自己的作用。例如，他们会说："某个客户，因为我去才搞定的；某个项目，核心创意是我提出来的；某个业务，按照我当初的设定在推进。"领导者跟团队成员争功是很无趣的，也是不够自信的表现。要相信一点，每个人的价值都有目共睹，尽量将功劳归于团队，这样不但团队得到了鼓励，领导者自己也会得到更大的尊重，员工也更愿意跟着这样的领导干。

有一次，曼联（英国曼彻斯特联足球俱乐部）与葡萄牙一支足球队踢热身赛，对方一个年轻人给曼联队员们留下了深刻印象，赛后队员们建议俱乐部将他收归帐下。时任曼联主教练亚历克斯·弗格森当即表示考虑大家的建议。一周之后，克里斯蒂亚诺·罗纳尔多，也就是C罗，成了曼联的一员，他就是那个优秀的葡萄牙年轻人。弗格森感谢团队发现了这么优秀的人，他将功劳归于团队。其实，早在热身赛之前，弗格森主导的管理团队就已经在运作C罗转会，否则也不会在这么短的时间内达成。

第二，立即行动的习惯。不思而行是莽夫，久思不行是空想家。拖延是人变得平庸的最大的原因之一，它来自恐惧。想要克服这种恐惧，必须毫不犹豫，立即行动，直到形成这种习惯。这里有个"负向飞轮"，人越不行动，越恐惧；越恐惧，越不行动。其实，有良好行动习惯的人也不是天生的勇士，而是经验告诉他们，行动起来反而是抚平心中慌乱的良药。

立即行动不仅仅是个人习惯，它所展现出来的高效和果断也会影响团队的表现。在团队中，立即行动的人往往更受同事和领导的信任，因为这展现出他们对工作的责任心和决心。心理学中有一个"两分钟法则"，即人们要在两分钟内完成可以马上处理的任务，以避免任务积压。这种立即行动的习惯可以大大提高工作效率，减少压力。

第三，适应变化的习惯。追求确定性和拥抱不确定性，看似矛盾的两种行为可以同时存在于一个人身上。现在的商业环境变化太快，元宇宙热度未消，AIGC（生成式人工智能）就冲上头条，适应变化已经成为一种不可或缺的能力。当年我在蒙牛工作，公司形成了一种奇妙的"战斗文化"，例如，今天你还在呼和浩特，如果公司需要你去宁夏赴任，明天就要立即出发，公司内人人视其为理所当然。适应变化不但可以帮助个人保持竞争力，避免被淘汰，还能培养个人的心理和情感弹性，使情绪变得稳定，以便更好地应对挑战和压力。

在公司内部，我们可以通过轮岗、调换项目等方式来培养团队适应变化的习惯。个人则可以通过保持开放思维、持续学习和保持积极的态度来培养自己适应变化的习惯，这样对待变化才能从被动接受变为主动迎接。

如何培养团队习惯

如果说语言习惯与行为习惯还是从个体出发的，那么团队习惯指的就是那些团队应当共同拥有的习惯做法。许多优秀的团队看起来也平平常常，其实是日常的一些好习惯让他们在每个节点都能有好的产出。以下，我推荐几种好的团队习惯。

第一，从小事抓起，如开会的习惯。

我建议团队让开会这件小事有明确的流程、风格和规范。比如，所有的事情都在会上说，不要会后单独聊；比如，开会时禁止使用"我觉得"这样的话，倒逼每个人为自己的观点寻找支撑；再比如，不鼓励做上百页的PPT汇报，只要能说清楚，准备几页纸就可以。

字节跳动旗下的飞书团队，鼓励开会的时候每个成员先在文档上同时输出，然后再集中快速讨论。这种方式的效率比一个人一个人地串行发表观点高很多。

第二，公开批评与表扬的习惯。

按照传统，团队内部一般会倾向于在公开场合表扬、在私下里批评。我的观点不同，我认为批评与表扬都应该公开，这本身就是一个巩固团队文化的宝贵机会。只要不是人身攻击，公开批评可以提高团队透明度和信任度。公开批评可以让团队知道什么是被鼓励的、什么是被禁止的。而且，当一个问题被公开提出时，团队有机会共同努力找到解决方案，而不是把问题隐藏起来。

若批评不自由，表扬则无意义。有了公开批评的习惯，公开表扬就更受认可与珍视。不要吝啬自己的表扬，它可以让团队感受到自己的努力被认可，可以激发团队的潜力，让团队更有动力去尝试新挑战和创新。公开表扬还可以树立榜样，鼓励其他人追求卓越。

第三，批评与自我批评的习惯。

迭代反馈是商业界不变的法则。一家公司如果建立了迭代反馈的机制，很难不成功，"批评与自我批评"是这种机制的核心元素。

批评不是单纯地指出问题，而是一种帮助他人改进和成长的方式。在某些教练技术的影响下，不少公司成员已经不敢相互批评了，凡事都以正向表扬为主，即便真的有问题，也只是轻描淡写地带一下，这把人想得太脆弱了。严肃的批评才能促使他人意识到自己的不足并改进，不敢批评才是对公司真正的不负责。

自我批评是一个人内省和自我成长的过程，批评他人的同时进行自我批评，这个人对待他人会更客观，更少发泄情绪。自我批评不但可以增强个人的责任感，还可以培养积极的工作态度。

怎样养成这种批评与自我批评的习惯呢？首先可以采用一些工具，比如"6顶思考帽"或者其他角色扮演工具，想象是某个"角色"在提供批评意见，而非某个人。其次可以专门组织批评与自我批评的会议，对能够结构化地提出批评与建议的同事进行奖励，让他们获得来自被批评者的正向反馈。

第四，控制节奏的习惯。

节奏与能量一样，是看不见摸不着的东西，却非常能体现一位领导者的水平。美团的王兴经常在团队内部分享一个故事。两个南极探险队分别开始了自己的行程，他们的队长分别是英国的罗伯特·斯科特和挪威的罗尔德·阿蒙森。目标一致的两个团队，策略完全不同。

阿蒙森的策略是，团队每天坚持走固定的距离，即20~30千米，无论天气好坏。即使在天气非常好的日子，他们也不多走；在非常差的天气，团队也会克服困难，完成当天的指标。

而斯科特团队的策略是根据天气来调整行程。在天气好的时候，他们会走得非常远；在恶劣的天气，他们甚至选择全天休息不动。

结果，阿蒙森的团队在1911年12月14日到达南极点，而斯科特团队在一个月之后才到达。更大的悲剧是，在回程中，斯科特和他的团队全部遇难。

经过事后分析，我们可以看到，阿蒙森团队的策略有利于保持体力、精力和士气，也可以为突发情况保留资源。而斯科特团队的策略会导致他们在好天气下疲惫不堪,而又在坏天气下耽误进度。

王兴引用这个故事的目的在于指出,团队在追求目标时,稳定的节奏很重要,持续稳定地前进,保持团队的稳定性和士气,往往比忽快忽慢、没有规则地行进更为有效。最怕领导者在需要决断的时候犹犹豫豫,在需要长期主义的时候又急吼吼。受这个故事启发,我在撰写本书时,与过去写书采用了不同的节奏。过去我有灵感就写一整天,没有灵感就放好多天,而这次写书,我要求自己每天必须写2 000~3 000字,既不多写,也不少写。没有灵感的话,我就去访谈、看书、静思,直到完成当天的任务。写到这一节,本书已经接近完成,结果是我的写作效率比以前高了不止一倍。

第五,复盘的习惯。

如果你认为我建议的团队习惯太多,很难全部执行,只能留一个的话,我建议团队培养"复盘的习惯"。复盘不仅仅是个体反思的机会,更是团队共创的机会。人其实是单线条生物,总被困在自己的思维路径里,复盘除了是对已有项目的回顾,还是让不同团队成员各自的思维习惯产生碰撞的过程。

说到复盘,很多人的第一反应是不以为意,说他们平时也总做复盘,就是每个项目结束后大家凑在一起,聊聊得失。复不复盘,好像差别也不大。

如果仅仅是对一下关键结果和数据,然后说说以后可以怎样变得更好,复盘确实价值不明显,如果项目成功还罢了,如果失败，复盘还会经常变成扯皮和甩锅大会。好的复盘可以分为复盘结构和复盘内容，最后得出的结论一定要形成"to do"（要做的事）并落到具体的人身上。复盘不是为了追责，而是为了迭代，下面是几个要点。

第一，必须有专门的主持人负责把控流程，确保复盘会议一直在正确的流程上，且主持人不直接参与讨论。

第二，提前将复盘结构告诉参与者，让他们提前思考和准备资料。

第三，复盘会议必须按时召开，而不能看主要负责人的心情和时间安排。要将复盘会嵌入工作流程，而不能随机开会。可以按照自然日期召开，如周、月、季度，也可以按照项目周期召开，如产品研发、产品发布和产品上市等。事件结束的节点到了，就要雷打不动地复盘，不管计划推进得顺利还是不顺利。

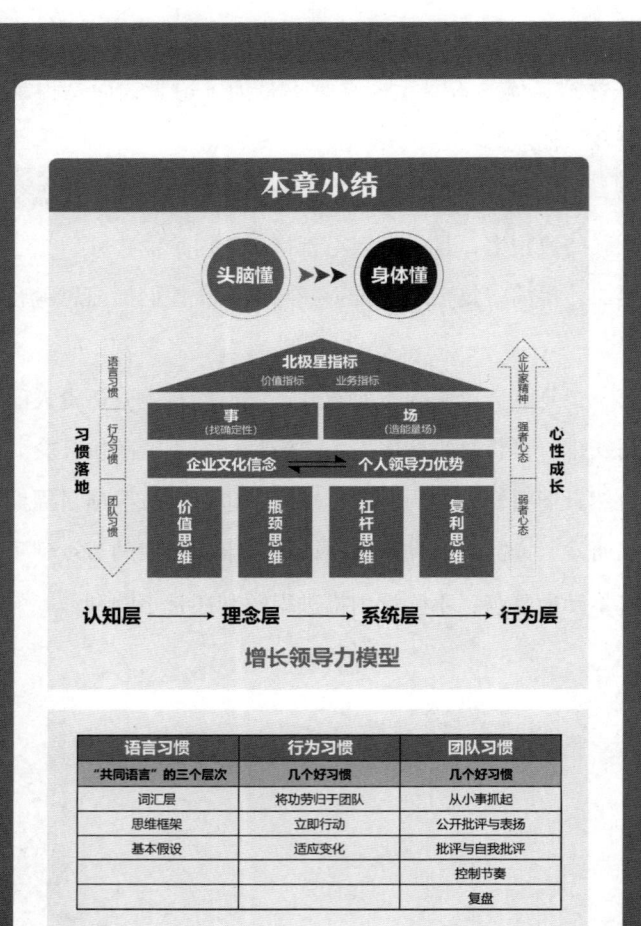

本章小结

头脑懂 ▶▶▶ 身体懂

北极星指标
价值指标　业务指标

	事 (找确定性)		场 (造能量场)	
语言习惯	企业文化信念 ⇄ 个人领导力优势			企业家精神
行为习惯	价值思维	瓶颈思维	杠杆思维	复利思维	强者心态
团队习惯					弱者心态

习惯落地　　　　　　　　　　　　　　　心性成长

认知层 ⟶ 理念层 ⟶ 系统层 ⟶ 行为层

增长领导力模型

语言习惯	行为习惯	团队习惯
"共同语言"的三个层次	几个好习惯	几个好习惯
词汇层	将功劳归于团队	从小事抓起
思维框架	立即行动	公开批评与表扬
基本假设	适应变化	批评与自我批评
		控制节奏
		复盘

后 记

这是我在中信出版集团出版的"增长"系列的第三本书,也是我个人认知不断升级的呈现。写作并不是一个单纯输出的过程,更是学习的过程,符合我秉承的费曼学习法。

一个作者对读者最大的恶意,是刻意隐瞒难点。没有任何一本书能将真实商业世界的复杂和模糊描述清楚,除了作者本身水平有限之外,也有语言本身的原因。如果您花钱购买了本书,我对您支付的几十元钱并不愧疚,真正会让我愧疚的是浪费了您的时间。如果把一本商业书当作作者的产品,我希望在最后的后记再次明确,我们到底想交付什么,在这些交付点上,我们是否有共识。

首先,本书的价值主张,是希望企业和个体能够双向奔赴。它既不是帮助企业管理团队、控制员工的秘籍,也不是帮助个体在组织中"向上管理"和"游刃有余"的法宝。"增长领导力"不是抛开业务纯粹去处理人与人之间的关系,去探究如何让更多的人愿意追随你，而是从业务本身出发的。业务就是解决社会问题或者市场问题，这件事是否能让你自洽决定了你的生命状态如何，然后才谈得上如何带领团队和影响组织去实现目标。

其次，在人与事变得和谐之后，我们要发掘自身的优势，形成独特的领导风格。我一直强调，值得学习的永远都是结构，而非内容。在看见外部机会的同时，我们要看到自己、发展自己。工作是一个修行场，而不是谋生地。

最后，在如何影响他人的层面，本书的着眼点在于场域和能量，这是对其他众多领导力大师的某种补充。

我崇敬的华裔物理学家张首晟说："我 100% 的时间在工作，同时 100% 的时间在生活。"真正的领导力一定是人事合一、战略与组织合一、自我与世界合一的过程。

与君共勉。

李云龙